内務省の歴史社会学

副田義也——［編］

東京大学出版会

A HISTORICAL SOCIOLOGY ON
THE MINISTRY OF HOME AFFAIRS
Yoshiya SOEDA, Editor
University of Tokyo Press, 2010
ISBN 978-4-13-056107-5

内務省の歴史社会学／目次

序章　内務省の歴史社会学

副田義也

1　内務省と内務官僚

内務省は、戦前期の日本国家において、政府を構成したひとつの省であり、内政の主要部分を専管した。それは、一八七三年（明治六年）に創設され、一九四七年（昭和二二年）に廃止されているから、七四年あまりの歴史をもっている。その期間をつうじて、同省が専管する内政の範域はさまざまに変化した。かつて私は、その歴史的変化を多少くわしく追う仕事をしたことがあるが、ここでは、そのさいの一応の結論とした、一九世紀末から二〇世紀初頭にかけての内務省の主要五局の所掌事務の紹介をくり返すことからはじめたい。

神社局＝すべての神社にかんする事項と神官・神職にかんする事項を所掌する。それらのうちでは国家神道の教義の整備の比重が次第に高くなってゆき、教義は歴史理解の原理となり、国家神道は国教化した。

地方局＝議員選挙、府県行政、郡行政、市町村公共組合の行政などにかんする事項を所掌する。ここでいう行政は議会、経済、その他すべての行政をふくむ。ほかに賑恤と救済、徴兵など。

警保局＝行政警察、高等警察にかんする事項を所掌する。高等警察は政治警察のことであり、具体的には秘密結社、政治集会、選挙運動の違反の取り締り、思想犯罪・政治犯罪の監視・摘発など。

衛生局＝公衆衛生、検疫、医師と薬剤師の業務や薬品の取り締り、衛生会と地方病院にかんする事項などを所掌する。ここでいう公衆衛生とは伝染病・地方病の予防や種痘その他である。

土木局＝内務省直轄の土木工事、府県経営の土木工事、その他の公共の土木工事、直轄工費や府県工費補助の調査、水面埋め立てなどの事項を所掌する。ここでいう土木工事は河川、砂防、港湾、道路、上下水道などの工事である。(1)

ほかに有力な局としては、関東大震災で潰滅した首都の復興にとりくんだ復興局、社会政策を所管した社会局、敗戦直前に防空政策を所管した防空局などがある。これらのうち社会局は衛生局とならんで、一九三八年、厚生省として分立した。

われわれは、この内務省の歴史を主題とした社会学研究に一九九七年（平成九年）以来とりくんできた。今年はこの仕事をして一四年目ということになる。それにさきがけて、一九九一年（平成三年）からわれわれは厚生省の歴史を研究しており、それをつうじて内務省の歴史の研究にみちびかれたので、前者は後者の前史とみることもできよう。それを計算に入れるなら、われわれの内務省史研究は約二〇年間にわたって展開してきたともいえる。この展開の成果として、さきに副田義也『内務省の社会史』（二〇〇七年、東京大学出版会）があり、ついで本書が刊行される。これら二冊の書物は姉妹篇の関係にある。これら以前、率直にいって、日本の社会学において内務省史の本格的研究はなかった。

社会学以外の分野に目を転じるならば、一九七一年に刊行された大霞会編『内務省史』全四巻の存在が大きい。大霞会は元内務官僚などの親睦団体であり、その創立一〇周年を記念して、この大著は編集・刊行された。歴史学者・大久保利謙が内務省全体の通史をかき、会員の元内務官僚たちが手分けして各局別の通史などをかいている。ほかに貴重な資料もおさめられており、四巻全体の総分量は四〇〇字詰原稿用紙に換算して一万枚にちかいと推量される。われわれは、この大著を、われわれよりひとつまえの世代による内務省史の本格的研究とみる。このテキストを充分に検討・評価する仕事は一冊の書物を必要とするものであり、別の機会を待たねばならない。しかし、ここで、われわれがこのテキストからなにを学ぶか、それになにを新しくつけくわえるかについて、最小限の言及をおこなっておくことにする。

以下の工夫をしてみる。『内務省史』第四巻には、「内務省を語る」という標題のもとに、「第一部　対談（後藤文夫、堀切善次郎）」と「第二部　座談会（政治行政学者）」の二篇がおさめられている。後藤と堀切は元内務官僚で開明派として知られ、のちにいずれも政治家となって、内務大臣をつとめた。第一部は、かれらのほか、元内務官僚四人と大久保利謙などがくわわり、事実上は座談会形式で進められている。第二部の政治行政学者は石田雄（東京大学教授、当時、以下いずれも同じ）、田中二郎（最高裁判所判事、東京大学名誉教授）、辻清明（東京大学教授）、林茂（東京大学教授）であり、かれらに元内務官僚四人がくわわっている。この二つの座談会の内容は、大著『内務省史』全四巻の全体の要約と結論とみたてることができる。その主要な一部はつぎのとおりである。

第一部の冒頭で後藤は述べている。内務省は内政全般にたいする影響力が大きい省であった。その理由は四つあった。すなわち、(1)内務省は地方長官（知事）と地方機関（府県）を統率し、中央政府の意向を民衆に徹底させることができた。(2)そういう立場にあったために、非常事態がおこったばあいなど、内務省が各省の行政を総合する役割をはたすことが多かった。(3)内務省は警察権をにぎり、治安維持のために日頃から民心の状況を知っていた。(4)国会議員、地方議員の選挙を内務省が管理しており、それによって、政治上重要な働きをしていた（後藤はこれをいうにあたって、それほど選挙干渉をやったことはないと言い訳をしているが）[2]。

要約をしていえば、内務省は主として地方局と警保局をつうじて、民衆を、行政面・政治面で強力に統制していた。それは官僚統治国家の統治の機軸部分であった。われわれはこの判断をうけいれる。しかし、つけくわえるべきものもある。民衆は統治の対象であって、生活の主体でもある。後藤のさきの言い分は第一の側面のみを強調する嫌いがある。生活の主体としての民衆には、衛生局、土木局、のちには社会局などによる行政が必要である。警保局、地方局の行政にも民衆生活に必要な部分が存在する。

くわえていえば、後藤たちの座談会は、神社局のちの神祇院の存在に一度も言及しない。『内務省史』の大久保による通史と局別通史でも、神社局史は極端に簡略化してあつかわれている（局別通史のばあいでは、全体のページ数のうち、地方局に三二・三％、警保局に二四・〇％がつかわれているのにたいして、神社局にはわずかに三・九％のみがつかわれている）。満州事変以来、軍国主義日本は亡国の自爆戦争に突進していった。そのさいの国民統合のためのイデオロギー装置は国家神道であった。われわれは、内務省の戦争責任を問うとき、神社局の存在を、警保局のそれとあわせて重視しなければならない。『内務省史』全四巻の思想的特色のひとつは、同省の戦争責任にいっさいふれないことである。

第二部の座談会では、田中がつぎのような興味深い発言をしている。戦前期、内務省の中心は警保局、地方局であるとみえた。衛生局、社会局、土木局はかすんでいるような感じだった。内務省に入る人びとも警保局、地方局を志望し、ほかの局にゆきたがらないようであった。大蔵省、商工省、農林省などを志望する人はそれぞれの行政の内容そのものに魅力を感じていたが、内務省を志望する人は「権力をにぎってバリバリやっていこう」という気持がつよかった。また、石田は内務省の功罪を問われて、つぎのように答えている。内務官僚が自分たちが国家を支えているという責任意識をもち、時代と民意の動向を真面目にかんがえていたのは否定することができない。しかし、客観的にみると、内務官僚は警察と地方の人事権をにぎって、強大な権力をもち、しばしば民衆の自由を抑圧した。内務省の内部からみた面と外部からみた面がくいちがうのである。その根本的原因は、内務省が、民主的に行動する制度的保障をもちあわせなかったことにもとめられる。そのため、内務官僚の真面目さが独善性となり、権力による抑圧に走った(3)。

われわれは、これらの判断をうけいれる。そのうえで、田中も石田も、警保局と地方局に視野を限定する嫌いがあるのではないかと申し立てたい。また、田中は内務官僚たちの権力志向の強さを指摘しているが、衛生局、土木局の技術官僚たちや社会局で社会政策の立案・実施に従事した官僚たちにももっと目配りするべきではなかったか。これら三局がかすんでみえたのは、内務省の伝統的イメージにとらわれすぎたせいもあろう。石田は、民衆の自由の抑圧と民主的な制度的保障の欠落を指摘するが、ついに内務省の戦争責任に踏みこまない。われわれは、『内務省史』全四巻という先行研究に着目し、そこでの発見を継承しつつ、つぎの二点を新しく提案したい。すなわち、(1)警保局と地方局を重視する二局史観にたいして、両局と神社局、衛生局、土木局、ばあいによっては社会局を重視する五局史観、ないしは六局史観を採用する。(2)日本の軍国主義による侵略戦争と敗戦・亡国の主犯はもちろん軍部であるが、内務省も共犯として戦争責任を負わねばならない。国家神道によるイデオロギー的協力、住民組織による多様な戦争協力など。

2　日本社会学と内務省研究

現在の日本の社会学界において、私たちの内務省にかんする歴史社会学的研究がどのように評価されているかを紹介する。この研究の最初の成果は、さきに述べたように、私の著作『内務省の社会史』であった。

日本社会学会の機関誌『社会学評論』の編集委員会は、同誌第五九巻第一号（二三三号）の書評論文の対象作品として、同書をえらび、その執筆を筒井清忠氏にゆだねられた。この処遇をうけたことは、私と僚友たちには非常に名誉なことであると感じられた。過去の慣例から判断すれば、書評論文の対象作品とされるのは編集委員会がとくに出色の社会学文献と評価するものである。『社会学評論』には多くのばあい、一冊に数篇の書評がのるが、書評論文は過去五年に刊行された二〇冊（二一八号から二三七号まで）で例示すれば、四篇があるのみである。また、書評論文のみは、評者にたいする著者のリプライの発表が許されている。くわしくは『社会学評論』の「編集委員会規定施行規則」7の(4)、(5)をごらんいただきたい。

筒井氏は書評論文の冒頭でテキストを「記念碑的著作」と評され、末尾で「長く残る著作であることは間違いない」と記された。その主要な内容の一部はつぎのとおり。内務省は近現代日本の内政をほとんど司った官庁である。本書はその内務省についての初めての本格的な歴史社会学的研究である。同省にかんする通史は、これまで、同省OBの組織・大霞会の編著『内務省史』しかなかった。『内務省の社会史』が政治学者ではなく、社会学者によって執筆された意味は小さくない。それによって、内務省が所管した分野にふさわしい社会的広がりをもった研究が可能になった。従来の研究は地方局と警保局のみを重視する二局史観であったが、われわれの研究はその二局に神社局、衛生局、土木局をあわせて重視する五局史観であり、内務省の全体像をとらえるのにふさわしい。また、われわれの歴史観は公正であり、内務省と共産党の抗争を等距離にながめる視点を確保しつつ、大正デモクラシーの推進者として内務官僚を正しく位置づけている。この公正さをめざす志向は、内務省にかんする先行の研究者たちによる言及が同省を単純に悪玉にみたてがちであったという批判にもとづいていた(4)。

さらに、編集委員会による私の著作と評者の筒井氏の組み合わせは、私にとって、このうえなく示唆的におもわれた。その感想にコメントをつけてみる。

現在、日本の社会学において、筒井氏が戦前期の陸軍研究の第一人者であることはあらためていうまでもない。同氏の研究歴と業績は多彩にして華麗であるが、その有力な流れのひとつが、名著『昭和期日本の構造――その歴史社会学的考察』(一九八四年)から、近著『昭和一〇年代の陸軍と政治――軍部大臣現役武官制の虚像と実像』(二〇〇七年)にいたるまでの、陸軍と日本ファシズムの研究である。その第一人者というか、孤高の閲歴は三〇年以上におよぶ。私と僚友たちの内務省研究はさきに記したように、せいぜいこの一四年あまりのもので、筒井氏の陸軍研究の足許によれるほどのものではない。それは重々認めたうえでいうのだが、現在、日本の社会学において、われわれの研究グループが内務省研究においてみるべき実績をもつ唯一の存在であるということは許されよう。

前出の書評論文への「リプライ」のなかで、私は、戦前期の日本国家において政治的アクターズの最有力の二つが陸軍と内務省であったとみた。そのうえで、前世代と同世代の社会学者たちのほとんどすべてが、筒井氏とわれわれを例外として、陸軍と内務省について完全に沈黙を守ってきたという事実を指摘した。この陸軍への沈黙と内務省への沈黙には同一の根があるのではないか。おもいつくままにあげてみて、かれらの社会学では、(1)国家権力への関心が幼弱である、(2)反権力的社会運動が偏愛されている、(3)マクロ的な歴史時間の展望における観察がとぼ

しい、(4)ミクロ的な日常時間における好事家的関心が蔓延している。(5)

リプライの論点の第一ではそこまでをかいた。そののち、私がかねてから優秀な才能の持ち主であると注目してきたひとりの若い社会学研究者から、直言された。そこに指摘された四つの特性は、すべて自分と仲間たちの研究にあてはまる。かれは、それでなにが悪いかといいたげであった。なにが悪いという訳ではないが……。

そのさきをかくならば、こうである。最大限にしぼりこんでいえば、戦前期の日本国家の興亡の本質は、内務省と軍部がともに国家を興隆させ、のち、内務省が軍部に屈して国家を敗亡させたのであった。また、敗戦後、占領軍のGHQは、軍部と内務省を解体する。GHQは軍国日本の権力機構の中枢をよく識っていたというべきだろう。それにつづく日本国家の再建の機軸部分は、旧内務官僚の手による内政組織の構築であり、その基本原理は民主主義と平和主義であった。軍部の復活は注意深く回避された。

『内務省の社会史』の書評論文を筒井氏にかかせ、そのリプライを私にかかせることによって『社会学評論』の編集委員会は、日本社会学の現状批判と戦前・戦後をつうじての日本の社会変動をとらえる歴史社会学の基本的見取り図を示唆したのであった。その現状批判は、社会学研究者たちの世代間抗争のきっかけになるかもしれない。その歴史社会学の見取り図は、内務省も陸軍も無視するアメリカ社会学直伝の社会変動論への異議申し立てとみたてられそうである。この示唆のどこまでが編集委員会が意図したものであり、どこからが書評者とリプライの執筆者のくみ合わせがものはずみによって産み出したものかわからないが。いずれにせよ、私たちはこの機会を名誉におもいつつ、充分に楽しんだのであった。

つづいて、現在の日本の社会学界において内務省にかんする歴史社会学的研究をおこなっている唯一の研究者集団として、私と同僚たちがどのように自己評価をしているかにふれる。それはわれわれの今後の研究方針を決めるだろう。

社会学研究の専門誌『参加と批評』第三号（二〇〇九年）は、「書評セッション　副田義也著『内務省の社会史』」を掲載した。このインターカレッジのセッションは、前記の研究者集団のほぼ全員が参加して、二〇〇七年五月六日午後、四時間ちかくにわたっておこなわれ、その全記録は四〇〇字詰原稿用紙に換算して約一八〇枚におよぶ長大なものである。そこには、内務省研究に打ちこむ社会学研究者たちの興味深い論議が数多くみられるが、以下、主要な五点にかぎって紹介する。

第一。社会学の方法で内務省の通史をかく意義についてつぎのような論議があった。歴史学者はこのような仕事を怖くてできないだろう。かれらは、もう少し細かい時間幅の細かい歴史事象にこだわるし、史料クリティークの問題もシビアである。しかし、世紀をまたぎ、内務省の存在が時間軸のなかで次第に遠くかすむ地点にくると、内務省の営みを距離感をもって通史的に議論をする仕事にも意義が生じる。日本の近代において内務省は結局、何だったのか。それは歴史学ではやれないが、社会学でならやれる作業である。写真のフォーカスにたとえれば、歴史学は接写して撮ろうとするが、全体写真を得意としない。社会学は接写もやるけれども、史料のつかいかたが苦手のばあいがあり、焦点距離を変えて、全体像を遠くから撮るのがうまかったりする。どちらの行きかたが正しいということではない。社会科学における社会学と歴史学の分業のありかたをかんがえるべきであるということである。

第二。われわれによって、公的な団体、とくに巨大組織の歴史社会学的研究の方法が確立された。政治史を時期区分して、各時期において、代表的な長官あるいは首長、全体の組織と人事、財政、主要な部門の諸活動を論じてゆく。これは内務省のみならず、ほかの巨大組織にも適用される。それは、社会学研究者と日本国家史、日本社会史のあいだに内務省の歴史をはさんで論じるということでもある。それによって、内務官僚に重要であると見える社会変動の局面が識別される。これまでの社会変動論はだれがみての変動かという発想が欠落しており、しいていえば天上の神の視点からみた変動とでもいうほかはなかった。また、この論じかたによって、内務官僚やそれと並ぶさまざまなアクターズの社会的行為が社会変動をひきおこす過程が認識される。戦前期の日本国家が官僚統治国家であり、そこで国家官僚たちが支配階級であることがあきらかになる。

第三。われわれの内務省研究は歴史社会学的研究と規定されてきているが、さらにそれは政治社会学としても位置づけられる。そのさいのキイ・コンセプトは権力という概念である。民族革命としての明治維新に成功した政治家たちが初期の内務省の首脳たちになった。かれらにつづく内務官僚たち、内務官僚出身の政治家たち、かれらは個人として権力を掌握し、ときに権力に翻弄される。また、下級官吏たちの権力がある。特高刑事たちはその権力によって被疑者への拷問をおこなった。それらと区別されるものとして、巨大組織・内務省の権力がある。内務省の創出から解体にいたる歴史は、その権力の生老病死として描かれる。その過程において、内務省は大蔵省とたえず対抗し、経済行政をあつかう省を分立させてきた。内務省は土地人民を支配し、大蔵省は貨幣経済を支配する。この内務省の権力の特質をさらに解明する必要がある。

第四。一九三八年（昭和一三年）、内務省から厚生省が分立する。前者の衛生局、社会局は、後者にうつされて拡大・強化された。それは日本型福祉国家の起点であった。この厚生省の分立について、われわれは、半世紀つづいた社会福祉学の通説の誤謬をただした。くわしくは『内務省の社会史』第六章4・5をみられたい。しかし、この分立がのちの内務省解体の要因になったか否かでは、われわれの見解は二つにわかれている。一方には、衛生局と社会局を分離させることにより、内務省は伝統的な牧民観を手放し、権力志向をつよめ、それがのちの解体の要因になったという考えかたがある。他方では、厚生省の分立についてそこまでかんがえるのは、その影響の過大評価であるという考えかたがある。この対立については、今後さらに論議をかさねなければならない。

第五。内務官僚の採用、訓練、昇任については、われわれは多くの事実をあきらかにしたが、二つの大きい問題を未解明のまま残している。ひとつは、高級官僚のうちでも大局観をもちとくにすぐれているエリート官僚の養成の方法についてである。内務省には主要五局があり、これを地方局、警保局、衛生局、土木局、社会局としようか、これらのうち、二、三の局と知事を経験することが、本人の資質とあいまって、大局観や高度の政治意識の持ち主であるエリート官僚をつくりだすとみられる。その過程のくわしい研究はまだない。いまひとつは、技術官僚、下級官僚の採用、訓練、執務、昇進などの実態についてである。技術官僚の代表的形態としては、衛生局の医師、土木局の技師などがある。かれらは、高等文官試験合格者の法制官僚に比較して昇進がおそく、相対的に高い職位につく機会が少ない事実はよく知られているが、そのほかの実態はわずかにしか、あきらかになっていない(6)。

このほか、各局でおこなわれた個別の行政の歴史的展開の多くは、今後の研究課題である。

3　内務省の歴史社会学

本書は八篇の論文を収録する。

第一論文「工場法と内務省」は、日本の社会政策＝福祉国家体制の原型としての「工場法」の形成と展開に内務省がどうかかわったかを解明する。その法を直接に形成したのは農商務省工務局であったが、その背後には内務省の衛生官僚たちがいた。また、「工場法」が本格的に展開するのは、その所管が内務省社会局に移ってからである。この論文は、「工場法」をめぐる内務省と農商務省、厚生省の力関係の一端にふれる。内務省は両省を程度のちがいはあれ、支配していた。一般化していえば、内務省と他省との力関係は、内務省の歴史社会学的研究の重要な主題のひとつである。われわれが気がついているその実例のひとつとして、内務省の文部省にたいする支配がある。文部官僚には内務官僚の出向組が多かったし、地方庁の学務部長の人事は内務省が所管していた。

第二論文「昭和期・地方局官僚の肖像――大村清一・坂千秋・挾間茂」は、サブ・タイトルにある三人の内務官僚の官僚人生を描いた。かれらが活躍した場は地方局にとどまらず、社会局、衛生局、警保局、土木局、復興局などにわたっている。それを地方局官僚とくくったのは、ひとつには、一九三六年（昭和一一年）から一九四〇年（昭和一五年）にかけて、三人があいついで地方局長をつとめたためである。また、くわしくは本文にゆずるが、坂は「普通選挙法」の成立の中心人物であり、大村は地方財政調整制度を発足させ、挾間は自治権拡充のために地方制度の改正を手がけた。これらをみると、戦後日本の行政制度の骨格は、八分どおり、一九二五年から三七、八年に構築されていたとみられる。ほかに地方局官僚の花形として、大森鍾一、潮恵之輔、安井英二なども論じる必要がある。

第三論文「衛生局技術官僚の特性――官僚制における専門性について」は、技術官僚と法制官僚という対概念をつかって、衛生局官僚の代表的存在と目される四人、後藤新平、北里柴三郎、勝俣稔、高野六郎の職業経歴と人間像を分析した。衛生局の衛生行政が医学知識をもつ技術官僚を必要とすることはあらためていうまでもない。ところが国家官僚制において官僚の一般的形態は法制官僚であり、かれらが政府組織を管理する。その支配のもとにあって技術官僚は昇進そのほかにおいて、冷遇を経験せざるをえない。やや乱暴に要約すれば、この状況に抗して四人の技術官僚のうち、後藤と勝俣は政治家タイプの生き方をえらび、北里と高野は学者タイプの生き方をえらんだ。この技術官僚の冷遇問題は衛生局のみならず、土木局にもみいだされる。また、当事者によるこの問題の解消をめざした技術者水平運動は、内務省のみならず、鉄道省、農林省、逓信省、大蔵省、商工省にまでひろがった。

第四論文「内務省の都市計画行政――都市空間の設計と創出」は、戦前期の日本における都市計画制度の成立過程を論じる。一九一八年（大正七年）の都市計画調査会の設置、翌一九年（大正八年）の「都市計画法」と「市街地建築物法」の公布は、大臣官房都市計画課に拠った開明派の内務官僚による達成であった。しかし、誕生早々の都市計画行政は、内務省の内外で敵対勢力にかこまれた。省内では、地方局が地方自治を志向して、都市計画の中央集権的性格をきらい、土木局が道路、上下水道などの仕事で都市計画と競合するのをきらった。省外では、大蔵省が財源をめぐって対立的であり、地主層が都市計画のための私権制限に反発した。敗戦まで、都市計画のみるべき成果の多くは、「都市計画法」などがもたらしたものではなく、震災や大火災など天災、人災によって可能になったといわねばならない。

第五論文「母子概念の形成過程――階級とジェンダーの結合」は、母子保護法が着想されてから実現するまでのあいだに、思想的基盤が形成されるいきさつと、法制定の意味についてを、内務官僚と社会活動家の双方に注目して検討した。その基本的な性格は、ごく初期段階に、内務省地方局保護課長時代の田子一民が構想した母子扶助法によって確定され、その後の社会局は恤救規則から救貧法への転換を母子扶助法によって達成しようと試みた。いっぽう社会運動家たちは、男女平等の制度化をもとめて、子どもと家庭の問題にたどりつき、〈母子〉は、貧困問題とジェンダーを接合するものになる。母子扶助の制度にかわって救護法が制定されるが、それは婦人運動家たちにとって、保護の水準でも、婦人の地位向上の点でも後退でしかなかった。母子保護法の制定をめざす内務官僚と婦人運動家たちの議論の流れは、戸主権や家族制度を抑制しながら、新しい家族秩序を創出する営みであった。

第六論文「内務省の映画検閲」は、警保局の映画検閲の史的経過とそれと対決した二人の映画監督、小津安二郎と黒沢明の体験を描く。戦前期、内務省の検閲は、芸術、学問、思想、報道、そのほかすべての表現行為におよんだ。その一例として、ここでは映画検閲がとりあげられる。それは、抽象化していえば「表現の自由」を侵害し、具体的にいえば、のちに世界的名声を獲得する二人の映画監督の制作活動をまったく理不尽に妨害した。検閲は、のちにいう「国家神道」の国教化とならんで、内務省がおこなった国民の思想と心情の管理の一端である。後年、「日本国憲法」第二一条は、「検閲は、これをしてはならない」と明示的に禁止した。検閲は、民主主義、自由主義の価値意識と両立しない。検閲の主体であったことにより、内務省は民主主義、自由主義に背く存在であった。

第七論文「内務省の台湾統治――後藤新平による実践と批判」は、後藤が、台湾総督府で民政局長、民政長官などとしてはたらきながら、行政官としてどのような業績をあげたか、を論じる。その業績は、それまでの内務省の台湾統治に新しい局面をひらくものであり、かれの内務省における行政体験と透徹した中国認識が反映していた。台湾統治でのこの成功が、後藤に、満州鉄道初代総裁といううつぎの花道をひらくことになる。内務官僚が内務省をはなれたのち、あるいは一時的にはなれて、植民地あるいは占領地の行政府ではたらいた例は多い。後藤とならぶ著名な例は大達茂雄であろう。大達は、地方局・衛生局などではたらき、福井県知事をつとめたあと、満州国法制局長、国務院総務庁長などを歴任した。のち、内務省にかえり、次官、東京都長官、大臣までをつとめた。

第八論文「神社の統治、神社による統治――内務省と『国家神道』」は、内務省が神社を統治のための主要なメディアとして、臣民の思想と身体を管理するにいたった歴史を描く。その管理を所管したのは、社寺局、神社局、神祇院であった。内務省の神社政策において、国家神道は宗教であり、宗教でなかった。それは宗教としてはほかの諸宗教の上位に置かれ、国教化し、宗教ではない、祭祀であると断定されて、信教の自由と矛盾しないと強弁された。論中に紹介される「国家神道」の教義は、国体思想といい、敬神思想といい、それらを信仰する人びと、信仰させる国家機構の知的水準のあまりの低さを示唆して、われわれを暗然とさせる。革命国家が国家儀式をつうじて人工宗教と結びつくこと自体はふつうのことである。その人工宗教が、戦時下の日本において、なぜ、このように反知性的なものになりはてたのかを、さらに問わねばならない。

　前述の二〇〇七年の著作の「あとがき」で、私は内務省を巨大な迷宮にたとえ、そこでは、古代（まがいものだが）と近代、暴力と理性、野蛮と文明、悪徳と美徳が混沌と共存していたと語った[7]。本書に収録された八論文についてもほぼ同一の感想をもつが、いくらか分析的にいえば、内務省と内務行政には二つの矛盾する歴史的方向性がみわけられる。そのひとつは近代化であり、いまひとつは神国化である。これら二つの概念に充分な定義をあたえるのは別の機会を持ちたいが、さしあたっては、近代化の概念は日本社会学の共有財産になっているので、それをつかうというにとどめたい。神国化の概念は現人神としての天皇が統治するユートピア国家への移行といっておく。これは一九三〇年代にいちじるしく強化されたが、その遠因は民族革命としての明治維新が王政復古をユートピアとしたところにあった。収録論文の範囲でいえば、社会局、地方局、衛生局などが近代化の路線を担い、神社局、警保局などが神国化の路線を担った。近代化は自由化、民主化などと親近性があり、神国化は軍国化、国粋化などと親近性がある。この二つの方向性は、近代化論者、産業化論者がいうように、近代化の程度の違い、進んでいるか遅れているかの違いというようなものではない。それらは逆方向に進んだヴェクトルであり、しかも、たがいに排斥しあう一面と、たがいに依存しあう一面をもっている。たとえば、内務官僚のパーソナル・ヒストリーに即していえば、地方局官僚の代表的存在であった井上友一は神社局長を七年にわたってつとめた。また、前出の大達は敬神家として知られていた。

　この内務省と内務行政にみいだされる二つの矛盾する歴史的方向性は、戦前期の日本国家が全体としてかかえる問題でもあり、現在の日本国家の体質にもその名残りはみとめられる。しかし、ここでは、それらの事実は示唆するにとどめておき、深く論じるのは別の機会をえたい。

（1）副田義也『内務省の社会史』東京大学出版会、二〇〇七年、六―七ページ。
（2）大霞会編『内務省史』第四巻、一九七一年、一七一―一七二ページ。
（3）同右、二五二、二八三―二八五ページ。
（4）筒井清忠「書評論文　副田義也著『内務省の社会史』」『社会学評論』第五九巻第一号、日本社会学会、二〇〇八年。
（5）副田義也「リプライ」同右。
（6）「書評セッション　副田義也著『内務省の社会史』」『参加と批評』第三号、副田研究室、二〇〇九年、二二〇―二九四ページ。
（7）前掲『内務省の社会史』六七四ページ。

1章　工場法と内務省

副田義也

はじめに

「工場法」は、通文化的にいえば、先進資本主義国家において、産業革命期に工業労働者の保護を目的として労働条件などを規定した法であり、各国ごとにその名称あるいは類似の性格の法律が存在した。日本においては、「工場法」は、一九一一年（明治四四年）三月二八日に制定され、一九四七年（昭和二二年）九月一日に廃止されている。そのかぎりで、三六年間あまりの比較的短命な法であった。

ただし、この法の制定までの前史はおもいがけず長い。その制定の実務の中心人物は、当時の農商務省工務局長・岡実であるが、かれはその制定後まもなく刊行した大著『工場法論』で、その前史は、一八八二年（明治一五年）以来、約三〇年にわたると述べている。この前史をふくめてかんがえると、わが国における「工場法」の歴史は一九世紀末から二〇世紀半ばにかけての六六年間ということになる。なお、「工場法」が廃止されるにわずかに先立ち、労働者の労働条件の保護をめざす法としては、より整備された内容の「労働基準法」が制定されている。

基本的な見通しをえるために、過度に図式的になることを恐れずいっておくと、日本において「工場法」の制定と運用にあたったのは、内務省、農商務省、厚生省などに拠った国家官僚たちであった。官僚たちのその制定と運用のための行政努力、とくに制定のためのそれにたいして、激烈、執拗な社会的・政治的抵抗をつづけたのは、工場を経営する資本家たちとかれらと結託していた政治家たちである。ほかの先進国家では、「工場法」の制定にあたって労働運動が有力な要求主体のひとつであるばあいもあったが、日本のばあい、労働運動は第二義的存在にとどまった。なお、敗戦直前の時期に「工場法」行政を崩壊させたのは軍人たちである。

「工場法」の制定と運用における省・局別にみた官僚たちの関係の推移はつぎのとおりである。前史段階で制定のための実務に直接従事したのは農商務官僚、とくに工務局、商工局の官僚たちであるが、かれらの背後には内務官僚、とくに衛生局の官僚たちが控えていた。いまとなっては確実な資料を充分提示することは困難であるが、法の制定のための推進力は衛生官僚にあったらしい。これについては、のちにわかるかぎりのことは述べる。「工場法」は制定されたあとも、実施のための細則がつくられず、予算がつかず、五年半ほど事実上棚上げされていた期間があった。その主要な原因は、前史時代からつづく資本家たち、政治家たちの抵抗である。一九一六年（大正五年）、「工場法施行令」「工場法施行規則」がつくられ、実施予算が計上されて、同年九月一日からようやく「工場法」は実施された。「工場法」は、この実施以来、一九二二年（大正一一年）一〇月三一日まで、農商務省商工局のちに工務局工場課が所管した。農商務官僚による「工場法」の制定と運用にたいして、内務官僚は不満をつのらせ、批判的であったのではないか。その結着は、同年一一月一日、内務省に外局としての社会局が設置され、「工場法」の所管が同局第一部監督課にうつされることで劇的にはたされた。官僚たちの実感によっていえば、「工場法」を所管する権限は、農商務官僚から内務官僚に奪い取られたのである。その後、「工場法」は内務省社会局第一部（のち労働部）監督課が所管し、一九三八年（昭和一三年）一月一一日、厚生省が設置されると、同省労働局監督課が所管することになった。この移管は、厚生省の創設自体が内務省からの分立であったこと、その一環として、内務省の社会局が厚生省にうつり、社会局、労働局、臨時軍事援護部に分立したことなどから、実質的には内務行政の拡大とみなされた。しかし、その後は、「工場法」の運用は、厚生官僚とくにその労働官僚たちの手によることになった。

1　前史

岡実は『工場法論』において、「工場法」の沿革をかたって、それを四期に区分している。

第一期、一八八一年（明治一四年）から一八九八年（明治三一年）まで。

第二期、一八九八年（明治三一年）から一九〇九年（明治四二年）まで。

第三期、一九一〇年（明治四三年）から一九一一年（明治四四年）まで。

第四期、一九一一年（明治四四年）から一九一六年（大正五年）まで。[1]

これらのうち、「工場法」が成立したのは一九一一年三月二〇日、第三期の末尾、第四期はその後、同法の実施までの期間であるから、前史は、一八八一年から一九一一年までの三〇年間ということになる。第一期と第二期に重複して一八九八年が、第三期と第四期に重複して一九一一年が出てくるのは、その境目に年度の区分をつかったためであろう。

岡は、そのあいだに「工場法」の主務大臣が二三回更迭され、主任者としての工務局長あるいは商工局長が一五人交代し、法案の原稿は百数十回かきあらためられたと語り出している。(2)前史の始点を一八八一年とするのは、その年、農商務省が内務省から分離し、翌年、工務局に調査課が設置され、「労役法」や「工場条例」にかんする材料の収集がはじまったからである。以下、岡は仔細に前史を叙述するのだが、紙幅の制約ゆえにここではそれをそのまま紹介をすることはできない。前史段階の一端を知ってもらうために、第一期と第二期に属する主要な資料を各一点にかぎって、てみじかに紹介する。

第一期では、一八八七年(明治二〇年)六月に作成された、最初の「職工条例案規定事項ノ要領」をみておきたい。

「第一章　総則

一　職工ト工業製造人ノ関係ハ合意契約ニ依リ定マルコト

一　此等二者ノ人権及物権ニ関スル契約ノ条件ヲ制約セサル場合ハ民法ノ規定若ハ地方ノ慣例ニ依ルコト

(中略)

一　水火力ヲ用フル生産所、鉱物ノ分析淘汰、鉱坑、普請場及造船所等ハ工場製造所トシテ本条例ヲ適用スルコト

(中略)

第二章　未丁年ノ職工

(中略)

一　就学義務ヲ了ヘサル者、又ハ就学猶予ヲ得サル児童ヲ職工ニ使用スルトキハ工業製造人ハ一定ノ時間ヲ設ケテ通学セシムル義務アルコト

第三章　徒弟

一　徒弟ハ工業製造人ノ家族ニ附属シ、其ノ業法ノ伝習ヲ受ケン為メニ使用セラルル職工ナルコト

（中略）

第四章　工場製造所

一　工場製造所ニ於テハ年齢十歳未満ノ児童ヲ職工トシテ使用スルコトヲ得サルコト、但シ徒弟ハ此ノ限リニ在サルコト

一　年齢十四歳未満ノ者ハ一日六時間、十七歳未満ノ者ハ一日十時間以上使役スルコトヲ得サルコト

一　幼年職工ニハ毎日喫食時間ノ外ニ二回以上一定ノ休憩時間ヲ与フヘキコト

一　婦女及十四歳未満ノ職工ヲ夜間使用スルコトヲ得サルコト

一　工場製造所職工ノ賃金ハ日給トスルコト、日給金ハ前渡又ハ後払ヲ為シ得ヘシト雖、前渡ハ三十日分、後払ハ十日分ノ賃金額ヲ越エシメサルコト

（後略）(3)」

これらの規定の案文は、当時の工業労働者の労働条件の実態を推測させ、そのどの部分を農商務省当局がとくに問題視していたかをうかがわせる。第一章は、職工と雇用主のあいだの雇用関係は合意契約によるべきであるとして、その契約がおよばないところは民法の規定か地方の慣例によって定めるとする。これは合意契約によらない、恐らくは身分的強制による、たとえば、人身売買にもとづく雇用関係がすくなからずみられたことを示唆する。ま

た、工場の規定は、「工場法」を作成するさいの難問のひとつであるが、ここでは事例を列挙する方法をとっている。第二章は、学齢の児童を職工として使用する雇用主は、その児童を一定の時間、労働させずに小学校に通学させる義務があるという。これは、学齢の児童を職工としてはたらかせ、学校教育をうけさせなかった事例が多くあったことをうかがわせる。第三章でいう徒弟は、職業上の技術を取得するために雇用主の自宅などに住みこんだ幼い児童をいう。次章冒頭でみると、徒弟には一〇歳未満の幼い児童もいた。第四章は、農商務省当局がとくに問題視していた労働慣行、労働実態の禁止が並べられている。すなわち、主要なものをぬきがきすれば、(1)一〇歳未満の児童を職工として使用すること自体の禁止、(2)一〇歳以上のばあいでも、一四歳未満、あるいは一七歳未満であれば、職工として、長時間使用することの禁止、(3)女性と一四歳未満の職工を夜間に使用することの禁止。この最後の規定はとくに当局が重視しており、女性などの夜間使用の大きな弊害がくり返しつたえられていた。この規定は当時としては充分に進歩的なものであったが、それだけに抵抗もつよく、のちに実現した「工場法」のなかでは、無残な修正をうけている。

第二期では、一八九八年(明治三一年)一〇月、工務局は農商工高等会議に前年あたらしく作成した「工場法」の法案について諮問し、それに「工場法制定理由書」を添付した。二つの文書をともに紹介したいが、後者の一部の引用にとどめる。

「工場法制定ノ理由

現今本邦工業ノ勃興ト共ニ工場各地ニ起リ、従来ノ家内工業ハ漸ク変移シテ工場工業タラントス。此等工場工業ハ其ノ効果ノ顕著ナルト同時ニ其ノ設備完全ヲ欠クトキハ、之ニ由テ往々人命ヲ危ウシ、比隣公衆ニ重大ノ障害ヲ与フルコトアリ。之ニ対シテ政府ノ監督ヲ要スルコト甚タ多シ。(中略。問題が重大なので、地方庁にまかせず、政府が法律をつくって対応しなければならないという）コレニ加ヘテ此等工場ニ於ケル工業主職工間ノ関係ヲ見ルニ、親睦協和恰モ家族師弟タルカ如キ情誼漸ク去リ、階級的差等間隙稍々其ノ跡ヲ現サントセリ。是レ実ニ工場工業ニ伴フ所ノ必然ノ結果ニシテ、之ヲ各国ノ歴史ニ徴スルニ皆然ラサルハナシ。今ヤ情誼ノ関係既ニ衰退シテ之ニ代ハルヘキ法律上ノ関係確立セサルヲ以テ、雇者被雇者ノ規律頗ル紊乱シ雇者ハ被雇者ノ転々移動スルニ苦ミ、被雇者ハ亦往々ニシテ雇者ノ圧抑ニ屈従スルノ悲境ニ沈淪スル者アリ、誘拐争奪ノ弊既ニ起リ、教唆強要ノ風漸ク行ハレントス。（中略。雇用主と労働者の双方のためになるように、両者の関係を規律しなければならない。これが本法を制定する理由であるという）然レ共本問題ノ関係スル所極メテ広且大ニシテ、殊ニ工業者及労働者ノ利害ニ直接大関係ヲ及ホスヲ以テ、例令外国ノ事歴ニ徴シ自然ノ趨勢ノ能ク前知シ得ヘキモノアルモ、猶ホ法令ヲ以テ一朝急激ノ変化ヲ加フルハ国家経済上大ニ考慮スヘキ所ナルヲ以テ、本法ハ暫ク大体ヲ規定シ単ニ大綱ヲ示シテ弊害ノ最モ甚シキモノヲ予防スルニ止メ、而シテ工場監督官吏ヲシテ本法ノ実施ヲ監督セシムル傍ラ、常時工場ノ状態ヲ調査セシメ、其ノ結果ニ基キテ詳ニ利害得失ヲ衡量シ、将来工場工業ノ進歩ニ応シテ能ク其ノ規律ヲ正シ、雇者被雇者ノ調和ヲ計ランコトヲ期ス。因テ其ノ法案ヲ添ヘテ之ヲ諮問ス」[4]。

一々くり返さないが、工場工業が普及した結果、雇用主と労働者の関係が家族的なものから階級的なものに変化したことが正確に認識されている。しかも、それを道徳的に非難することなく、歴史的な必然であると冷静に説いている。そこで「工場法」を制定しなければならない。そのさい、先進国の工場法の先例を意識しつつ、そこに必然の傾向をみるにしても、それによる急激な変化が国家経済に打撃となることを避けるために、漸進主義をとることにする。これは、本質的には、「工場法」に反対する資本家階級の宥和をねらった意向表明であったであろう。

2 『職工事情』

「工場法」が成立するまでの直前の一〇年間、農商務省はあいついで工業労働者に関する大規模調査をおこない、同法の制定のための資料を得、機運を盛りあげようとした。その代表的業績のひとつとして、農商務省商工局工務課の『職工事情』(一九〇三年、明治三六年三月)がある。この調査の経過を調べてゆくと、「工場法」の制定における農商務官僚と内務官僚の関係の機微がうかがわれそうなところがある。その発端は、一九〇〇年(明治三三年)五月、内務省衛生局保健課長の窪田静太郎が、本官在任のまま、農商務省商工局工務課長を兼任したことにあった。かれは、翌年七月、農商務省書記官兼内務省参事官となり、一九〇三年九月に内務省に帰って衛生局長になっている。この農商務省時代、窪田は、『職工事情』に成果がまとまる大調査の実施責任者であった。後年、かれはこのときのことをつぎのように回顧している。

「明治三十二三年の頃農商務省に於て工場法案が一応成案となって居たのである。然るに右法案は独逸その他外国の法律を模倣して作った翻訳法案ではないかと云ふことが官民の間に窃かに問題とされて居た。そこで当時農商務省商工局長に就任した木内重四郎君は、右の世評に鑑み、先ず我が国の工場及び職工の実況に付徹底的な調査を施行し、その結果必要があれば法律の体裁などに拘泥せずに新規蒔直しに実際に即した法案を作成すべきであると云ふ意見を提出した。それが政府の容れるところとなったので、茲に数万円の経費を支出して商工局に臨時工場調査職員を置くことになったのである。自分は内務省に於て木内君の知合であって、同君も自分が前に陳べたやうに労働問題に就て多少注意もし研究もして居った事を知って居られたので、右工場法調査の仕事を一任するから担当せよとのことであった[5]」。

窪田は淡々とかいているが、内務省が農商務省を出先扱いしていたこと、「工場法」という重要法案をつくるにあたって、農商務官僚の能力を心もとなくおもっていたこと、そこで労働問題にもっともよく通じた自省のエースを農商務省に送りこんだことが、はっきりと記されている。

窪田静太郎の経歴について必要最小限をぬきがきしておく。一八六五年（慶応元年）、岡山県に生まれている。一八九一年（明治二四年）七月東京帝国大学法科大学法律学科卒業、同月内務省試補に採用され、各局で短い期間はたらいたあと、九二年から地方に出て、九三年末に本省に参事官として帰り、衛生局に勤務した。一八九八年（明治三一年）には、衛生局長・後藤新平に命じられて、日本最初の社会保険法案「労働者疾病保険法案」をつくっている。この法案は議会で廃案になったが、これをきっかけのひとつとして、かれは労働問題と社会政策への関心を深めた。一八九九年（明治三二年）には、『労働者強制保険』を私家版で刊行、これはわが国で社会保険にかんする最初の著作である。同年から『国家学会雑誌』などに社会政策の諸問題にかんする論考を多数発表しはじめた。一八九九年（明治三二年）三月から一九〇一年（明治三四年）七月まで衛生局保健課長、その間に一九〇〇年（明治三三年）から、農商務省商工局工務課長を兼任している。しばらく二つの省に在籍して、一九〇三年（明治三六年）九月、内務省衛生局長になった。一九〇七年（明治四〇年）一二月、社会政策学会第一回大会委員をつとめる。学究肌の内務官僚・衛生官僚で、桑田熊蔵など多くの社会政策学者たちと親交があった[6]。

『職工事情』の紹介に入るまえに、農商務省商工局工務課の「工場調査要領（第二版）」によって、窪田の同省入りの年、一九〇〇年当時の日本における工場労働者の概況を示しておこう。

これによると、工場は、原動力を使用して職工一〇人以上を雇用するものと、原動力を使用しないで職工三〇人

表1　工場労働者の数×工場の種類（1900年）

	第1のタイプの工場	第2のタイプの工場	計
繊維工場	189,180	23,311	212,491
機械工場	25,502	1,901	27,403
化学工場	13,743	17,374	31,117
雑種工場	21,862	14,116	35,978
特別工場	32,318	3,985	36,303
計	282,605	60,687	343,292

資料出所：農商務省商工局工務課「工場調査要領（第二版）」（隅谷三喜男編『生活古典叢書3　職工および鉱夫調査』光生館，1981年）pp. 61-62.

以上を雇用するものとに区分される。第一のタイプの工場数は約三三〇〇、職工数約二八万二〇〇〇、第二のタイプの工場数は約九〇〇、職工数は約六万である。両者の合計は工場数は約四二〇〇、職工数は約三四万三〇〇〇、である。もちろん、さきの人数以下の職工を雇用している零細工場は沢山あるが、それはとりあえずは統計調査の対象にならない。工場の種類はつぎの五つとされる。

(1)　繊維工場（生絲、紡績、織物、組物）
(2)　機械工場（機械製造、造船、器具製造、鋳金）
(3)　化学工場（窯業、瓦斯、製紙、染色、製革、発火物製造、人造肥料、製薬、雑業）
(4)　雑種工場（醸造、製糖、煙草、製茶、精穀、製粉、ラムネ、氷、鉱泉、菓子、缶詰、瓶詰、雑業、印刷出版、紙製品、以下略）
(5)　特別工場（電気、金属精錬）

職工数を工場のタイプ別、種類別にみると表**1**のとおりである。

よりくわしい数字に関心がある読者は原著にあたられたい。以下は概況を知ってもらうために主要なデータをひろっておく。第一のタイプの工場ではたらく職工数の百分比を工場の種類別にみると、繊維工場ではたらく者が六六・九％である。これを職工の代表部分とすることには大方の同意がえられよう。この繊維工場の職工は、性別でみると、男工一二・七％、女工八七・三％にわかれる。女工が圧倒的に多い。また、年齢別でみると、一四歳未満の幼少者は九・四％、である。

第一のタイプの工場ではたらく職工の全数は、男工三五・七％、女工六四・三％、繊維工場ではたらく職工にかぎったばあいほどではないが、女工が男工の二倍ちかく多い。幼少者は全体の七・八％ほどである。また、第二のタイプの工場ではたらく職工の全数は、男工三六・三％、女工六三・七％にわかれる。この構成比は第一のタイプのばあいとほとんど変らない。幼少者は全体の一五・五％である。(7)

『職工事情』は、これらの工業労働者の労働実態と生活実態をつぶさにあきらかにした。その全体はつぎの五部から構成されている。「綿絲紡績職工事情」、「生絲織物職工事情」、「鉄鋼、硝子、セメント、燐寸、煙草、印刷、製綿、組物、電球、燐寸軸木、刷子、花莚、麦稈真田職工事情」、「職工事情付録一」、「同二」。最初の「綿絲紡績職工事情」は一九〇一年（明治三四年）の調査によるものである。労働条件のはなはだしい劣悪さをつたえる三、四のデータを紹介する。

第一、労働時間。紡績工場においては、昼夜交代制の就業制がとられており、労働時間は一一時間または一一時間半、それに休憩時間が一時間または半時間ついている。昼業部は午前六時にはじまり、午後六時まで、夜業部は午後六時にはじまり、午前六時におわる。残業は多く、ふつうは二、三時間だが、夜業部の職工に欠席が多いと、昼業部の職工に翌朝まで、つまり二二、三時間、継続して就業させることもある。業務が繁忙のばあいには、六時間程度の早出、居残りで、一八時間通して労働することはめずらしくない。昼業部と夜業部の交代は、一週間か一〇日ごとにおこなっている。その交代時には、二四時間の休憩が入るが、その間に新しい勤務形態にそなえて睡眠をとらねばならないので、休業日が有名無実化している。(8)

第二、徹夜業。夜業部の就労はいわゆる徹夜業である。紡績工場では女性も幼少者もすべて徹夜業をしている。

ヨーロッパ諸国では、女性と幼少者に徹夜業をさせることは法律によって禁止されており、成人男子にかぎって徹夜業が許されているが、日本ではそうではない。かつては昼業のみがおこなわれていたが、製品の売れゆきがはなはだよいので、徹夜業がおこなわれるようになった。徹夜業が衛生上有害であるのはいうまでもない。紡績工場ではたらいた医師、技術者、職工がいずれもそれを証言している。しかし、これを職工のなかの病人の数で統計的に証明するのが難しい。工場当局は、寄宿舎にいる職工で病気が重症になった者を帰郷させてしまうからである。それでもつぎのような貴重なデータが入手されている。昼夜業交代のさいの女工八一人の体重を計量したところ、一人平均で、夜業一週間のあと一七〇匁減少、昼業五日のあと六九匁増加、であった。ほかのデータからも、昼夜業のくり返しのなかで、女工の体重は減少しつづけ、つまりは健康が次第に損なわれていると判断される。(9)

第三、雇用。工場が増加したので、職工が不足し、都市の紡績工場は全国各地で職工を募集するようになった。女工を募集するにあたっては、社員を派遣しておこなう方法と紹介人による方法とがある。後者で弊害が多い。紹介人は女性を職工になるように勧誘するにあたって、職工生活の快楽のみをいいたて、辛いことがあるのは一切いわない。自由な生活、休日の芝居見物、寄宿舎の食物の美味、賃金の高さ、学校も病院もある。女工は工場生活に入って、紹介人の甘言にあざむかれたのを覚る。それを工場主に訴えても、聞いてもらえない。紹介人は消えている。工場から逃げ出そうとしても、故郷に帰る旅費はないし、その逃亡を防ぐための手段がいろいろと講じられている。寄宿舎のまわりには見張りまでがたっている。意思の弱い女工は泣き寝入りで契約期間は工場にいようということになる。気が強い女工は逃亡をくわだてるが、見張りにつかまれば懲罰をうけ、その結果としての傷害事件がたえない。(10)

ほかに、衛生では、紡績職工の多くが呼吸器病・消化器病にかかっていることが報告されている。工場内の空気の不潔さ、屑綿やちりの多さ、あわただしい食事のせいである。また、住居では、指定下宿、寄宿舎、社宅などがあるが、前二者の水準はきわめて劣悪である。指定下宿では六畳か八畳の一室に十数人の男女が寝ている。寄宿舎では一人一畳の居住空間であるが、昼夜業交代制のため、実質的には二畳がつかえている。寄宿舎の食事についてはくわしい献立が収集されているが、副食物は比較的粗悪でないが、主食は米の質が下等、たきかたも粗雑、一種の臭気があって口に入れがたいといわれていた(11)。

3　「工場衛生調査資料」

「工場法」を制定するために内務省と農商務省がおこなった大小の調査のうち、『職工事情』と並ぶ代表作は「工場衛生調査資料」(一九一〇年、明治四三年)である。後者の報告書は農商務省の諮問機関である生産調査会から刊行されているが、この調査を実際におこなった中心人物は、内務省嘱託、農商務省嘱託の石原修であった。石原の経歴については、籠山京にくわしい研究がある。その一九一〇年までの部分をかいつまんで紹介する。

石原修は、一八八五年(明治一八年)、兵庫県に生まれている。一九〇八年(明治四一年)一一月、東京帝国大学福岡医科大学卒業、在学中、日本住血吸虫症の研究で流行地域の農村の調査に全力を注いでいた宮入慶之助教授の影響をつよくうけた。〇九年(明治四二年)三月、東京帝国大学東京医科大学副手、衛生学教室に勤務する。同年七月、内務省嘱託となり、新潟県、栃木県、ほか三県の鉱山および工場の衛生調査に従事した。翌一〇年(明治四三年)五月には医科大学助手に任官し、七月には農商務省嘱託になっている。この二つの省の嘱託の仕事の関係は、内務省の嘱託としてはじめたものを、農商務省の嘱託としてひきついだらしいと、籠山は推測している。農商務省工務局は〇九年一〇月、「工場法案の説明」と題する小冊子を刊行するが、そこに石原が実施した調査のデータの一部が収録されている。この調査結果はのちに先述の「工場衛生調査資料」としてまとめられる。[12]「工場衛生調査資料」は第一から第一四までの一四の章にわかれている。そのすべてを紹介することは紙幅の制約によってできない。前半の四つの章をかいつまんでみることにする。

もっとも衝撃的なデータは「第二、出稼女工ノ帰郷原因並ニ健康ニ関スル調査」(明治四二年)の一九〇九年、新潟県ほか七県のデータである。出稼女工数一万六九八九、帰郷女工数七三二〇、送り出された女工数の約半数、四三・一%が送り返されてきている。帰ってきた女工のうち、帰郷理由、帰郷後の状態が判明した者が六〇七六、これを一〇〇%として、以下は百分率のみでいう。疾病のため帰郷した者一五・四%、帰郷後重病にかかった者一・八%、帰郷後死亡した者四・六%、以上三者の合計二一・八%となる。そのうち結核、結核と認むべき者は、三分の一強である。なお、さきの三者のほかに事故のため帰郷した者が七八・二%いるが、そのうち労働に堪えかねる者と解雇の小計二二・〇%の大部分は当時の実状からして病気、重病にかかっていたとみてさしつかえない。これをあわせると、送り返されてきた女工の半数ちかくは病気であったということになる。[13]

「第三、工場職工疾患病類別調」も、衝撃的なデータを示している。これは、紡績工場ほか六種類の工場でデータを作成しているが、紡績工場のばあいにかぎって、一九〇九年のものを紹介する。年末の調査対象の職工総数五万四三一一、これを一〇〇%として、以下百分率のみでいう。前年より越人員五〇・三%、募入人員四九・七%、解雇三六・五%、死亡〇・三%。前年よりの越人員が五〇・三%ということは、前年末にはいた職工たちの半数が一年のうちに消えたということである。そのうちの七割以上が解雇で、大部分は病気による就業不能、あるいは死期が迫っての解雇であろう。そして新しく募集されて入ってきた者が半数ちかくを占める。[14]このデータから、毎年

表2　徹夜業と体重減量

工場種類	調査人員(人)	交代周期(日)	一人平均夜業後ノ減量(匁)	同夜業中減量ノ回復量(匁)	同回復セサル量(匁)	備　考
甲紡績會社	81	7	170	69	101	晝業五日後の調査
乙紡績會社	59	7	154	135	19	
印刷工場(其の一)	204	7	264	63	201	
印刷工場(其の二)	803	7	141	119	22	
製菓工場	12	6	67	49	18	
製鐵工場	211	7	317	214	103	

資料出所：生産調査会「工場衛生調査資料」(籠山京編『生活古典叢書5　女工と結核』光生館，1981年）p. 65.

採用される職工は、一年ごとに半減してゆく、つまり二年たつと四分の一に減少するという推測が成り立つ。つぎのデータはそれをほぼ裏付ける。

「第四、現在職工勤続年月調」は一九一〇年、紡績工場ほか一〇種類の工場で調査した結果を示しているが、例によって紡績工場の分を百分率のみで示す。六カ月以内一九・一%、一年以内二三・二%、一年半以内一七・五%、二年以内一六・六%、二年以上二三・六%。採用されてから二年たつと、職工はたしかに四分の一ていどに減っている。[15]

さいごに「第六、連続徹夜業ト体重トノ関係調査」をみておこう。これのみ、原表（表2）をかかげて、コメントの現代語訳をつけておく。「連続徹夜をする仕事においては、昼間における睡眠不足のほか、身体の発育に非常に大きく関係する日光の作用をうけることがとぼしいので、栄養が衰えて、体重の減少を来たすのをまぬかれない。ことに発育の時期にある幼少年者においては、それが顕著である。左に官私工場における昼夜交代業をおこなった職工について調査した結果をかかげる。この調査によって、夜業終了後の体重は夜業開始まえにくらべて減少しており、その減少した分量はつぎの昼業期間中に回復しないことが知られる[16]」。

職工の労働実態、生活実態の非人間的な苛烈さを示す調査として、この「工場衛生調査資料」がさきの『職工事情』より大きくまさるのは、帰郷したのちの女工たちの健康状態をあきらかにしたことである。そこに籠山は前出の宮入教授の農村衛生調査の影響をみている。(17)『職工事情』は、あくまでも工場、寄宿舎、下宿などにいる職工たちの調査であった。重い疾病にかかった者は解雇・帰郷させられるので、調査の網の目にかからないという推測は当時からあった。その全容が「工場衛生調査資料」でほぼあきらかにされたのである。毎年、出稼ぎで送り出された女工の数にたいして、その半数ちかくの女工が帰郷してくる。帰ってきた女工の二割は病気になっているか、死亡する。その三分の一は結核をわずらっている。ほかに病気、重病を示唆するデータもあり、それをあわせると、帰ってきた女工たちの半数ちかくは病気であったとみることができる。彼女たちの健康破壊の主要原因のひとつは徹夜業にちがいない。

さて、一九〇九年（明治四二年）一〇月、農商務省工務局は、「工場法案の説明」という小冊子を出したと、さきにいった。これは、「工場法」案作成のための叩き台で、その制定の由来、法案の内容の大体の説明、法案の各条の説明などを記述していた。そこには当初、幼少者と女性の夜間就業を禁止する規定が入っていなかった。農商務省はこれを関係各省、各地方長官、商業会議所、大日本蚕糸会、大日本紡績連合会、日本工業協会、その他の関係団体に配布して、意見を求めた。また、新聞・雑誌によって、その内容を一般に公表した。これにたいする世論の反応は、「工場法」そのものに絶対反対というものはなく、それぞれの立場によって、法の適用の範囲や職工の年齢、就業時間の制限などについて、種々の意見を申し立てるものが多かった。

この文書にたいする答申でもっとも重要な結果をもたらしたのは、内務省の諮問機関・中央衛生会の意見であった。同会は、法律を施行してから五年のちには一六歳未満の者と女性の夜間就業を禁ずるという規定を新しく設けることを要求した。以後の経過を述べて、岡はいっている。立案者である農商務省としても、幼少者と女性の夜間労働の禁止は理想であった。しかし、これまでにみるべき労働法は皆無である。急激な変動を避けるため、その理想をかくしてしばらく忍ぶことが妥当だと信じていた。しかし、中央衛生会から、工場衛生の改善を目的とする法律をつくるのに、今日の工場の弊害のうちで最大のものである夜業を禁止しないのは不当であるといわれると、反駁する論拠はとぼしい。くわえて、内務省は、中央衛生会の決議を重んじて、その意見を採用することを望むと圧力をかけてくる。農商務省としては、中央衛生会が五年後といったものを一〇年後に修正するのが精一杯のところであった。この修正とほかの若干の修正をもくわえ、「工場法」案は、農商務大臣・内務大臣の合議をへて、閣議決定され、第二六議会に提出された。その結果を岡はつぎのように簡潔につたえる。

「議会ハ本件ヲ十九名ノ委員ニ附托シ調査セシメタリ。然ルニ提出案ノ発表セラルルヤ夜業禁止ニ対スル非難ノ声高ク、就中綿糸紡績業者ハ激烈ナル反対ニ出テ、法律全体ノ否決トモナルヘキ形勢ト為リタルヲ以テ、政府ハ仍調査修正ノ必要ヲ認メ、遂ニ之ヲ撤回スルニ至レリ、是レ実ニ明治四十三年二月ノ事ナリトス」[18]。

このパラグラフで、岡は個人的感想を一切もらさない。しかし、ここにいたるまでの記述に即してかんがえれば、それはつぎのとおりであっただろう。法案を議会に提出するまえから、この結果はわかっていた。農商務省は「工場法」の成立を至上目的として、夜業禁止の規定を欠落させるのは止むをえないとする現実主義の発想をとった。内務省は、夜業禁止の規定をいれる理想主義の発想を堅持して、「工場法」の一回の流産は仕方がないことだとした。内務省と農商務省との力関係、夜業禁止という正論のてごわさをかんがえると、この結果は避けられなかった。しかし、これを、つぎの機会にくり返すことはできない。事態の打開路をどこにみいだすか。

一九〇九年（明治四二年）の中央衛生会の構成はつぎのとおり。会長陸軍軍医総監石黒忠悳、幹事内務省衛生局長窪田静太郎、委員としては、医学博士三宅秀、海軍軍医総監高木兼寛、内務技師防疫課長野田忠広、臨時委員には東京帝国大学医科大学教授片山国芳がいた[19]。約言すれば、この組織の理想主義は、内務官僚の牧民思想と時代を代表する医師たちの啓蒙思想の結びつきのうえに成立していた。医師たちは、石原の調査結果をその進行におうじて知っていたにちがいない。農商務官僚は、この中央衛生会＝内務省とどのように連携して、「工場法」の制定にたどりつくことができるか。

なお、以下の分析のための参考材料として、第二六議会で撤回に追いこまれた「工場法」案の夜業禁止の案文を示しておく。

「第三条　工業主ハ十六歳未満ノ者及女子ヲ夜間工場ニ於テ就業セシムルコトヲ得ス

前項ノ規定ハ十四歳以上ノ者ニ付左ノ各号ノ一ニ該当スル場合ニ之ヲ適用セス本法施行後五年ヲ限リ十二歳以上ノ者ニ付亦同シ

一　一時ニ作業スルニ非サレハ原料ニ変敗ヲ生シ易キ事業ニ就カシムルトキ

二　職工ヲ二組以上ニ分チ交替ニ就業セシムルトキ

前項第二号ノ規定ハ本法施行後十年ニシテ其ノ効力ヲ失フ但シ継続作業ヲ要スル事業ニシテ女子ヲ夜間工場ニ於テ就業セシメサルモノニ付テハ此ノ限ニ在ラス

（中略）

第四条　前条ニ於テ夜間ト称スルハ四月一日ヨリ九月三十日迄ハ午後九時ヨリ午前四時迄トシ十月一日ヨリ三月三十一日迄ハ午後十時ヨリ午前五時迄トス(20)」

なお念のためにいうが、第三条の一行目は、一六歳未満の者と女性の夜業を禁止している。これを一四歳以上で適用しないばあいのひとつが「二　職工ヲ二組以上ニ分チ交替ニ就業セシムルトキ」である。最後にこの例外規定は「本法施行後十年ニシテ効力ヲ失フ」といっている。つまり、一〇年たったら、幼少者と女性の夜業をよりきびしく禁止するといっている（まだ、例外規定の一は残っているが）。

4 「工場法」の制定

一九一〇年（明治四三年）二月、政府は、第二六議会で「工場法」案の撤回に追いこまれたのであった。農商務省はなるべく早く再起を期さねばならなかった。同省は、同年六月、第二七議会で「工場法」を成立させるための立法実務の最高責任者として、工務局長に岡を起用した。岡は、悪戦苦闘するが、ともかく「工場法」の制定にたどりついた。ただし、その法の出来栄えは惨憺たるものにならざるをえなかった。これにはのちにふれる。

ここでは、まず、岡の経歴のてみじかな紹介から入る。かれは、一八七三年（明治六年）の生まれである。岡は、窪田の八歳下、石原の一二歳上ということになる。一八九八年（明治三一年）七月、東京帝国大学法科大学政治学科卒業、内務属として採用されている。ただし、官歴のなかで内務省本省に勤務したことはない。同年一二月に文官高等試験に合格、はじめ法制局に参事官として勤務し、一九〇一年（明治三四年）一一月に農商務省参事官となった。一部の文献が最初から農商務省に進んだと記しているのは正しくない。同省では、さきに述べたように、一九〇〇年から窪田静太郎が商工局工務課長であったが、岡はその部下として勤務した。一九〇三年（明治三六年）、窪田が衛生局長として内務省に戻ると、岡はその後任として工務課長になり、さきに紹介した「工場調査要領（第二版）」をまとめている。

このような窪田と岡の関係から、籠山は、衛生局長となった窪田がかつて下僚であった岡を指導して「工場法」の成立をめざしたというが、それは過度に単純化した見方であろう。第二六議会の法案撤回のてんまつなどをみても、両者の関係はもっと複雑で、緊張関係をふくんでいたとおもわれる。一九一〇年（明治四三年）、岡は農商務省工務局長となり、のち、商務局長兼工務局長、商工局長などと役職名は変ったが、一九一八年（大正七年）の退官まで、一貫して工務行政の最高責任者であった。その間、「工場法」をはじめとする多くの社会・経済法の制定のためにはたらいた。退官は、米騒動で寺内内閣が責任をとり総辞職をしたときで、農商務省では、次官・上山満之進、商工局長・岡、米穀管理部長・片山義勝などが辞任している。退官直前、法学博士の学位取得、退官後、数回、国際会議に政府代表として出席した。一九二二年（大正一一年）、大阪毎日新聞社に入り、副社長、会長をつとめた。雑誌『エコノミスト』で、政治経済評論ですぐれた仕事を多くした。一九三九年（昭和一四年）一一月、死去。(21)

岡が工務局長に就任してから、「工場法」を制定するために踏んでいった主要な手順をまずみておこう。

かれは、部下たちと、工場や職工の衛生、帰郷した女工たちの健康状態、女子と幼少者に禁止するべき業務についての調査からはじめた。女子と幼少者の徹夜業禁止は、前議会での法案撤回の主原因であり、この規定を削除しようかという意見も局内で出たが、それは忍びがたいということになった。一方では、夜業の禁止によって紡績業がこうむる経済的損失を精査し、夜業の一部禁止から全面禁止に業界を導く方法を研究することに全力が傾注された。岡たちは、これらの研究によって、前年の法案を修正した諮問案とその全体にわたる説明書をつくり、これを関係する団体、組織、個人に照会・諮問した。その配布の範囲は前年のそれとほぼ同じなので、くり返して述べない。各団体などは意見を寄せてきた。

ついで、岡たちは、生産調査会に委嘱して、そこで諮問案と各意見を議論してもらった。生産調査会は、渋沢栄一を委員長とする特別委員会をつくり、同委員会は多数の実務家をまねいてさらに意見を聞き、討議をくり返した。その結果、諮問案にさらに修正がくわえられ、最終的には生産調査会と内務省が合議して、法案がかたまった。一九一一年（明治四四年）二月二日、第二七議会衆議院に提出、三月二日、貴族院に提出、議会の審議のなかで二、三の重要な修正がくわえられて、三月二〇日、貴族院本会議において、最終修正案が議決された。立法手続きが完了したのは、三月二八日である。(22)

以上の手順のなかで、「工場法」の内容は、労働者保護の観点からみて、後退に後退をつづけた。その詳細を知りたい読者は、岡の大著の第一章第三節をごらんいただきたい。紙幅に制約がある本稿では、制定された「工場法」の主要部分を紹介し、女子と幼少者の夜業禁止の規定で、その後退のゆきついた先をうかがうにとどめる。

「工場法

第一条①本法ハ左ノ各号ノ一ニ該当スル工場ニ之ヲ適用ス

一　常時十五人以上ノ職工ヲ使用スルモノ

二　事業ノ性質危険ナルモノ又ハ衛生上有害ノ虞アルモノ

②本法ノ適用ヲ必要トセサル工場ハ勅令ヲ以テ之ヲ除外スルコトヲ得

第二条①工業主ハ十二歳未満ノ者ヲシテ工場ニ於テ就業セシムルコトヲ得ス

但シ本法施行ノ際十歳以上ノ者ヲ引続キ就業セシムル場合ハ此ノ限ニ在ラス

②行政官庁ハ軽易ナル業務ニ付就業ニ関スル条件ヲ附シテ十歳以上ノ者ノ就業ヲ許可スルコトヲ得

第三条①工業主ハ十五歳未満ノ者及女子ヲシテ一日ニ付十二時間ヲ超エテ就業セシムルコトヲ得ス

②主務大臣ハ業務ノ種類ニ依リ本法施行後十五年間ヲ限リ前項ノ就業時間ヲ二時間以内延長スルコトヲ得

（中略）

第四条　工業主ハ十五歳未満ノ者及女子ヲシテ午後十時ヨリ午前四時ニ至ル間ニ於テ就業セシムルコトヲ得ス

第五条①左ノ各号ノ一ニ該当スル場合ニ於テハ前条ノ規定ヲ適用セス但シ本法施行十五年後ハ十四歳未満ノ者及二十歳未満ノ女子ヲシテ午後十時ヨリ午前四時ニ至ル間ニ於テ就業セシムルコトヲ得ス

一　一時ニ作業ヲ為スコトヲ必要トスル特種ノ事由アル業務ニ就カシムルトキ

二　夜間ノ作業ヲ必要トスル特種ノ事由アル業務ニ就カシムルトキ

三　昼夜連続作業ヲ必要トスル特種ノ事由アル業務ニ職工ヲ二組以上ニ分チ交替ニ就業セシムルトキ

②前項ニ掲ケタル業務ノ種類ハ主務大臣之ヲ指定ス

第六条　職工ヲ二組以上ニ分チ交替ニ就業セシムル場合ニ於テハ本法施行後十五年間第四条ノ規定ヲ適用セス

（中略）

第八条　（後半）②避クヘカラサル事由ニ因リ臨時必要アル場合ニ於テハ工業主ハ行政官庁ノ許可ヲ得テ期間ヲ限リ第三条ノ規定ニ拘ラス就業時間ヲ延長シ、第四条及第五条ノ規定ニ拘ラス職工ヲ就業セシメ（以下略）

（中略）

第九条　工業主ハ十五歳未満ノ者及女子ヲシテ運転中ノ機械若ハ動力伝導装置ノ危険ナル部分ノ掃除、注油、検査若ハ修繕ヲ為サシメ又ハ運転中ノ機械若ハ動力伝導装置ニ調帯、調索ノ取附ケ若ハ取外シヲ為サシメ其ノ他危険ナル業務ニ就カシムルコトヲ得ス

第十条　工業主ハ十五歳未満ノ者ヲシテ毒薬、劇薬其ノ他有害料品又ハ爆発性発火性若ハ引火性ノ料品ヲ取扱フ業務及著シク塵埃、粉末ヲ飛散シ又ハ有害瓦斯ヲ発散スル場所ニ於ケル業務其ノ他危険又ハ衛生上有害ナル場所ニ於ケル業務ニ就カシムルコトヲ得ス

（中略）

第十五条　職工自己ノ重大ナル過失ニ依ラスシテ業務上負傷シ、疾病ニ罹リ又ハ死亡シタルトキハ工業主ハ勅令ノ定ムル所ニ依リ本人又ハ其ノ遺族ヲ扶助スヘシ

（中略）

第十八条①工業主ハ工場ニ付一切ノ権限ヲ有スル工場管理人ヲ選任スルコトヲ得

（後略）」[23]

この最初の「工場法」をどう評価するべきであろうか。第二条は一二歳未満の児童の使用を禁止しているが、但し書きで条件次第で一〇歳以上であれば使用してよいという。第三条では一五歳未満の者と女性の一二時間以上の長時間の使用を禁じているが、これは本法施行後一五年間にわたって一四時間まで延長しうるという。第四条では、一五歳未満の者と女性の徹夜業での使用を禁止しているが、第五条と第六条で事実上それを本法施行後一五年間、空文化している。少なくとも、労働時間の制約による女子と学齢児童（一〇歳以上一二歳未満）、幼少者（一二歳以上一五歳未満）などの職工の保護については、最初の「工場法」は、労働者の保護を名目としつつ、労働者の収奪を保障する法である。もちろん、一五歳以上の男子の職工については、労働時間の制約はいっさいない。それでも、夜業禁止の規定を入れるために苦労した岡以下の農商務官僚たちに同情していえば、当時の工業労働者の多数部分は女性であったので、彼女たちと児童などの労働時間の制約や夜業の禁止の条文を法律に入れることには、一五年間は空文だといわれながらも、労働者の保護は正義であるという主張を示す象徴的意味があったというべきであろうか。

これにたいして、第九条の一五歳未満の者と女子を危険な労働に使用することの禁止、第一〇条の一五歳未満の者を衛生上有害な労働に使用することの禁止は、現実の労働者の保護に通じる可能性があった。また、第一五条の

業務上の負傷、疾病、事故による死亡のケースにおける雇用主による本人または遺族への扶助の規定は、後年の医療保険、労働災害補償保険の発想に通じてゆくものと評価される。総じて最初の「工場法」は、女子と児童など労働時間の制限や夜業の禁止以外の規定ではなにほどかの実効性が期待されることができた。

5 もうひとつの歴史解釈

前節で「工場法」の制定過程については岡の『工場法論』に主として依拠して記述した。それを記述しつつ、私はつぎの疑問をもった。どうして、第二六議会では、「工場法」案は撤回に追いこまれたのに、第二七議会では「工場法」は成立したのだろうか。「工場法」に反対する資本家たちからみると、第二六議会の法案はより悪い法案であり、第二七議会の法案はよりましな法案であったということか。しかし、女子と幼少者の夜業の禁止の規定を例にとっても、夜間の規定は前者は夜の七時間、後者は夜の六時間、幼少者の規定は前者は一六歳未満、後者は一五歳未満、禁止の空文化については、前者は本法施行後一〇年といい、後者は本法施行後一五年といっている。前者より後者が、雇用主にとってわずかずつ有利になっているが、この程度のちがいで前回は撤回に追いこまれたものが、今回は通過するということになるか。ほかの条文をみても、二つの法案は似たようなしろものである。それなのに、二つの法案は異なる運命をたどった。岡があえてとりあげない政治事情が、第二七議会のおりに出現したのではないか。

ヒントは、岡実の長男、戦中・戦後日本の代表的政治史家たちのひとり、岡義武の『近代日本政治史II』の一節にある。

「この工場法の制定は、わが国における重要な労働立法の最初のものである。桂内閣は、日露戦争後一段と成長するにいたったわが国産業資本にとって以上の程度の労働条件の保障は耐え得るものと考えたのであった。ところが、わが国の代表的輸出産業であった繊維産業、また一般に中小企業からの反対は初めはきわめて強かった。その結果、桂内閣は工場法案を一旦第二六議会に提出したものの結局撤回したのであった。それを大逆事件発覚後の第二七議会に再提出し、そのときは可決、成立をみたが、それは同事件に影響されてのことであったともいわれている[24]」。

たいそう慎重ないいまわしによってであるが、「工場法」の制定が、大逆事件におびえた支配階級の民衆にたいする宥和策、譲歩策のひとつであったという見方が示されている。大逆事件とは、あらためていうまでもなく、社会主義者たちが天皇の爆殺を企てたが未遂におわったとされる事件であり、被告二六名中一二名が死刑に処せられた。死刑になったひとりに幸徳秋水がいる。事件の詳細な記述は他書にゆずる[25]。岡義武の文体は明晰であるが、要点を最小限にしぼって述べ、多くを語らないのが常である。さきの引用文にもつづきの叙述がない。かれの父親・岡実は、農商務省工務局長として、第二七議会における「工場法」立法実務の最高責任者であった。父親が工務局長に起用されたのが一九一〇年六月、大逆事件が発覚したのはそれよりわずかに早い同年五月から六月。大逆事件の司法的処理に並行して、「工場法」の制定実務は進行していた。これらの事実について、岡義武はみごとに口をつぐんでいる。なお、念のためにいうが、岡の学風は堅実そのもので、根拠のない推量をかくことはない。

ここで、岡義武の経歴にも必要最小限のふれかたをする。岡義武は、一九〇二年（明治三五年）、岡実の長男として生まれた。一九二六年（大正一五年）四月、東京帝国大学法学部政治学科卒業、同月同学部助手、小野塚喜平治、吉野作造、南原繁に師事しつつ、近代政治史を専攻する。一九二八年（昭和三年）五月、同学部助教授、その後、二年余のヨーロッパ留学があり、一九三九年（昭和一四年）一〇月、同学部教授。岡は最初、ヨーロッパ政治史と日本政治史を講義したが、次第に後者に比重をかけるようになった。岡は長命のひとで、八八歳まで生きた。没後、『岡義武著作集』全八巻が刊行されたが、その最初の二巻に収められた「近代日本政治史」Ⅰ・Ⅱが代表作である。Ⅱは、一九八三年、八四年、八五年と三度くり返して執筆・推敲されたが、著者の生前には刊行されなかった。(26)

以下の分析のために、岡父子の年齢を入れたライフ・コースをみておきたい。岡実が二七歳のとき、岡義武が誕生している。父親が工務局長になり、「工場法」の立法実務の最高責任者をつとめるのは三七歳の働きざかり、そのおり、息子は一〇歳の小学生である。息子が二三歳で大学を卒業して政治史の研究にとりかかるころ、父親は五〇歳、退官して毎日新聞社に入社し、一年たったところである。息子が教授に就任して、一ヵ月後に父親が死去している。死別時、父親は六六歳、息子は三九歳であった。

「工場法」の成立は大逆事件によって可能になったという一面がある。岡義武がそのような認識にみちびかれる会話が、かれの青年期、壮年期に、岡実とのあいだにあったかどうか。『岡義武著作集』全八巻にみるかぎり、岡義武は、その会話があったという回想を残していない。しかし、父親は「工場法」を成立させた国家官僚たちのあいだの最高責任者、息子は政治史家として大成する道をあゆんでいる研究者である。以下は想像力のはたらきをまじえての叙述である。父子のあいだに、その種の会話があったとかんがえるほうが自然であろう。父親は、端的に、「工場法」は大逆事件との関連で成立したのだと語ったか。あるいは、明治期の国家官僚として、退官後も公務の経験に直接言及することはなかったが、その関連を間接的に意味する示唆をあたえたか。後者のばあいがありそうである。政治史の専門家は、この示唆を沈黙して受けとめつつ、記憶にとどめた。かれが、それを「近代日本政治史」のIIに、「……いわれている」と伝聞の形式で書きつけるのは、おおよそ半世紀ののちである。

岡実は工務局長となり「工場法」を成立させるために、すでにみた手順を一方で踏みながら、第二七議会が招集されたあと、少数の部下たちといっしょに、議員たちの説得活動をくりひろげたであろう。大逆事件を起こすような社会主義運動、無政府主義運動、労働運動は徹底的に弾圧する。しかし弾圧策には、貧民の医療のための財団法人・済生会の設立、労働者の保護のための「工場法」の制定などの宥和策・譲歩策の組合せが必要である。その基本政策は、最高権力のどの部分で決定され、農商務省の岡たちにどのようにして伝えられ、かれらは議員たちをどのようにして説得したか。想像をたくましくすれば、この最高権力の中枢に山県有朋がいたはずであるが、それらはいっさいわからない。しかし、そのような諸条件があったと仮定すると、「工場法」案が、第二六議会では撤回に追いこまれたのに、第二七議会では通過したことの説明がつけやすくなるのである。

籠山京は、われわれよりひとつまえの世代の代表的社会政策学者たちのひとりである。かれに一九七二年の作品で、「工場法の成立と実施における官僚群」という、私にとってはなかなか魅力的なタイトルの論文がある。その内容の大半は、七〇年のかれの論文「女工と結核」とかさなるが、ここでは七二年の論文をつかって述べる。その理論枠組はつぎのとおりである。

籠山は、マルクス主義の社会理論を再構成し、日本の近代化の特質を論じているが、(そのなかに誤謬も少なからずみいだされるが)それは措くことにする。そのうえで、先進国において社会保障は、労働者の諸権利、それらを基礎づける民主主義の諸原則を条件として成立する、とかれはいう。戦前期の日本にはその条件がなかった。それにもかかわらず、そこでは、形だけにしても社会保険の諸制度がつぎつぎに発足していった。それは「明治期の進歩的官僚が演じた海外の諸制度の移入」による。かれらは、社会政策を要求する労働者の組織的闘争がいずれおこってくることを予想して、その社会政策を海外から先取り、移入したのだ。進歩的官僚がはたしたこの役割には、功罪両面がある。かれはいちおう両面というが、実際に論じるのは罪のみである。それは、労働者階級の成熟をおくらせた、日本の近代化をさまたげた、など。[27]

以上の理論枠組にもとづき、籠山は、「工場法」の成立と実施における進歩的官僚たちの社会的行為を論じる。成立のストーリーは基本的には岡実『工場法論』によってつくられており、実施のストーリーは基本的には石原修の「『女工と結核』今昔物語」によってつくられている。いまは成立のストーリーのみにふれる。岡が、現役の国家官僚として、「工場法」の成立過程を論じるさい、大逆事件の影響に口をつぐんでいるのは当然のことである。籠山は岡の説くところを無条件に信じて疑わず、それを再説するにとどまった。[28] 私は、岡義武の『近代日本政治史II』に注目して、「工場法」の成立過程に大逆事件が影響しているのではないかとみる。籠山の方法は、政策の形成を階級社会と国家官僚の二者関係から解明しようとする。私の方法は、それを階級社会と国家官僚に政治状況をくわえて、三者関係から解明しようとする。「工場法」が、ほかならぬ一九一一年に制定されたという事実を説明するためには、私の方法は籠山の方法より有効性がたかい。

6 「工場法」の実施（一）

「工場法」は、一九一一年（明治四四年）三月に制定されたが、実施されたのは一六年（大正五年）九月になってからで、そのあいだに五年半ちかくの棚上げ期間があった。その間、政府の同法の延期にかんする公式見解は二つであった。すなわち、(1)同法では工場主と職工のそれぞれの利害が対立しており、施行細則の成案をえることが困難である。⑵必要な予算が計上できない。しかし、実際のところは、一九一三年（大正二年）には、農商務省は施行細則の成案をえて、準備費用五万円の予算案とともに閣議に提出したが、それらが否決されていた。[29] この期間、「工場法」の実施を要求する研究者たち、政治家たちは、粘りづよい努力を各方面でつづけていた。学会での石原修の発言と議会での桑田熊蔵の発言の二例をあげる。

石原は、前出の調査の情報収集と集計整理を「工場法案ノ説明」（一九〇九年、明治四二年一〇月）、「工場衛生調査資料」（一九一〇年、明治四三年一〇月）の刊行後もつづけていた。それらがようやくまとまったのは、一九一三年（大正二年）に入ってからである。石原は、その調査結果を十全のかたちで学界に広く公表し、世論に衝撃をあたえ、「工場法」の実施を促進したいと希望していた。かれは、その公表の許可を上司である岡に再三にわたって求めたが、岡は、行政機構の内部で作成された調査データを政治的意図から外部に公表する行為を許そうとしなかった。岡と石原のあいだには、石原の長兄が高等学校で岡とクラス・メイトであり、岡が石原を可愛がっていたという関係があった。それゆえ、岡に背く心苦しさがあったが、石原は、岡の許可がないままに調査データの公表に踏み切ることにした。かれは、「工場法」の実施は国家と民族の利益のためと信じていたからだといっている。もちろん、若い研究者の功名心のたかぶりもあったであろうが。[30] 石原は一九一三年一〇月、国家医学会例会で「女工と結核」という講演をおこない、翌一一月に『国家医学会雑誌』第三二二号に「衛生学上ヨリ見タル女工之現況」を、翌一二月に『日本衛生学会雑誌』第九巻第三号に「男工一部ノ衛生状態ニ関スル粗雑ナル調査」を、矢つぎ早に発表する。「女工と結核」から二ヵ所引用する。

女工たちが入る寄宿舎の不衛生さ、夜業の連続のなかで減少する体重について述べたうえで、

「田舎の村落から募集されるもので調の出来たのは一府二十七県でありますが、先づ全国で二十万人位は毎年

工場に出稼をするやうに思ひます。まあ二十万人として勘定しますれば其中十二万人は出たきり帰って来ない、さうして残りの八万人だけは先づ郷里に帰って来る。（中略。一二万人の大多数は三ヵ月から半年で最初に入った工場を去り、二、三の工場を渡り歩くが）工場の仕事は嫌になる遂には女工の気の利いた者は酌婦になるし気の利かぬ者は貧民窟の私娼になって仕舞ふといふやうなことが甚だ多いのでございます。（中略）又彼等女工の国に帰る者の状況を申しまするど国に帰りますもの六人又は七人の中一人は必ず疾病にして重い病気で帰って来る、先づ八万の中で一万三千余人はありませう、疾病たるの故を以て国に帰ります一万三千人の重い病気の中の四分の一、三千人といふものは皆結核に罹って居ります。（中略）さうして是等の人々の故郷に帰りまして自分の一家は勿論近隣に向って結核を振り撒いて居ります（後略。伝染の実例多数がかたられる）[31]」。

「それで日本の工業はどの位死人を出して居るかといふことになると（女工は）千人に付て死亡者十八人であらう、日本の女工は五十万人とするど（女工であるがゆえに）五千人の女工が死んで居る割合になります、女工の年齢に相当すべき（年齢の全女性の）死亡率でありますが、……ひっくるめると八人より越さないと思ひます、……それで（女工五〇万人のうち）四千人は女工にならなくても死ぬものであります、九千人より四千人を引いた五千人といふものが工女になった為めに死んだものと言へませう、言い換へれば工業の為に是れだけのものが犠牲になった、春秋の筆法で言へば工業五千人を殺ろすといふことを言ってよからう、謀殺故殺は刑法上の責任がございますのに、人間を斯くして殺したのは何の制裁がない。（中略）千人の帰郷者死亡中でどういふ風な死に方をするかといふことは……、七割は結核で死にます、七割の結核中三割は肺結核である、さうすると九千人の死亡者の中二千七百人は肺結核で死んで居ることになります（後略）[32]」。

この講演は当時の新聞ジャーナリズムでひろく注目を集めた。翌日、石原は岡の許を訪れ、言いつけに背いた罪を詫び、自分がうける処分を逃れようとはおもわないと告げた。かれは辞表をも持参していた。あわせて、この発表が岡に迷惑をかけ、官吏服務規律に反することはよくわきまえている、それを強行したのは国家と民族をおもう信念によるものだということをおわかりいただきたいと訴えた。岡は石原をきびしく訓責したうえで、君の進退については自分にすべてまかせよといい、石原は辞表を提出せずにもち帰ることになった。このとき、岡は、石原の行為を許可しなかったが、ありうることと予想しており、それによって「工場法」の実施が早まるならばそれはそれでよいとひそかにかんがえていたのではないか。

一九一四年（大正三年）二月二一日、貴族院の予算委員会で「工場法」の実施をめぐって論戦がおこなわれた。その実施を要求する議員たちは、三宅秀、医学博士・中央衛生会委員、石黒忠悳、陸軍軍医総監・中央衛生会会長、桑田熊蔵、法学博士・東京高等商業学校教授であった。かれらは、所属と経歴からして、いずれも内務省シンパの学者たちである。答弁に立つ閣僚たちは、農商務大臣・山本達雄、外務大臣・牧野伸顕、内務大臣・原敬、総理大臣・山本権兵衛、であった。論戦の終りちかく、桑田は、農商務相を追いこんで、「工場法」が実施できないのは、農商務省による予算などの提案が閣議で否決されたからだと認めさせた。つづいて、外相と内相に同法に関連する辛辣な質問をあびせたあと、桑田は首相を相手どった、

「○桑田熊蔵君　工場法ニ関連シマシテ尚ホ総理大臣ノ御意見ハドウデアリマスカ、農商務大臣ハ工場法ニハ多少ノ熱心ヲ有ッテ居ラレルコトト考ヘマス、然ルニ閣議デ此僅カ五万円ノ予算デ、我国将来ノ大問題タル職工保護ノ法律ノ施行ノコトヲ採用シナカッタト云フノハ、元来ドウ云フ総理大臣ノ御意見デゴザイマセウカ、又私ハ茲ニ於テ単ニ工場法ト言ハズ総理大臣ガ日本ノ此社会政策ノ将来ニ関シテ有ッテ居ラルル所見ヲ伺ッテ置ク必要ガアラウト信ジマス。（中略。蔵相を細民労働者のための減税をしないと批判する）唯今ノ内務大臣ノ御意見

ニ依ッテモ子供ノ保護ハ必要デアル、年齢制限ノ必要ハアルガ、一方経済ノ情態ヲ見レバ云々ト云フ、工場法ハ制定シタケレドモ、是ハ今日尚ホ施行ノ時機ニアラズト云フヤウナ、先ズ断定ヲ下シ得ルカノヤウナ御意見ガアリマシタ、現在日本ニ存在シテ居ル此法律ニ向ッテ幾分ノ批難ノ意味ヲ有ッテ居ラレルヤウニ伺ヒマシタ、斯ノ如ク各大臣ニ於テ社会政策ニ向ッテハ非常ナ冷淡デアッテ、唯資本家ヤ金持ニ歓心ヲ結ベバソレデ政治ハ行ケル、細民労働者ノ疾苦ハドウデモ宜イト云フ御意見ノヤウニ推測モ出来マスガ、私ハ此総理大臣ニ向ッテ御尋シタイノハ、御承知ノ如ク明治四十四年、時ノ総理大臣桂公爵ニ賜ッタ紀元節ノ勅語ニ何トゴザイマス、之ヲ読ミマセウ

　世局ノ大勢ニ随ヒ国運ノ伸張ヲ要スルコト方ニ急ニシテ経済ノ状況漸ニ革マリ人心動モスレハ其ノ帰向ヲ謬ラムトス政ヲ為ス者宜ク深ク此ニ鑒《ママ》ミ倍倍憂勤シテ業ヲ勧メ教ヲ敦クシ以テ健全ノ発達ヲ遂ケシムヘシ

ト斯ウ云フ御聖旨ニ対シテ総理大臣ハドウ云フ御見解デゴザイマスカ、経済ノ状況不善ノ為ニ我国ノ人心ガ一変シマシテ動モスレバ危険思想ヲ起スト云フ傾向ガアルノハ是ハ今日社会政策ノ現象デアル、之ニ対シテハ、先帝陛下ハ非常ニ叡慮ヲ悩マセラレテ、此勅語ヲ総理大臣ニ賜ッテ居ル、是ガ日本ノ社会政策ノ根本義デアルト、本員ハ信ジマス[33]」

桑田はいいたい放題にいっている。各大臣は社会政策に冷淡だ、資本家や金持を喜ばせるのが政治だとおもっている、労働者、貧困層の苦しみはどうでもよいのだろう。左翼青年の気炎を聞くようだが、これが貴族院議員の発言である。貴族院が廃止されて半世紀以上がたち、人びとの記憶からそのイメージは遠ざかってしまったが、主題によっては、ときには、衆議院より貴族院において、よりラディカルな議論が聞かれたものである。それは勅選議員、多額納税議員の学者、専門家によることが多かった。このばあいはその一例である。反面、世襲貴族の一部の

知的水準の低さは目をおおうばかりであったが。そうして、桑田は、明治天皇の勅語をもち出して、総理大臣の抗弁を封じこんでしまう。これは見方によっては恫喝だが、天皇制国家の議会における論争術の初歩でもある。首相はつぎのように答えざるをえない。

「〇国務大臣（伯爵山本権兵衛君）　御答ヲ致シマス、（中略）最早工場法案ニ付イテ議論ヲ致ス必要ハゴザイマセヌノデゴザイマス、従来ノ如キ資本主ト労働者ノ間ノ連絡ハ日本固有ノ関係ヲ有ッテ居リマシタノデゴザイマス、ナレドモ一度、工場法案ガ御発布ニナリマシタ以上ハ、之ニ対シテ相当ナ時機ニ於テ調査ヲ遂ゲテ、之ヲ実行スルト云フコトハ正ニ政府ノ執ルベキ義務デアルト申サネバナリマセヌ（中略。しかし、その準備に時間がかかっていると泣き言を並べる）成ルホド先程ノ、曩ニ賜ハリマシタ所ノ御勅諭ニ対シマシテハ、幾代内閣ガ更ハリマシテモ、其御聖旨ニ対シテハ、社会政策上前申ス如キ十分ナ思慮ヲ以テ実行イタサナケレバナラヌコトデアルト考ヘマス、（中略。そのためには種々の準備が必要である）故ニ是等ハ一時ニ如何ニスルト云フコトハ言ヒ尽シ難イコトデゴザリマスルガ、政府ハ為シ得ラレマスダケ、将来ニ対シマシテハ成ルベク早イ時期ニ是ガ実行ヲ致シ、併セテ社会政策上ノ一端ニ供シタイ考ヘデゴザイマス(34)」

「工場法」の成立と実施に深く関与した学者たちのひとりとして、桑田熊蔵についてみじかに紹介しておきたい。一八六八年（明治元年）、鳥取県の大地主、富豪の子に生まれる。東京帝国大学法科大学において金井延教授のもとで経済学を学んだ。一八九六年（明治二九年）、のちに社会政策学会に発展する私的会合の一回目に参加する。同年秋、労働問題の研究を目的としてドイツ留学。ドイツの学者が社会問題、経済政策につよい関心をもち、さかんに発言するのに感心する。帰国後、東京高等商業学校教授、東大講師、貴族院で鳥取県選出の多額納税議員。一九〇七年（明治四〇年）一二月、社会政策学会第一回大会、桑田は同学会の名実ともに代表者たちのひとりとなる。大島清は、桑田を評して、「保守派の巨頭」、「官僚的改良主義」[35]者であったというがこれはどうだろうか。マルクス経済学者としての大島のイデオロギーにもとづく偏見、ステロ・タイプの発想が感じられる。さきに引用した貴族院における元気のよい発言は、どうみても、「保守派の巨頭」という括りかたになじまない。桑田が『職工事情』のとりまとめにおいて「中心的な指導」をはたしたことについては、窪田静太郎、大河内一男に証言がある[36]。

なお、どこで書いておくのが適切なのかわからないままに、ここでひとつの感想を記しておくことにする。それは「工場法」の前史、制定、実施の延期の過程をとおしてみてきて、「工場法」に反対しつづける資本家階級の精神構造についての感想である。工場のなかで若い職工たちの健康と生命が疾病によって蝕まれ、すりつぶされるようにして死にいたる現実がある。官僚たちは、かれらを救済しようと「工場法」を制定・実施しようとする。それに反対を叫びつづける資本家たちは、利潤の追求のみが絶対の価値である。かれらは、病み、死ぬ職工たちを自分と同じ人間とおもっていないにちがいない。資料からえられる多くの資本家のイメージは餓狼か野獣のそれであった。私は、F・エンゲルス『イギリスにおける労働者階級の状態』に登場する資本家階級、K・マルクス『資本論』の一九世紀中葉の資本家階級を何度も連想した。それらのテキストが、「工場法」の実施にいたる歴史の検討のなかでリアリティをもって回想されたのである。資本家階級にはこのような一面が元来あるのだろうか。それとも、福祉国家体制による社会化をつうじて、この一面は矯正されたのであろうかと私は、かんがえた。

7 「工場法」の実施（二）

一九一六年（大正五年）九月、「工場法」は、五年半の棚上げ期間のあと、実施された。この棚上げ期間についても、岡父子は対照的な説明をおこなっている。

岡実の『工場法論』における説明はつぎのとおりである。「工場法」の議会による協賛は一九一一年（明治四四年）三月二〇日、第二七議会の閉会はその一日後のことであったから、翌年の実施のための追加予算を計上することもできなかった。そこで、まず、一九一三年（大正二年）四月一日から実施する計画をたてた。そうして、一九一二年度（明治四五年度）概算書に同法施行準備のための費用一万六〇〇〇円余を農商務省費に計上したところ、大蔵省に全額削られてしまった。一九一三年度（大正二年度）予算では同じようなことがおこり、一四年度（大正三年度）は閣議で農商務省の提案が否決された。これは歴代の内閣が財政整理を目標にして新規事業を一律に否認してきたからだが、事実としては、西園寺内閣、桂内閣、山本内閣がいずれも予算を成立させることができなかったので、「工場法」の費用が予算に計上されたとしても、その施行にはいたらなかったはずである。一五年度（大正四年度）、大隈内閣のもとでも、議会が解散されて予算案は通らなかった。この過程のなかで、「形式予算」と「実行予算」との差額が莫大な剰余金として残されていった。その支出により、一五年度実行予算中に「工場法」施行準備費として、本省に一万三〇〇〇円余、庁府県に二万円余が配分され、翌年から同法を施行する見通しが成立したのである。[37] 一六年度の施行費は、最終的には、本省一万九〇〇〇円余、庁府県一九万七〇〇〇円余であった。

岡実は「工場法」が棚上げされたのは、制度・技術上の問題であると説明した。息子の岡義武はもちろん父親のその弁明をよく識っているはずである。しかし、かれは、『近代日本政治史II』において、大逆事件の影響下に同法が成立したと述べたあと、つぎのような注をつけている。

「工場法はこのようにしてともかく成立したものの、資本の側は依然未だ強い異議を抱いていた。その結果、同法には施行期日は勅令をもって定めると規定されていたが、右の勅令はその後発せられず、また同法では細目を施行令（勅令）と施行規則とに委任している事項が多かったが、時を経ても施行令、施行規則は公布されず、同法実施のための経費も同法成立後毎年の予算要求には計上されながら、大蔵省の予算査定の際にはつねに削除された。こうして、このような状態に久しく置かれた工場法がようやく実施の運びにいたったのは、実に大正五年のことであった。その上、同法の実効は施行令、施行規則によって大幅に減殺されたのであった[38]」。

私は、岡義武のこの説明により多くの説得力を感じる。岡実も立場上こうはいえなかったが、ほぼこのような見解をもっていたのではないか。「工場法施行令」、「工場法施行規則」が「工場法」の実効を減殺したという件についてはくわしい論議をする紙幅のゆとりがない。一、二の例示にとどめる。

さきにみたように、「工場法」第一五条は業務上の負傷、疾病、死亡のケースで職工本人または遺族にたいして、雇用主は「扶助スヘシ」とのみ規定している。「工場法施行令」はその扶助の内容・水準を規定する。たとえば、同施行令第六条は「職工療養ノ為労務ニ服スルコト能ハサルニ因リ賃金ヲ受ケサルトキハ工業主ハ職工ノ療養中一日ニ付賃金二分ノ一以上ノ扶助料ヲ支給スヘシ但シ其ノ支給引続キ三月以上ニ渉リタルトキハ其ノ後ノ支給額ヲ賃金三分ノ一迄ニ減スルコトヲ得[39]」。稼ぎ手の健康時の三分の一の収入で、疾病者と家族はどうして生活することができるか。

また、「工場法」第三条は一五歳未満の者と女子を一日一二時間以上就業させることができないといい、主務大臣は業務の種類によって本法施行後一五年間にかぎり就業時間を二時間以内延長することができるとした。これにたいして「工場法施行規則」は、生糸製造業などでは一律に延長が可能であるとしてしまう。同規則第三条「器械生絲製造ノ業務及地方長官ノ告知シタル工場ニ於ケル輸出絹織物ノ業務ニ付テハ工業主ハ十五歳未満ノ者及女子ノ一日ノ就業時間ヲ工場法施行後五年間ハ十四時間迄其ノ後ノ十年間ハ十三時間迄延長スルコトヲ得（後略）[40]」。当時の輸出産業の主力である生糸製造業、絹織物業などが、大臣の干渉を最初から排除して、一四時間労働を強行することができるという特権を確保したわけである。

農商務省において工場監督官となった高等官四人のうちのひとり、本人は監督官の総元締と自称していたのが、河合良成であった。かれは後年興味深い自伝をかいており、そのなかで、このころの省内事情と「工場法」実施のいきさつをヴィヴィッドに回想している。それによると、当時、同省に「派閥的傾向」があった。そのもっとも有力なものは商工系で岡実が首領的存在であり、その下に片山義勝や河合がいた。つぎは農務系で副島千八、石黒忠篤などが有力分子であった。三番目のグループは四条隆英がリーダーで、吉野信次、伊藤文吉などが属していた。四条は男爵でウルトラ保守派、労働問題、労働運動に感情的反発がつよく、岡や片山と対立しがちであった。[41]「工場法」は、岡をはじめとする商工系グループの成果のひとつであったのは、あらためていうまでもない。

井関十二郎編『工場法の運用』という著作がある。「工場法」が実施される直前、一九一六年八月に刊行された。農商務大臣・河野広中「新工場法と一般の注意」、商工局長・岡「工場法の実施について」、工場課長・四条隆英「職工の幸福は場主に帰る」などが巻頭に並び、巻末ちかく河合は「工場法要解」（談話筆記）という長文を発表している。これによると、河合が「工場法」を、第一に女、子どもの職工を保護する法律であり、第二に全職工を保護する法律であるが、男子の成人の職工にたいしては、保護より自立を奨励する気分でいたことがよくわかる。[42]

前記の自伝のなかにはつぎのような一節がある。「工場法」がいよいよ実施になると、河合は同法のPRのために、講演や執筆活動をかさねた。大阪では数千人の集会で同法の説明をしたことがある。『労働及び産業』という雑誌には、工場監督官として、かれは以下の文章をかいた。

「工場法は弱きを扶け、幼きをいたわる精神より出でたるものであって、いわゆる任侠心の発露に外ならぬのである。従って工場法において保護せんとする職工は、主として女工及び十五歳以下の男工である。外国の如き社会状態がずいぶんと極端まで走った国柄においてならば、貧民救済的の工場法や法律も必要であろうが、わが国の工場法は十五歳以上の男子を立派な独立的の主体として取り扱っているしだいであるから、職工諸君もこの点に留意して、決して工場法に寄りかかるがごときことなく、堂々と自立自強の覚悟で働いていってもらいたい[43]」。

半世紀後の自伝のなかでの河合のコメント。「今日から考えて見ると、すこぶるトンチンカンな幼稚な考えで、少しも人権などの基本問題に触れず、任侠の精神を以てこれを説くなどとは、はなはだ恥入るしだいであるが、これも半世紀前における日本民族の進んで来た一つの階梯であったとみれば致し方ないところであろう[44]」。私は、この自己評価の率直さにむしろ好感をもつ。しかし、農商務省の工場監督官のトップ・リーダーが、この程度の認識で「工場法」の実施にあたろうとしていたのだから、国際的な労働事情に通じた一部の内務官僚たちにはつよいもどかしさと不安があっただろうとおもわれる。これについては、のちにふれる。

当時の農商務省にとって、「工場法」の実施と並ぶ大きな課題として米価問題の処理があった。河合のかいているものから判断すると、後者のほうがはるかに深刻に感じられていたようである。米穀問題は全体として農商務省が所管していたが、そのうち生産技術は農務局が所管し、米価問題は商工局あるいは商務局が所管していた。あらためていうまでもないが、米価は米が豊作になれば下落し、平年作、不作になれば回復・高騰する。河合は一九一四年（大正三年）に「米価調節私論」をかき、石当り二四円の米価は一般消費者、とくに下層労働者にとっては災厄であり、これと逆に石当り一四円以下の米価は地方生産農民にとって苦痛である。変動する米価を政府が調節して、双方が受容しうる米価を実現しなければならない、と主張した。この主張は、農商務省内部で次第に認められ、米価調整政策が次第に展開してゆくのだが、その経過の紹介は本稿の課題にとって二義的であるので省略する。[45]

一九一六年（大正五年）から米価がふたたび高騰しはじめた。それを抑止する有力な政策のひとつは、外米の輸入による供給の増大であった。政府は一八年（大正七年）四月、「外米管理令」を閣議決定、公布し、農商務省商工局に臨時外米管理部を設置して、その政策実施にあたらせた。同部の部長は片山義勝、業務課長は河合であった。四ヵ月後、同部は米穀管理部となり、外米管理にあわせて内地米管理もおこなうようになる。河合はそこで外米課長をつとめ、外米買付の実務に従事した。しかし、河合が外米課長に就任した直後、八月三日、米騒動が勃発する。この騒動の経過の叙述は他書にゆずる。この騒動の責任をとって、ときの寺内内閣は総辞職をし、農商務省でも上山次官、岡商工局長、片山米穀管理部長が責任をとって退官したことはさきに述べた。役所の慣習としては、政治的責任は課長にまでおよばないことになっていたが、河合は、自分を重用してくれた上司たちの後を追う気持があり、自分にも責任があるとかんがえていたので、翌一九一九年（大正八年）五月、依願退官して、農商務省を去った。[46]

米騒動の予期せぬ結果として、農商務省は、「工場法」の実施をささえてきた主要官僚二人、岡と河合を失った。さらに、一九一九年には、河合の退官の直後、一一月に、省内の「工場法」研究の権威、河合栄治郎が四条工務局長との衝突によって、農商務省を去っている。これらの人事異動は、一九二二年（大正一一年）に内務省に外局としての社会局が設置され、同局に農商務省商工局から「工場法」の所管がうつされる事件の伏線のひとつとみなされるべきであろう。『内務省史』第三巻はこの事件をとりあげて、農商務省最高幹部たちの不手際のつみかさねが背景にあったとのみいうが、それは誤りではないにしても、事態を単純化しすぎているとおもわれる。[47]

河合良成の略伝を紹介しておく。一八八六年（明治一九年）、東京帝国大学法科大学政治学科卒、在学中に文官高等試験合格、農商務属、商工局勤務。同局のなかでの経歴は本文中にあるとおり。ついでにいえば、当時、かれは結婚しているが、相手の女性は前出の桑田熊蔵の娘である。一九一九年（大正八年）、依願免本官、東京株式取引所支配人、同常務理事、一九三四年（昭和九年）、帝人事件で検挙されるが無罪判決をうける。能吏であった。その能吏ぶりの一端は、米価問題の処理にかんする回想にうかがわれる。工場法の実施は、本人にとっては、ついでに片付けたひと仕事であったらしい。戦前は東京市助役、運輸通信省海運総局船舶局長、戦後は農林次官、厚生大臣など歴任。厚相時代、労働問題を手がけて、工場監督官時代の経験が役にたったといっている。短い期間だが、貴族院議員、衆議院議員だったこともある。一九四七年（昭和二二年）から六四年（昭和三九年）まで、小松製作所社長、一九七〇年（昭和四五年）死去。(48)

8　内務省社会局の発足

第一次世界大戦は一九一四年から一八年のあいだのことであったが、これを契機として、日本の資本主義経済は急速に進展することになった。国家全体としては、大戦前に一一億円にのぼる債務国であったものが、大戦の四年間のあいだに二七億円の債権国に成り上がった。それまでは軽工業を機軸に構成されていた日本の産業において、軍需工業を主要な内実とする急激な重工業化が展開した。重工業、軽工業をつうじて、資本の集中と独占がいちじるしく進行した。これらの経済変動のくわしい記述は他書にゆずる。(49)ここでは、「工場法」との関連で、その変動によって生じた労働者の質的変化の二、三の特性を確認することからはじめる。

(1)職工数が激増した。一九一四年には九四万八〇〇〇であったものが、一九年には一六一万二〇〇〇となり、五年間で六六万四〇〇〇の増加、年平均で約一三万三〇〇〇ずつ増加している。(2)男子職工の構成比が増加した。かつては女工の構成比が圧倒的に大きかったのだが、両者の差がちぢまってきた。一九一四年、男子四〇・四％、女子五九・六％、一九年、男子四六・〇％、女子五四・〇％。この傾向は、都市における労働者家族の増大を加速させることになった。女子職工は一般に農村に帰って結婚するが、男子職工は一般に都市に定住して結婚するから。(3)職工の大工場への集中の程度が高まった。一九一四年、五〇〇人以上一〇〇〇人未満の工場（以下「の工場」は省略）八・七％、一〇〇〇人以上一七・〇％、小計二五・七％。一九年、五〇〇人以上一〇〇〇人未満九・二％、一〇〇〇人以上二二・八％、小計三二・〇％。[50]

これらの条件は、職工たちのより多数が労働組合に組織されるのを促進し、かれらの労働運動をより活発に、より強力にした。くわえて、国内では大戦中に物価が高騰して労働者階級の生活難が深刻化したこと、国際的には一九一七年のロシア革命や一九年のＩＬＯの出現などが、労働運動を高揚させる要因となっていた。これらの傾向は、労働争議の件数と参加人員のつぎのデータからもあきらかである。一九一四年、五〇件、七九〇四人、一八年、四一七件、六万六四五七人、一九年、四九七件、六万三一三七人。一八年は、さきに記したように米騒動の年でもあった。これらの労働争議の多発をきっかけのひとつとして、労働運動は総じて初期の協調的性格を闘争的性格に変化させていった。[51]

このような国内の労働事情にたいして、国際的な労働事情にも大きい変化があった。その中心的な出来事はＩＬＯの設立である。すなわち、ＩＬＯは、労働条件の改善によって社会正義を実現し、ひいては世界に恒久平和を確立することを目的として、一九一九年（大正八年）六月二八日に、ベルサイユ条約第一三編によって設立された。その組織は、(1)加盟国の代表者による総会、代表者は政府代表二名、使用者代表一名、労働者代表一名、(2)理事会、

(3)理事会が監督する事務局から構成される。総会は少なくとも毎年一回は開催し、労働と生活を規律する国際的基準を設定することを任務とした。その基準は、国際労働条約または勧告の形式で採択され、各加盟国はそれを自国の国内法そのほかの措置にとりこむために、総会開会後おそくとも一年以内に、自国の権限ある機関に提出しなければならないとされた[52]。

日本は、ＩＬＯが設立されると同時に加盟国となり、あわせて常任理事国となった。これは自称一等国の面目を保つための行為であったが、政府のなかで国際労働事務を所管することになった農商務省の上層部には労働政策にかんする国際的に通用する認識がなかった。そのための不手際は、さしあたり二つの問題としてあらわれた。

第一、農商務省は、ＩＬＯの国際労働総会で採択された国際労働条約案をまったく国内法にとりいれないという方針をとった。たとえば、第一回総会でつぎの四条約案が採択された。(1)「工業的企業ニ於ケル労働時間ヲ一日八時間一週四十八時間ニ制限スル条約案」、(2)「産前産後ニ於ケル婦人使用ニ関スル条約案」、(3)「夜間ニ於ケル婦人使用ニ関スル条約案」、(4)「工業ニ於テ使用セラルル年少者ノ夜業ニ関スル条約案」。これらを農商務省＝政府は、批准せず、国内法にとりこむ努力をいっさいしなかった。政府の態度が変化して、それらが部分的にせよ国内法にとりいれられるのは、内務省に外局としての社会局が設置されて、同省が労働政策を所管するようになり、「工場法」の改正を手がけるようになってからのことである[53]。

第二、農商務省はＩＬＯ総会へ出席する労働者代表の選出で、国際的にみて醜態としかいいようがない失策をおかした。これは「工場法」と直接かかわらない出来事なので、かいつまんで述べる。この代表の選出方法についてはベルサイユ平和条約第三八九条で、「加盟国は、各自の国に使用者又は労働者をそれぞれ最もよく代表する産業上の団体がある場合には、それらの団体と合意して選んだ民間の代表および顧問を指名する」と規定されていた。

各国政府は代表的な労働組合と協議して労働者代表を選出した。しかし日本政府はそうしなかった。当時、若手事務官として同省にいた北岡寿逸は後年、述べている。「農商務省（正確にいえば上層部）は労働組合といえば悪党か謀反人位に考えて、こんな者の代表を国際会議に送ることは以ての外として」、資本家と協議して労働者代表を選定し、のちにそれが国際的に問題視されることになった[54]。

一九二二年（大正一一年）一一月一日、内務省に外局としての社会局が設置され、同局が社会労働行政を統一的に所管することになった。そこには、それまでの(1)内局としての社会局の社会行政のほかに、(2)内務省警保局にあった治安行政の一部としての労働行政、(3)農商務省にあった工場法施行事務、国際労働関係事務、健康保険事務、(4)農商務省と内務省が所管を争った労働組合事務、(5)内閣統計局の労働統計事務が集められた。この内政組織の大きい変革の根本原因は、すでに述べてきた農商務省が労働問題、とくにＩＬＯ問題の処理において示してきた熱意のなさ、不手際の数々であった。この出来事の全体像の素描は、私の二〇〇七年の著作にゆずる[55]。ここでは、社会局発足時の同局労働部の内務官僚たちの行為をつうじて、かれらが農商務官僚たちによるそれまでの「工場法」とその運用にどのような批判をもっていたかを、うかがうことからはじめたい。

社会局労働部の部長、課長、事務官は初顔合わせの日、なにをなすべきかについて協議し、第一に着手するべきは「工場法」の改正であるという結論に達した。初顔合わせでこの結論を出したというところに、「工場法」問題にたまりかねていた内務官僚たちの心情がよくうかがわれる。河原田稼吉第一部長と平田監督課長は、農商務省から転勤してきたばかりの北岡事務官に「工場法」改正案の立案、同法の施行令、施行規則の改正案の立案などを命じた。労働部が直面した課題は、このほかに、国際労働総会に送る代表選定の問題と労働組合法および関連法の改廃（治安警察法第一七条の廃止をふくむ）の問題があった。これらの課題への取組みについては、後年、北岡はくわしい回顧をかいている。以下「工場法」の改正にしぼって、それを紹介する。

「工場法」の改正にあたっては、三つの重要な問題があった。第一は、「工場法」における女子と年少者の深夜業の禁止を、猶予期間を切りあげて、なるべく早くこれを実施しようということであった。法の制定時から、女子と年少者の深夜業の禁止は、同法の中心問題であったが、紡績業者がそれにつよく反対して、法の施行から一五年間という長い猶予期間をつけていた。社会局設立の当時でも、その期間はまだ一〇年間もあり、半永久的な長さに感じられていた。しかし、一九一八年、第一回国際労働総会のころには、紡績業者たちもその猶予期間を、法の施行に必要な設備増設の期間としての三年間に短縮するということで納得していた。

第二は、職工の最低年齢の引き上げであった。社会局上層部は、国際労働条約は国内事情が許すかぎり、これを採択するという立場をとった。そこで「工業労働者の最低年齢にかんする条約案」を批准して、国内法にとりいれることにした。これは全工業労働者に適用されるもので、「工場法」より適用範囲が広く、新しい法の制定が必要であった。最低年齢は、それまでの「工場法」の一二歳から、新しい法では一四歳に引き上げられることになった。

第三は、労働時間の短縮であった。これについては、内閣にも内務省上層部、水野内相や河原田第一部長にも定まった案はなかったらしい。北岡は、「我々は苟しくも工場法を改正する以上は国際労働条約とは一致できなくとも一時間位の短縮は行わなければ社会進歩に添わないということで強く時間短縮を主張した」とかいている。ここでいう「我々」とは、開明派の若手事務官たちであろう。かれらの主張は、事業主団体のつよい反対がなければ実行しようということで、原案にとりいれられた。

このほか、第四に「工場法」の適用範囲を国際労働条約の趣旨を入れて、一〇人以上の工場にする。第五に女子の産前産後の休暇も国際労働条約の規定どおりではないが、それに近づけるため期間を延長するなどの問題があった。[56]

9　「工場法」の改正

内務省社会局は、発足後一ヵ月あまりのあいだに、以上の問題を解消する「工場法」の改正案をつくり、内務大臣の決裁をとり、農商務省との協議に入った。しかし、この協議が難航した。まず、農商務省は、産業に影響のある労働立法にかんしては、内務省は農商務省と協議し、その同意をえなければならないと主張していた。農商務省はこれは閣議で承認されたことだといい、内務省は、農商務省の要望は聞いたが承諾していないといい、両省の言い分は対立した。ついで、農商務省は最初の「工場法」改正案、とくに後述の保護労働者の労働時間の短縮案に同意せず、内務大臣は単独名で同案を閣議に提出し、その決定をえて、議会にこれを提出した。「斯かる農商務省との争いのために我々は如何に精魂を尽したことか」と北岡は回顧して嘆いている。[57] それでもことの結果をみれば、内務省は農商務省の抵抗を力づくで押しきったのであった。

容易に想像することができることだが、農商務省は、内務省の提案にたいして反対のための反対をくりかえしたらしい。これについて、後年執筆された『内務省史』第三巻は、つぎのように述べている。「……もっとも面倒であったのは、労働時間の短縮についての農商務省の反対であった。農商務省も就業時間短縮に積極的に反対するほどの根拠もなかったが、同時に積極的に賛成するほどの根拠もないというので、内務省から回付された工場法改正の原議に対して難色がつよかった[58]」。つまりは、根拠のない反対、反対のための反対。その動機は、労働政策を実施する権限をうばわれたことへの意趣返しだけである。このような動機にもとづく争いに「精魂をつくした」のは無駄なことであった。しかし、権限の拡大が勝利、その縮小が敗北という意識が絶対的に支配する官僚制のなかで、国家官僚たちは無駄な争いのために莫大なエネルギーを浪費せざるをえなかった。

「工場法」の改正案と「工業労働者最低年齢法」案は、一九二三年（大正一二年）冬の議会を通過して、社会局は最初のひと仕事を了えた。しかし、それにさきだって同年九月に関東大震災があり、その被害の復旧をまって、両法の施行は、一九二六年（大正一五年）七月一日まで延期された。

「工場法」の改正の主要な内容を整理しておく。

(1) 同法を適用する工場を、常時一五人以上を使用する工場としていたものを、常時一〇人以上を使用する工場に改めた。

(2) 幼少年者の就業禁止規定を削除し、新しく「工業労働者最低年齢法」を制定した。

(3) 従来、保護職工は女子および一五歳未満の者としていたが、それを女子および一六歳未満の者に改めた。

(4) 保護職工の就業時間は原則として最長一二時間であったものを、一時間短縮して、一一時間に改めた。

(5) 保護職工を就業させてはならない深夜とされる時間が、従来、午後一〇時から午前四時までであったものを、午後一〇時から午前五時までに改めた。

(6) 保護職工を二組交代で就業させたばあい、深夜業禁止規定を施行後一五年間は適用しないという規定を削除し、猶予期間を本改正法施行後三年間とした。

なお、職工の最低年齢は、従来「工場法」では一二歳であったが、新しい「工業労働者最低年齢法」においては一四歳に引き上げられた。(59)

改正された「工場法」の施行のための諸法令は、一九二五年（大正一四年）に閣議を通過して、枢密院に回附された。枢密院では精査委員会が、まずその審議にあたったが、これがおくれにおくれた。北岡は、この難関を突破したのは、二四年（大正一三年）末に社会局長官に就任した長岡隆一郎の手腕によるというが、その「改正工場法秘史」ともいうべき記録は、長岡の一九五八年の著作『鶏肋集』にかかれているので、それにゆずる、と述べる(60)。私は、この著作をさがしてきたが、まだそれを見る機会をえていない（国立国会図書館にも収蔵されていない）。長岡には、ほかに一九三九年の著作『官僚二十五年』という半生の記があり、こちらは読んでいるので、それでわかるかぎりをいうと、つぎのとおりである。

長岡が社会局長官に就任してまもなく、吉阪監督課長が私宅を訪問してきて、「工場法施行令」が枢密院で停頓しているので、なんとか新長官の御尽力で解決していただきたいといった。ひきつづき、吉阪は「工場法」の社会的重要性をくわしく説いた。長岡は、それは常識でわかりきったことだが、なぜ枢密院はそれを通してくれないのかと問うた。

吉阪は、自分たち社会局官僚の失敗を白状した。工場法にかんしては最初から枢密院は鬼門で、岡工務局長もこれではひどい目にあっている。法の施行令に罰則がついていると、枢密院にかからなければならないという立法上の原則がある。それで、今回の「工場法施行令」は、枢密院にひっかからないですむように、罰則をすべて法律と施行省令で拾い上げ、施行勅令（「工場法施行令」）にはいっさい罰則をつけないつもりで、起案作業をした。つまり、枢密院の審議をまぬかれようとした。ところが改正法案が議会を通過したのち、立法技術上の手ぬかりで、施行勅令に一箇条だけ罰則をつけないと法の運用ができないことになり、枢密院の審議をうけなければならないことになった。枢密院議員たちは、自分たちの審議を回避しようとしたということで、社会局にたいして感情を害しており、その結果、審議が大幅におくれている。

その後、長岡は枢密院の事情をくわしく調べてみて、同院精査委員会委員長の伊東巳代治伯爵の感情をやわらげることが必要であるのを確認した。かれは、同県の先輩・臼井哲夫をたずねて、臼井家で長崎県人の主だった者の晩餐会をひらいてもらい、そこに主賓として伊東をまねき、その御機嫌を見計らって口説く作戦をたてた。食後、二時間半あまり、長岡は、伊東が日清戦争直後、批准交換のため決死の覚悟で敵地に乗りこんださいの自慢話を拝聴した。座がお開きになって、伊東が機嫌よく玄関に立ったとき、「伯爵、工場法施行令をひとつなんとか通していただけませんか」と、長岡はきわめて自然に話しかけた。伊東は「あれですか、よろしゅうございます、承知しました」と答えて、さっさと自動車にのりこんだ。

精査委員会の審議は以後は順調に進行して、工場法施行令はほとんど無修正で枢密院を通過した。この結果を記したのち、長岡は、「へぼ政治家のやうな小策を弄した形」を恥しくおもったので、当時、河原田第一部長にも吉阪監督課長にもこのことは話さなかった。これを白状するのは、今回（『官僚二十五年』の記述）が最初であるといっている。[61]

ただし、話がくどくなりすぎるのを恐れるが、私は、長岡はこの記述でことのいきさつのすべてを語っていないのではないかと、疑っている。その理由は二つあり、ひとつは、北岡がつぎのようにかいていることである。「改正工場法施行に伴う諸法令は閣議を通過して同十四年枢密院に回附したところ、その精査委員長の伊東巳代治氏が公私種々の関係からそれを握って了った」（傍点は副田）。いまひとつは、明治・大正・昭和前期の政治の裏面史において、伊東という人物は、私的利害によって政治的に動いた事例が少なくないという事実がある。[62] 北岡のいう「公私種々の関係」には利権と物欲の匂いがする。社会局官僚が失礼なことをしたというような単純な話ではないのではないか。長岡の『鶏肋集』をみる必要がある。長岡は、一九五八年のこの著作で、三九年の『官僚二十五にすることにして、さきに進むことにする。その探索は宿題のひとつにして、さきに進むことにする。

年』ではかけなかった秘事に言及しているのではないだろうか。その探索は宿題のひとつにして、さきに進むことにする。

「工場法」は一九二九年（昭和四年）三月にもう一度改正されている。「工場法」が一九一六年（大正五年）に施行されてから、織物工場の多くで就業時間の規定が守られず、監督官たちを悩ませていた。動力を使用する機械が発達し、さらにはそれが自動化して、職工数人の工場でも機械が数十台も使用され、生産能力が中規模の工場とかわらなくなった。それなのに、一〇人未満の工場には「工場法」を適用せず、就業時間が無制限ということになると、これと競争する適用工場が「工場法」の規定をますます守らない。したがって、動力を使用する織物工場のすべてにたいして、就業時間、深夜業、休日、休憩の規定を適用するように「工場法」が改正された。これによって、小工場の就業時間の規制が可能になった。[63]

「工場法施行令」の改正のあと、社会局は、附属法令、関連法令の制定に努力した。その主要なものに「工場附属寄宿舎規則」、「工場危害予防及衛生規則」、「鉱夫労役扶助規則」などがあった。

ここでは最初のものにかぎって、かいつまんで述べる。これは、一九二七年に発令されたもので、(1)職工ひとりにひとつの床をつかわせる、共用を許さない、(2)寝具には白い布をつける、(3)食器は使用のたびごとに消毒する、(4)寝室の広さはひとりにつき一畳半をくだってはならない、(5)寄宿職工の外出・面会を妨げてはならないなどと規定した。これらは、「工場法」施行以来、監督官が指導してきた標準を法制化したものであった。[64]

なお、ここで北岡が、かれが社会局労働部にいたころ企てた労働者保護法にかんするもので「只一つ私が努力したが遂に成功しなかったもの」にふれておきたい。それは「一般的労働時間制限法」であった。「工場法」の労働時間制限はすでにみてきたように女性と幼少者にかぎられている。北岡は、一般成年男子の労働時間制限もあるべきだとかんがえ、当時の労働組合の有力幹部、松岡駒吉、米窪満亮、西尾末広などと会談して、それをもちかけてみた。かれらは賛成してくれた。しかし、労働者たちと直接接している末端幹部は、北岡のいう趣旨にはいちおう賛成するが、一般の労働者はそれを喜ばないだろうと難色を示した。法律による労働時間の制限は、残業の禁止、収入の減少に通じるとみて、労働者たちが嫌うだろうというのである。有力幹部のなかには、それを抑えて労働時間の制限をやらなければ、日本の労働者の進歩はないといってくれる者もあったが、その制限は一般の労働者には不評だろうという現実は否定しなかった。(65)

さいごに「工場法」の改正の実務で中心的人物としてはたらいた北岡寿逸の経歴を、主として社会局勤務時代まで紹介しておく。一八九四年（明治二七年）生まれ、奈良県出身。一九一八年（大正七年）七月東京帝国大学法科大学政治学科卒業、在学中に文官高等試験に合格している。同年七月、農商務属・鉱山局勤務、二一年（大正一〇年）五月、農商務事務官・鉱山局。保守的な政治姿勢がつよい農商務省で労働者の権利と保護について進歩的主張をもった異色の若手事務官であった。二二年（大正一一年）一一月、内務省社会局事務官・第一部、「工場法」改正の実務ではたらいたのは本文にあったとおり。二四年（大正一三年）四月、工場監督官兼鉱務監督官、二九年（昭和四年）一月、兼社会局書記官・労働部監督課長。一九三六年から三九年まで、ＩＬＯ帝国事務所（在ジュネーブ）において事務官、ついで所長として勤務、帰国後は、人口問題研究所、住宅営団ではたらき、東京帝国大学経済学部教授として社会政策講座を分担したこともある。戦後は経済安定本部、國學院大学ではたらいた。(66)

10 「工場法」の実施（三）

「工場法」の実施の実績にかんする資料としては、『工場監督年報』という年次刊行物がある。その第一回（一九一六年、大正五年分）は一九一九年（大正八年）に刊行されており、その第二三回（一九三八年、昭和一三年分）は一九四〇年（昭和一五年）に刊行されている。以上は国立国会図書館に所蔵されている。刊行元は「工場法」を所管していた省で、農商務省、内務省、厚生省とうつりかわっている。第二四回以降は刊行されなかったのではなかろうか。厚生省、内務省の社会史を研究してきた経験からいうと、一九四〇年前後から敗戦の年までのあいだは、戦時下の諸事情からか、官庁統計の欠落がめだっている。ここでは、前出の資料の範囲で、主要なデータを紹介しておく。

まず、工場の監督をおこなう機関であるが、これは、中央機関と地方機関にわかれる。中央機関としては、農商務省商工局・工務局（一九一六年から二二年まで）、内務省社会局（一九二二年から三八年まで）、厚生省労働局（一九三八年から四七年まで）が、それぞれ「工場法」を所管した。地方機関としては、東京府のばあい警視庁保安部（のちには保安衛生部）工場課が、他府県のばあい、府県警察部工場課あるいは保安課が、「工場法」を所管した。地方機関のばあい、所管課の名称などが時期によって変化してくるが、それらに一々立ち入らない。監督職員は「工場法」第一四条によれば「当該官吏」とされるが、その官吏には、工場監督官と工場監督官補の二階級がおかれていた。前者は書記官、事務官または技師であり、後者は属または技手であった(67)。

監督職員の中央・地方別、事務・衛生・技術別、階級別のほぼ五年間隔、さいごの四年は毎年のデータを、表3

表3　累年別工場監督職員（兼務者をふくむ）

年		中央							地方							合計
		事務		衛生		技術		計	事務		衛生		技術		計	
		官	官補	官	官補	官	官補		官	官補	官	官補	官	官補		
1916	T 5	1	1	1	2	2	2	9	10	50	6	51	5	77	199	208
1921	T10	1	1	1	3	4	3	13	10	50	7	51	7	77	202	215
1925	T14	3	6	4	1	3	4	21	17	101	7	36	16	103	280	301
1930	S 5	2	7	4	—	4	2	19	19	118	6	34	14	148	339	358
1935	S10	2	7	3	—	5	1	18	18	139	5	22	15	162	361	379
1936	S11	4	10	4	—	4	—	22	17	166	3	25	14	167	392	414
1937	S12	4	8	4	—	5	2	23	18	193	3	23	13	147	397	420
1938	S13	4	8	4	—	5	2	23	19	192	3	19	14	150	397	420

注：官：工場監督官，官補：工場監督官補.
資料出所：厚生省労働局『昭和十三年工場監督年報（第二十三回）』1940年，p. 2，内務省社会局『大正十四年工場監督年報（第十回）』1927年，p. 5.

に示す。紙幅の制約があるので、合計の数値のみをつかって論議をする。

工場監督職員は、「工場法」が実施された年、一九一六年（大正五年）には、二〇八人であった。これは、五年後にも二一五人でほとんど変らない。ここまでは、農商務省商工局・工務局が「工場法」を所管していた時代のデータである。一九二二年（大正一一年）に同法が内務省社会局に移管されて、工場監督職員は増加しはじめ、一九二五年（大正一四年）三〇一人、三〇年（昭和五年）三五八人、三五年（昭和一〇年）三七九人、翌三六年（昭和一一年）には四一四人と四〇〇人の大台を超え、農商務省時代の約二倍の数字に達する。内務省社会局が「工場法」を所管した最後の年、厚生省労働局が同法を所管した最初の年、工場監督職員はいずれも四二〇人で、最高値を記録している。

つぎに「工場法」が適用される工場数とその職工数であるが、表**4**に示すように、同法が実施された一九一六年（大正五年）には工場数は一万九〇四七、職工数は一一二万三二八、であった。これが内務省社会局が「工場法」を所管する時代に入ると、一九二五年（大正一四年）、工場数は二万七〇七六、職工数は一五三万二四四、一九三五年（昭和一〇年）には、工場数は九万六五八二、職工数は二三五万二九六七に達している。一九一六年と二〇年後の三六年のデータを比較すると、工場監督官の数は約二倍にふえているが、

表4　「工場法」適用工場数および職工数累年表

年		工場数	職工数		
			男	女	計
1916	T 5	19,047	493,442	624,886	1,120,328
1921	T10	25,593	629,347	838,763	1,468,110
1925	T14	27,076	636,150	894,094	1,530,244
1930	S 5	73,199	802,186	908,003	1,710,189
1935	S10	96,582	1,250,680	1,102,287	2,352,967
1936	S11	103,663	1,406,687	1,155,785	2,562,472
1937	S12	109,758	1,613,672	1,213,859	2,827,531
1938	S13	113,979	1,901,529	1,209,801	3,111,330

資料出所：前掲『昭和十三年工場監督年報（第二十三回）』pp. 15-16.

「工場法」を適用する工場数は約五倍、その職工数は約二・三倍の増加である。

「工場法」を実施してゆくにあたり、工場監督職員が足りないという訴えは、農商務省工務局が同法を所管している時代からあったが、それは、内務省社会局が同法を所管する時代に入ってさらに深刻化した。この不足は、つねに警察官吏の応援によって補充されるほかなかった。

つぎに工場関係法令違反のデータをみておこう。『工場監督年報』（第一〇回）は、つぎのように規定している。「工場法違反ニ付テハ初犯者ニシテ情状軽キモノ、別段ニ悪意ナキモノハ戒告又ハ始末書ヲ徴スルニ留メ情状重ク或ハ戒告ヲ加フルモ改ムルコトナキモノニ対シテハ之ヲ告発処分ニ付シタリ[68]」。この「告発処分」は統計表のなかでは「処罰」といいかえられている。

戒告件数、処罰件数、両者をあわせた違反件数の年次推移を示すのが、**表5**である。「工場法」が実施された年の翌年、一九一七年（大正六年）からみているのは、前年は年度途中から同法が実施されたからである。紙幅の制約があるので、処罰件数のみを重点的に追跡してみよう。それは、一九一七年には一六八件であったが、以後、一九二〇年（大正九年）、二五年（大正一四年）、三〇年（昭和五年）と五〇〇台であり、一九三五年（昭和一〇年）九四一件とはねあがり、つづいて、三六年（昭和一一年）、三七年（昭和一二年）と一〇〇〇の大台を超えている。この上昇の基本的原因は工場数の急増であろう。工場数一〇〇〇のなかで

表5　工場関係法令違反と適用工場数の累年比較

年	適用工場数＝A	戒告件数＝B	処罰件数＝C	B/A×1000	C/A×1000	違反件数計＝B＋C
1917 T6	21,441	9,148	168	426	8	9,316
1920 T9	24,532	5,912	598	241	24	6,508
1925 T14	27,076	9,030	566	333	21	9,596
1930 S5	73,199	19,273	515	263	7	19,788
1935 S10	96,582	27,944	941	289	10	28,885
1936 S11	103,662	45,761	1,181	441	11	46,942
1937 S12	109,758	42,425	1,319	387	12	43,744
1938 S13	113,979	41,352	982	362	9	42,334

資料出所：前掲『昭和十三年工場監督年報（第二十三回）』pp. 5-6.

の処罰件数は、一九三〇年代をとおして一〇前後でめだった変化はみられない。

表5の数字の動きに、『内務省史』第三巻が「工場監督上の問題点」の推移と述べるものをつきあわせておこう。さきにもいったように、内務省社会局が「工場法」を所管したのは、一九二二年一一月から三八年一月までのことである。その期間を初期、中期、後期に三分する。初期には「工場法」の適用工場と非適用工場との不均衡があり、同法の適用範囲の拡大がおこなわれた。一九二五年から三〇年にかけて、適用工場数が約二・七倍になっている。中期には経済的不況が襲来して、不況のしわよせから職工たちを護ることが重要課題であった。満州事変からは工場の新設と拡大、事業の拡張にともなう「工場法」の違反が増加し、その違反から職工たちを保護することに重点がおかれた。一九三〇年から三五年にかけて、違反件数は約一・五倍の増加である。後期には、戦時色が深まり、事業の急激の拡大、労務管理の不充分さ、非常時を口実にする脱法行為の増加などにより、違反件数が激増した。一九三六、三七年の工場数一〇万以上、違反件数四万以上が、その実態を集約してあらわしている。(69)

さいごに、「工場法」違反にはどのような行為＝種類がどれほどふくまれているか。原資料は、すべてでその違反を実質的違反と形式的違反に二分し、年次によって、その中味の分類を変化させている。それをすべて追うことは紙幅の制約が許さない。原資料の一九三五年（昭和一〇年）分を例示する。

この年、実質的違反とされた行為は、**表6**で示した一二種類である。それらと、そ

表6　実質的違反の件数（昭和10年分）

実質的違反の種類	戒告	処罰	違反
保護職工ヲシテ法定時間ヲ超エテ就業セシム	5,394	559	5,953
保護職工ヲシテ深夜就業ニ就カシム	96	74	170
保護職工ニ法定ノ休憩休日ヲ与エズ	152	15	167
法定ノ許可認可ヲ受ケズシテ就業時間ヲ延長シ又ハ其ノ届出ヲ怠ル	635	10	645
保護職工ヲシテ危険又ハ有害ノ業務ニ就カシム	62	13	75
法定ノ扶助又ハ帰郷旅費ヲ支給セズ	81	4	85
賃金ヲ通貨ヲ以テ毎月一回以上支払ワズ又ハ支払ヲ遷延ス	329	9	338
職工貯蓄金ノ返還ヲ怠ル	1	—	1
許可ヲ受ケズシテ違約金ノ徴収ヲ為シ又ハ代物給与若クハ貯金ヲ為サシム	134	1	135
許可ヲ受ケズ又ハ受ケタル方法ニ依ラズシテ職工ノ貯蓄金ヲ管理ス	13	1	14
法定ノ予告又ハ手当ヲ為サズシテ職工ヲ解雇ス	11	2	13
妊産婦ニ法定ノ休業ヲ与エズ	52	—	52
合　計	6,960	688	7,648

資料出所：社会局労働部『昭和十年工場監督年報（第二十回）附労働者募集年報』p. 21.

れぞれの戒告件数、処罰件数、両者を合計した違反件数をあわせて掲げる。違反件数の多さの順位でみると、上位五位はつぎのとおりである。

一位「保護職工ヲシテ法定時間ヲ超エテ就業セシム」五九五三件

二位「法定ノ許可認可ヲ受ケズシテ就業時間ヲ延長シ又ハ其ノ届出ヲ怠ル」六四五件

三位「賃金ヲ通貨ヲ以テ毎月一回以上支払ワズ又ハ支払ヲ遷延ス」三三八件

四位「保護職工ヲシテ深夜就業ニ就カシム」一七〇件

五位「保護職工ニ法定ノ休憩休日ヲ与エズ」一六七件

実質的違反の全体、七六四八件のうち、一位の「保護職工ヲシテ法定時間ヲ超エテ就業セシム」が七七・八％で、大部分を占めている。これに四位と五位、さらに「保護職工ヲシテ危険又ハ有害ノ業務ニ就カシム」と、「妊産婦ニ法定ノ休業ヲ与エズ」をあわせると、実質的違反の全体のうち、保護職工関連のものが八三・九％にまでおよぶ。

形式的違反とされた行為は、四五種類あって、最頻値は「職工名簿ノ調整又ハ整理ヲ怠リタルモノ」六一七六件、これにつぐのは「職工ノ賃金支払簿又ハ出勤簿ノ備付及記載ヲ怠リタルモノ」四九三一件である。形式的違反の全数は二万一二三七件であった。

表7　工場における死傷病者数の推移

年	民営工場			官営工場			合　計		
	死傷病者計	死者(以下再掲)	障害扶助ヲ受ケタル者	死傷病者計	死者(以下再掲)	障害扶助ヲ受ケタル者	死傷病者計	死者(以下再掲)	障害扶助ヲ受ケタル者
1917 T 6	75,692	491	3,315	18,308	288	149	94,000	779	3,464
1920 T 9	121,871	814	2,914	56,100	430	1,014	177,971	1,244	3,928
1925 T14	202,692	245	2,019	51,899	224	1,086	254,591	469	3,145
1930 S 5	13,915	262	2,132	22,293	265	873	36,208	527	3,005
1935 S10	23,022	537	3,373	3,868	45	272	26,890	582	3,645
1936 S11							26,054	569	3,828
1937 S12							28,670	603	4,897
1938 S13							31,666	600	5,945

資料出所：前掲『昭和十年工場監督年報（第二十回）附労働者募集年報』pp. 548-549，厚生省労働局編纂『昭和十一年工場監督年報（第二十一回）』pp. 397-398，厚生省労働局編纂『昭和十二年工場監督年報（第二十二回）』pp. 401-402，前掲『昭和十三年工場監督年報（第二十三回）』pp. 28-29.

さいごに、「工場法」と関係勅令などによる職工とその遺族にたいする扶助の実態の一端にふれておこう。さきに述べたように、「工場法」第一五条は、職工が自らの重大な過失によってではなく、業務上負傷し、疾病にかかり、または死亡したときには、工業主は職工または遺族を扶助するべきであると規定している。一九一七年（大正六年）から三八年（昭和一三年）まで、毎年の工場における業務上の死傷病者の件数を、ほぼ五年おきに、最後の四年は毎年で、表7に示してみる。

合計欄の死傷病者計の数字をみてもらうと、一九一七年の九万四〇〇〇が、二〇年（大正九年）一七万七九七一、二五年（大正一四年）二五万四五九一と増加して、一九三〇年（昭和五年）には三万六二〇八と激減する。原資料にもどってみると、この減少は一九二七年（昭和二年）に最初におこっており、同年から健康保険の給付がはじまったからであると示唆されている。逆にいえば、「工場法」による疾病の患者への扶助が医療保険の先駆的代替手段であったことが知られる。健康保険登場以後は、「工場法」による扶助の対象となった死傷病者の合計は二万人台から三万人台で推移する。

一九三五年（昭和一〇年）でややくわしくかれらの内訳と扶助金の内訳をみておこう。死傷病者二万六八九〇を工場の種類別にみておくと、民営

表8　「工場法」による扶助費の構成（昭和10年分）

	民営工場	官営工場	計（　）内は百分比	
療養費	138,888	11,984	150,872	(9.7)
休業扶助料	173,170	22,795	195,965	(12.7)
障害扶助料	606,481	84,025	690,506	(44.6)
遺族扶助料	373,729	68,252	441,981	(28.5)
葬祭料	13,596	351	13,947	(0.9)
打切扶助料	54,006	2,028	56,034	(3.6)
計	1,359,870	189,435	1,549,305	(100.0)

資料出所：前掲『昭和十年工場監督年報（第二十回）附労働者募集年報』p. 550, p. 552.

工場二万三〇二二、八五・六%、官営工場三八六八、一四・四%にわかれる。また、死傷病者にふくまれる死者は五八二、二・二%、障害扶助ヲ受ケタル者、つまり身体障害者となった者は三六四五、一三・六%である。

また表8に示すとおり、扶助金の総額と種類別の内訳、構成比はつぎのとおりである。扶助金総額は一五四万九三〇五円、種類別内訳と構成比を上位四位まで並べてみる。

一位　障害扶助料　六九万五〇六円　四四・六%
二位　遺族扶助料　四四万一九八一円　二八・五%
三位　休業扶助料　一九万五九六五円　一二・七%
四位　療養費　一五万八七二円　九・七%

なお、表8のもとになった資料によれば、健康保険の給付がはじまる直前の一九二六年（昭和元年）、一位は療養費、一五六万三六四円で、扶助金総額三七一万三九六五円の四二・〇%を占めていた。ここでも、「工場法」による医療費の給付が、健康保険の登場によって様変わりした事実がよみとれる。

11　「工場法」行政の崩壊

一九三八年（昭和一三年）一月一一日より「工場法」は、厚生省労働局監督課が所管することになった。その後の「工場法」行政の経過は、一言でいえば、雪崩をうつような崩壊過程である。その過程の起動因は軍部と戦争であった。前年七月、日本はいわゆる日支事変をおこして、中国との全面戦争に突入していた。戦時経済は国家統制の性格をつよめ、軍需工場を中心に職工たちの労働時間は長時間化した。厚生省労働局は、この傾向に当初抵抗したが効果があがらなかった。そのいきさつを多少くわしくみるところからはじめよう。

日支事変が開始された年の九月、当時、統制三法と呼ばれた法律が議会で成立した。すなわち、「臨時資金調整法」、「輸出入品等臨時措置法」、そして「軍需工業動員法の適用に関する法律」である。三番目のものに注目されたい。そこでいう「軍需工業動員法」は一九一八年（大正七年）にすでに成立していたが、戦争になったら、軍部が工場や鉱山などを管理、使用、収用することができるとして、そのための手続きを定めた法律であった。管理とは監督・命令して生産活動をおこなわせること、使用とは一時的にとりあげてつかうこと、収用とは永続的にとりあげてつかうことを意味した。この法律が日支事変に適用されることになり、ただし、「工場事業場管理令」という法令をつくり、管理の部分だけをつかわせることにした。これによって陸海軍は主要な工場をうばいあうように管理対象に指定し、陸軍大臣あるいは海軍大臣の管理下におき、そこに軍人たちがいって生産活動の監督をするようになった。(70) 日支事変の戦線の拡大により、軍需品の必要と生産は増大の一途をたどった。それによって、軍人たちの監督は、労働の強化、労働時間の延長に走り、このため労働災害の増加、職工の体位の低下がおこった。これらの現実は、厚生省の正史である厚生省五十年史編集委員会『厚生省五十年史（記述篇）』にも、敗戦の前年まで厚生次官をつとめた武井群嗣の『厚生省小史――私の在勤録から』にも、記録されている。(71)

内務省社会局はその最終末期、すでに、この傾向に警告していた。すなわち、一九三七年一〇月、社会局長官は地方長官に指示した「軍需品工場ニ対スル指導方針」において、労働時間の過長を抑制する方法として交替制の採用をあげた。それは、前出の「工場事業場管理令」が出された月の翌月のことである。翌年一月、厚生省が設置され、労働行政は同省労働局に移管された。同年六月二三日、「軍需工業能力増進ノ為交替制採用」にかんする閣議決定があり、これにもとづき、八月一九日、厚生次官より地方長官あてに「軍需品工場ニ於ケル交替制実施ニ関スル件」という通牒が出された。

この通牒では、(1)軍需品工場において、設備の十分な活用、生産力の最高度の発揮、労働力の保護のために、交替制を実施する必要があること、(2)作業工程の単純化、照明改善、労働者の休養、栄養などとともに、一日の労働時間を一二時間以内に限定するよう指導することが指示された。すでにみたように「工場法」では、保護職工以外の男子職工の労働時間には規制がなかった。軍人たちの監督のもとで、その労働時間が異常に延長されたことが、「工場法」にそれまではなかった規制をうんだのである。(72)

この通牒はみるべき効果をもたらさず、労働時間の延長と労働災害、疾病の増加はいっそう目立つようになった。この状況にたいして、厚生省＝政府は、労働時間の適正化を図ることが必要であるとかんがえ、一九三九年（昭和一四年）三月三一日、勅令第一二七号「工場就業時間制限令」を公布し、五月一日から施行した。その内容はつぎのとおりであった。

(1)　適用範囲。「工場法」の適用をうける工場であって、厚生大臣の指定する事業をいとなむもの。器械製造業、船舶車輌製造業、器具製造業、金属品製造業、および金属精錬業が指定された。

(2)　労働時間。工場主は、一六歳以上の男子職工を一日につき一二時間を超えて就業させてはならないこと。さらに毎月すくなくとも二回の休日を設けること。また、一日の就業時間が六時間を超えるときは三〇分、一〇時間を超えるときは一時間の休憩時間を設けねばならない。

(3)　例外規定。交替制または業務の性質上とくに必要があるばあいには、地方長官に届け出て、制限時間を超えて就業させることができること（後略）。(73)

この「工場就業時間制限令」は、厚生省労働局がおこなった、軍部主導の戦時経済における労働時間の延長傾向への抵抗のさいごの試みであった。前出の通牒とこの勅令が、軍人たちの工場監督と行政官たちの労働行政のあいだでどれほどの抗争を生じさせたであろうか。私は、その記録をみる機会をえていない。つぎの事態をみると、この勅令もさほどの効果をあげなかったのではないかと推量される。一九四二年（昭和一七年）一月、厚生省労働局長は地方長官あてに、この制限令の緩和について、つぎの要旨の通牒を送った。

(1)　交替制による連続作業をおこなうばあい、交替班の転換日には従来は原則として六時間以内の時間延長を認めていたが、今後は必要があるときにはあらかじめ届け出て、一二時間以内の時間延長をなしうること。

(2)　交替制による連続作業をおこなうばあい、熟練工の欠勤などにより、先番の熟練工をひきつづき使用しなければ作業の継続が不可能なときには、あらかじめ届け出て一二時間以内の時間延長をし、就業させることができること。

(3)　略。(74)

一九四三年（昭和一八年）六月一六日、「工場法」行政は決定的に崩壊する。この日、勅令第五〇一号「工場就業時間制限令廃止ノ件」が公布され、同令は撤廃された。(75) あわせて、「戦時行政特例法」にもとづき、「工場法戦時特例」、および「工場法戦時特例施行規則」が公布され、「工場法」の主要部分の施行が停止された。公布された特例の主だった内容はつぎのとおりである。

(1)　「工場法」でいう保護職工にかんする就業時間、深夜業、および休日・休憩の制限規定は、厚生大臣の指定する工場には適用しない。その工場は一九四二年（昭和一七年）二月二五日、勅令第一〇六号「重要事業場労務管理令」による指定工場および金属精練業、造船、航空機製造業のうちの指定工場である。

(2) 行政官庁の許可をうけたときは、保護職工をして「工場法」でいう危険・有害業務に従事させることができること。

(3) 略。[76]

以上の「工場法」の主要部分の施行が停止されたことの意味を充分にあきらかにするためには、当時、男子労働力の供給源が極端に枯渇し、女子動員と学徒動員の強化が急がれていたことをかんがえなければならない。女性と子どもをふくむ若者が労働力の主力になりつつあるときに、かれらへの保護が打ち切られるのである。そして、「工場法」行政の崩壊は、労働行政の全体の崩壊の一環であり、観察の視野をさらにひろげてみれば、生産労働の現場の全体の崩壊の一環であった。その全体状況の描写を前出の武井の著作の末尾から引用して結びとする。

「私は退職後、広瀬厚生大臣の依嘱を受けて昭和十九年八月から同年末までの間に、全国の主要工場鉱山に於ける勤労状況を視察した。中には相当の成績を示す事業場もあったが、一般に生産は所期の如く挙らず、その原因は資材特に副資材の不足に在りと謂はれ、頻出する機械の故障に備へて過剰の勤労者を抱へ込む傾向があった。在来工員の外に、男女各種の挺身隊、学徒、報国隊、転業者、移入者等の勤労者を扱ふ経営者の苦労もさることながら、副食物や作業用品の不足を訴へ、各種勤労者間の融和を欠き、出勤率は漸次低下し、高賃金を追うて自由労務者の群に走る者あり、手持ち時間多くして能率挙らず、却って俘虜の勤労に劣り、個々の戦況に一喜一憂し、戦局の前途に危惧の念を懐いて仕事が手につかず、剰へ指導者に同苦共励の姿なく、『これで戦争ができるだらうか』と疑はせる場面に接することも珍しくなかった[77]」。

なお、敗戦後、一九四五年（昭和二〇年）一〇月二四日、勅令第六〇〇号「工場法戦時特例廃止ノ件」が公布・施行され、「工場法」の施行はもとにもどった。同法の廃止は、一九四七年（昭和二二年）九月一日のことである。

おわりに

私は、二〇〇七年の著作において、内務省社会局がうけもつ所掌事務の本質を生活（労働）の管理と要約した。いま「工場法」の通史の考察をおえて、この管理の構造をつぎのように分析することができる。経済社会において工場を経営する工業主＝資本家とそこで雇用されている職工＝労働者は労資関係をとりむすんでいる。その関係の結節点は一定の労働条件である。社会局に拠る内務官僚たちは、その労働条件のありかたを「工場法」によって規定して、それによって労使関係に介入し、それを管理した。その管理は、あるいは女性や年少者の徹夜業の禁止という社会的規制であったり、あるいは疾病にかかった職工へ療養費を支給する社会的給付であったりする。これをもっとも抽象化していえば、国家に属する官僚が、社会に内在する工業主と職工の社会関係に介入して、かれらの労働と生活を管理したということである。

このばあい、国家官僚は、内務省本省の社会局に所属する工場監督官・工場監督官補と府県に置かれた地方事務官である工場監督官・工場監督官補に二層化する。中央と地方の監督官吏の役割分担は、前者が後者を統合し、調査・研究の業務をおこない、政策を立案し、工場現場に臨検に入るのはほとんど地方官吏であっただろうとおもわれる。地方の監督官吏の不足は、さきに述べたように警察官吏によって補われた。したがって、「工場法」にもとづく社会局の生活（労働）の管理はつぎの経路でおこなわれることになる。内務省社会局の工場監督官吏→府県の

工場監督官吏・警察官吏→（工業主vs職工）。

この分析図式によって、一九二六年（大正一五年）六月、内務省が府県に地方官として置いた地方小作官・小作官補、調停官・調停官補などの仕事も理解されるだろう。前二者は地主と小作農の関係に介入して小作争議を調停し、後二者は資本家と労働者の関係に介入して労働争議を調停した。

また、この分析図式は、内務省のほかの局の所掌事務のかなりの部分の本質についても適用することができるのではないか。神社局は宗教（歴史）を管理するといった。それは、神社局官僚が、社会に内在する神官・神職と氏子の社会関係に介入して、かれらの宗教信仰と歴史意識を管理するということである。地方局は民衆（社会）を管理するといった。それは、選挙を例にとれば、地方局官僚が、社会に内在する政治家と有権者の社会関係に介入して、地域社会とそれを構成する民衆を管理するということである。警保局は政治（秩序）を管理するといった。それは、思想検閲を例にとれば、警保局官僚が、社会に内在する思想家とその信奉者の社会関係に介入して、天皇制国家の政治と官僚統治の秩序を管理するということである。衛生局は身体（生命）を管理するといった。それは、衛生局官僚が、社会に内在する医師・薬剤師などと患者・公衆などの社会関係に介入して、医療と衛生の対象としてのかれらの身体と生命を管理することである。さいごに、土木局は国土（自然）を管理するといった。それは、土木局官僚が、社会に内在する土木工事者と住民・国民の関係に介入して、国土の建設・維持と自然の改良・制御を管理するということである。

社会局の「工場法」による管理以外の各局の管理にかんする分析は、目下の段階では仮説であると限定して、いずれ、資料にもとづき、実証的に検討することとしたい。

（1）岡実『工場法論』有斐閣、一九一七年、二、一二、五七、八八ページ。
（2）同右、一ページ。
（3）同右、三―六ページ。
（4）同右、二四―二五ページ。
（5）窪田静太郎「交友四十年の追憶」『窪田静太郎論集』日本社会事業大学、一九八〇年、五〇二―五〇三ページ。
（6）「年譜」「著作目録」同右、五四三―五四七ページ。
（7）農商務省商工局工務課「工場調査要領（第二版）」隅谷三喜男編集・解説『生活古典叢書3　職工および鉱夫調査』光生館、一九八一年、六四―六五ページ。
（8）農商務省商工局「綿絲紡績職工事情」大河内一男編集・解説『生活古典叢書4　職工事情』光生館、一九八一年、四九―五一ページ。
（9）同右、五二―五四ページ。
（10）同右、六九―七〇ページ。ほかに女工の虐待・逃亡の事例がつぎに多く記録されている。「職工事情附録（一）」同右、四一一―四八五ページ。「職工事情附録（二）」同右、四九一―六一七ページ。
（11）同右、九二、一一四―一一七ページ。
（12）籠山京「解説　女工と結核」籠山編集・解説『生活古典叢書5　女工と結核』光生館、一九八一年、八―九、二〇―二一ページ。
（13）生産調査会「工場衛生調査資料」同右、五五―五六ページ。
（14）同右、五六―五九ページ。
（15）同右、六二ページ。
（16）同右、六五ページ。
（17）「解説　女工と結核」二〇ページ。

（18）『工場法論』三七―三八ページ。
（19）「解説　女工と結核」六ページ。
（20）『工場法論』五〇―五一ページ。
（21）戦前期官僚制研究会編、秦郁彦「第一部　主要官僚の履歴」『戦前期日本官僚制の制度・組織・人事』東京大学出版会、一九八一年、六四ページ。横田地弘「岡義武教授点描」『岡義武著作集附録』岩波書店、二〇〇二年、五二ページ。「解説　女工と結核」九―一〇ページ。河合良成『明治の一青年像』講談社、一九六九年、三〇六―三〇七ページ。
（22）『工場法論』五七―八八ページ。
（23）「工場法」編集代表・我妻栄『旧法令集』有斐閣、一九六八年、五三三―五三五ページ。
（24）岡義武「近代日本政治史Ⅱ」『岡義武著作集第2巻　明治政治史Ⅱ』岩波書店、二〇〇一年、二一一―二一二ページ。
（25）たとえば、同右、二〇八―二〇九ページ。
（26）「岡義武教授点描」五一―六九ページ。
（27）籠山京「工場法の成立と実施における官僚群」高橋幸八郎編『日本近代化の研究　下』東京大学出版会、一九七二年、六五―六七ページ。この論文における誤謬の一例として、封建社会の「大名・武家から」資本制社会の「軍人官僚層」が作りあげられたというアマチュア歴史家風の主張をあげておく。これを実証的に否定する業績につぎのものがある。後藤靖「明治の天皇制と民衆」同編『天皇制と民衆』東京大学出版会、一九八六年、一二二ページ。
（28）「工場法の成立と実施における官僚群」七〇―八一ページ。
（29）「第三十一回帝国議会貴族院予算委員会議事速記録第四号」二七ページ。
（30）「解説　女工と結核」四三―四四ページ。
（31）石原修「女工と結核」『生活古典叢書5　女工と結核』一八七―一八八ページ。
（32）同右、一九三ページ。

(33)「第三十一回帝国議会貴族院予算委員会議事速記録」二九ページ。
(34)同右、同ページ。
(35)大島清『高野岩三郎伝』岩波書店、一九六八年、八三、八四ページ。
(36)「交友四十年の追憶」五〇三ページ。大河内一男「解説『職工事情』について」『生活古典叢書4　職工事情』一六ページ。
(37)『工場法論』八八―九〇ページ。
(38)「近代日本政治史Ⅱ」二二二ページ。
(39)「工場法施行令」『旧法令集』五三六ページ。
(40)「工場法施行規則」『工場法論』一五ページ。
(41)『明治の一青年像』二六四―二六五ページ。
(42)河合良成「工場法要解」井関十二郎編『工場法の運用』同文館、一九一六年、二九七―三四一ページ。
(43)・(44)『明治の一青年像』二八二ページ。
(45)同右、二八三―二九八ページ。
(46)同右、二九八―三〇七ページ。
(47)大霞会『内務省史』第三巻、地方財務協会、一九七一年、三九二―三九三ページ。
(48)「第一部　主要官僚の履歴」八一ページ。ほかに『明治の一青年像』、河合良成『孤軍奮闘の三十年』講談社、一九七〇年など。
(49)楫西光速・加藤俊彦・大島清・大内力『双書日本における資本主義の発達5　日本資本主義の発展Ⅲ』東京大学出版会、一九七五年、五一五ページ、など。
(50)同右、五一六―五一七、七〇四ページ。
(51)同右、七〇五ページ。

(52) 厚生省五十年史編集委員会編『厚生省五十年史（記述篇）』厚生問題研究会、一九八八年、三〇四ページ。
(53)・(54) 北岡寿逸「旧社会局の思い出」労働省編『労働行政史』第一巻、労働行政史刊行会、一九六一年、「附録」二ページ。『厚生省五十年史（記述篇）』三〇五ページ。
(55) 副田義也『内務省の社会史』東京大学出版会、二〇〇七年、四三三―四三六ページ。
(56)「旧社会局の思い出」二―三ページ。
(57) 同右、三ページ。
(58)『内務省史』第三巻、四五三ページ。
(59)『厚生省五十年史（記述篇）』二九九ページ。
(60)「旧社会局の思い出」五ページ。
(61) 長岡隆一郎『官僚二十五年』中央公論社、一九三九年、三〇一―三〇四ページ。
(62) 著名な一例として、関東大震災後に、復興審議会において、伊東が大地主としての自己の利益を守るために、後藤新平の帝都復興計画を阻止した行為がある。鶴見祐輔『後藤新平』第四巻、後藤新平伯伝記編纂会、一九三八年、六五五―六九〇ページ。
(63)「旧社会局の思い出」六―七ページ。
(64) 同右、六ページ。
(65) 同右、八ページ。
(66)「第一部　主要官僚の履歴」八九ページ。北岡寿逸ほか「戦前の労働行政を語る」『労働行政史』第一巻「附録」二〇―二一ページ。
(67) 小田五郎兵衛『工場法解説』一九三二年、五〇―五一ページ。
(68) 社会局労働部『大正十四年工場監督年報（第十回）』一〇ページ。
(69)『内務省史』第三巻、四六〇ページ。

(70) 中村隆英『昭和経済史』岩波書店、一九九八年、一〇四―一〇八ページ。
(71)『厚生省五十年史（記述篇）』四九九ページ。武井群嗣『厚生省小史――私の在勤録から』厚生問題研究会、一九五二年、一六四ページ。
(72)『厚生省五十年史（記述篇）』四九九ページ。
(73)「勅令第百二十七号、工場就業時間制限令」『法令全書（第13巻―3）』原書房、一九九九年、八七ページ。
(74)『厚生省五十年史（記述篇）』四九九―五〇〇ページ。
(75)「勅令第五〇一号、工場就業時間制限令ハ之ヲ廃止ス」『昭和年間法令全書（第17巻―4）』原書房、二〇〇四年、四五五ページ。
(76)「勅令第五百号、工場法戦時特令」同右、同ページ。
(77)『厚生省小史――私の在勤録から』一九八ページ。

2章　昭和期・地方局官僚の肖像
大村清一・坂千秋・挾間茂

遠藤恵子

はじめに

本章は、大村清一、坂千秋、挾間茂という三人の内務官僚の官僚人生がどのようなものであったか、理解することを目的とする。

かれらは、大正期半ばころに内務省に入省し、各府県にて地方実務にたずさわる一方、本省の地方局、社会局、衛生局、警保局、土木局、復興局において、また、事務官、書記官、課長、局長、次官、あるいは大臣として、さまざまな仕事をおこなった。その時期は昭和期を覆うものであり、戦後改革までおよぶ。そうした、さまざまな仕事のなかで共通していることは、地方局がかかえる、地方行政、地方財政、選挙制度の政策課題にとりくみ、一九三六年（昭和一一年）から四〇年（昭和一五年）にかけて、つづけて地方局長を務めたことである。

かれらがとりくんだ仕事は、地方局でのそれを中心にみると、四つの内容に分けられる。

第一は、大正期にとりくまれた民主化志向の制度改正である。一九二五年（大正一四年）の普通選挙法成立に代表されるように、参政権拡大を要求する国民や政治家への対応が求められるなかで、坂は議会の民主化を、挾間は、帝国議会にとどまらず、地方団体の団体自治・住民自治の充実の方向性を想定し、諸外国の民主的な選挙制度、地方制度の翻訳をおこない、それらの研究を著した。

第二に、一九二九年（昭和四年）の世界恐慌後の経済対策への制度的対応である。大正期の地方自治の民主化志向は、地方財政の面では地方税・地方債による地方運営のための法整備として展開されたが、世界恐慌後は地方自治、地方財政の面で、大正期と異なる制度整備がめざされた。地方自治の面では、とくに農漁山村における産業振興の必要が意識され、地方局官僚は「産業自治」を唱え、そのために、町村の経済団体等の総合調整権や、部落会町内会の法認を主とした法改正を提案した。他方、地方財政の面では、世界恐慌後、地方団体が諸政策を遂行するうえで必要な財源を地方税・地方債によることの限界が意識され、代案として地方財政の平準化を志向した地方財政調整制度を提唱し、一九四〇年（昭和一五年）三月に地方分与税法の成立にいたった。大村、坂、挾間は、地方局の課長、局長として、若い事務官が準備した政策の立案を推し進める役割を担った。

第三は、内務省─地方制度という全国統治システムの制度防衛をはかる仕事も存在した。第二のとりくみの時期、世論において、帝国議会の議席を占める既成政党は、変わりゆく世界情勢のなかで日本の閉塞状況を変えることのできない、腐敗した存在と貶められ意識されていた。陸軍は既成政党に代わって、内閣への影響力を増すことに努め、中国では満州事変や支那事変によって日中戦争の長期化・拡大化を招き、国内では二・二六事件に代表される、軍部によるクーデターやテロの恐怖を生じさせた。このような陸軍の状況に対し、近衛文麿を中心に軍抑止を目的とした新党構想、新体制運動が展開された。しかし、当初の目的と大きく性格が異なる大政翼賛会が一九四〇年（昭和一五年）一〇月に成立した。挾間は、内務次官として、陸軍や近衛周辺の動きを、内務省―地方制度の正統性を脅かすものととらえ、大政翼賛会の地方支部として地方制度の活用を促した。しかし、日米戦争は回避できず、四一年（昭和一六年）一二月より太平洋戦争に突入した。

第四は、敗戦後の改革である。連合国軍最高司令官総司令部（SCAP／GHQ）は「民主化」のための改革を日本政府に求めた。日本政府は、新しい国家建設のため、新しい選挙法による新しい議会代表者選出を急務の課題とした。マッカーサーは、民主化のための五大解放指令の第一に婦人の解放を挙げた。GHQは民主的な国家建設のため、総選挙の実施前に戦時体制の維持にかかわった人びとの公職追放を推進し、しだいに地方自治の抜本的な改革を要求した。坂や大村は、内務省の次官ないしは大臣として、一九四五年（昭和二〇年）一二月の選挙法改正、四六年（昭和二一年）九月、四七年（昭和二二年）四月の二度にわたる地方制度改革にたずさわった。改革へのすばやい対応は、地方局における選挙制度、地方制度研究の蓄積によるものであった。

それでは、かれらが、どのような課題にとりくみ、どのように仕事をしたのか。それぞれの仕事を入省から順に追うこととで描くこととしたい。

1　大村清一――農村救済と地方財政調整制度の推進者

大村清一は、一八九二年（明治二五年）、岡山県に生まれた。岡山県、鹿児島県の農林学校、京都帝国大学法律学科を卒業後、大学院在学時の一九一八年（大正七年）三月、内務省入省。土木局の見習いに始まり、鹿児島県、東京市、京都府、復興局を経て、二九年（昭和四年）八月、地方局勤務となる。以後、三七年（昭和一二年）二月の地方局長交代まで、三好重夫、永安百治らとともに、地方財政調整制度の創設に尽力した。四〇年（昭和一五年）一月、文部次官を依願免本官。その後、日本育英会の初代理事長などを務める。

敗戦より、文部次官、内務次官、内務大臣を務め、戦後改革にとりくむ。一九四七年（昭和二二年）一月末、内相更迭。同年四月、衆議院議員当選。六三年（昭和三八年）まで衆議院議員をつづけ、六八年（昭和四三年）死去。

ここでは、地方局勤務になるまでの独自の経歴、地方財政調整交付金制度の提唱、中央税制改革と連動した地方財政調整制度の立案、戦時期の苦渋と戦後改革のかじとり、の四局面から、大村清一の行路をたどる。

（一）「型破り」の経歴

地方局において昭和一〇年代、農村自治を主眼とした地方制度改正を担った古井喜実は、大村を人柄、経歴において「内務官僚としては、型破りの方であった」と述べた。古井は追悼文をつぎのように書き始める。「村夫子のような風貌、飄々として軽妙洒脱な人柄、欲があるのかないのか度胸があるのかないのか判らない、スケールの大きい、あるいはスケールのない方であった[1]」。こうした評価は多くの人が共有していた。大村は、ヌーボー、ぼうようとした性格、そして「辺幅を飾らない」人とも評された。古井と同期の三好もつぎの回想をのこしている。「平素身倚《ママ》麗にはしていられたが辺幅を飾ることには無頓着の方だった。煙草の灰を洋服の胸にこぼして、手のひらでポンポンと叩いて平気なのも一つの癖だった。煙草の火の焼穴をかがらす職人を見つけた話、フロックを背広に仕立直す洋服屋を探した話など、その語り口と併せて、如何にも大村さんらしく、私たちの腹を抱えさせた[2]」。

農林学校の特待生から京都帝大、内務省入省という経歴も、独特のものである。

大村は三歳で両親を亡くし、母方の祖母のもとで育てられた。子どものころから非常に優秀であり、とくに算術を得意にした。そこで、母方の叔父が大村の両親の遺産を処分して学資とし、それをもって岡山県の農林学校に進学した。当時、貧しい家で優秀な子は農林学校に進んだ。当時のクラスメートは、学力優秀はもちろん、林業実習での土地測量や樹幹切解の計算製図の見事さを述べる。一九〇九年（明治四二年）三月に同校卒業、その後、鹿児島高等農林学校林学科に進み、一二年（明治四五年）七月、卒業した。

このとき、大きな転機が訪れた。かれは特待生であったが、三年生のとき酒席に出たことが厳格な校長の知るところとなり、大村は、のちに内務官僚となる川崎末五郎とともに卒業時の成績を主席から末席に下げられた。これによって就職先がなくなり、岡山県の農林学校の先生の紹介で、東京帝国大学農科大学の介補に就いた。大村は、岡山県の農林学校在学時、本多静六農学博士より高等学校進学を勧められていた。そこで、東京帝国大学で本多博士の講座助手となり、また、のちに本多博士の娘と結婚している(3)。

しかし、大村は政治への関心から一念発起する。一九一四年（大正三年）三月、東京外国語学校専修科独語学科卒業、同年九月、京都帝国大学法科大学選科入学。一七年（大正六年）七月、同大法科大学法律学科（独法）卒業、一〇月、文官高等試験合格。もっとも、大学より大学院進学を薦められ、一一月、京都帝国大学大学院に入学。しかし、翌一八年（大正七年）三月、内務省に入省、内務属・土木局道路課兼港湾課に見習いとして配属された。一九年（大正八年）五月、鹿児島県揖宿郡長に就く。

一九二一年（大正一〇年）四月より、東京市庶務課長を務める。それは前年一二月、東京市長に就いた後藤新平の抜擢による。一九年（大正八年）から二〇年（大正九年）にかけて、東京市では大きな疑獄事件が生じ、市長が引責辞職し、市政の大刷新が求められた。そこで、首相級の政治家、後藤新平の東京市長就任が実現した。後藤市長は、「人事の大掃除とそれを補なう幹部吏員の物色」をおこない、その採用基準として有能、人物の清廉性に重点をおき、永田秀次郎、池田宏、前田多門が助役に就任した。また、課長、係長クラスに新しい人材、とくに内務省の者を抜擢した。大村はそのうちの一人であり、庶務課長就任時二八歳と最も若い課長であった。後藤新平の近くで仕事をしていた田辺定義や、東京市に長く勤めた前田賢次は、鹿児島県揖宿郡長として令名をはせた、「官界の洋々の前途をもつ」大村に、自治体の課長職就任を呼びかけることは通常はありえないことであったが、おそらく「後藤市長と助役たちの強引な誘い」により勇断したのではと推測する。(4)

大村は庶務課長、また兼務する文書課長・調査課長として、後藤市長が唱道した東京市改造八億円計画とそれにともなう大小の計画策定にたずさわった。東京市改造八億円計画とは、一九二一年(大正一〇年)五月発表の「東京市政要綱」をさす。その内容は、「重要街路の新設・拡充・舗装、その地下の埋設物や地上の建築物類の整理、上下水道の整備、屎尿・塵芥処理施設の整備、港湾の改修、河川の修理、公園や広場の新設と改良、電気・ガス事業の改良、それに市庁舎や公会堂の新設など」を含んだ都市改造計画であり、推定費用八億円は、当時の政府予算一五億円の半分強という巨額の構想であった。(5)

一九二三年(大正一二年)四月、大村は欧米各国大都市に出張した。後藤市政の事務系統では第一号の長期欧米出張であった。このときの出張先、調査内容は確認できていない。しかし、のちの三〇年(昭和五年)初め、大村は、大都会を経済上は単一、政治上は地方団体の複合体とみなし、ロンドンの都市行政制度を紹介する論文を執筆している。(6)

なお、大村が欧米出張に発った一九二三年(大正一二年)四月、後藤新平は東京市長を離れ、九月の関東大震災後は内務大臣兼帝都復興院総裁に就いていた。また、池田宏も前田多門も東京市助役を離れていた。翌二四年(大正一三年）一月、欧米出張より帰国。大村は庶務課長に就いたが、二五年（大正一四年）一月、地方事務官として京都府へ異動。時をおき、二七年（昭和二年）一月、復興局事務官として長官官房文書課に、二八年（昭和三年）一月、内務事務官兼復興局事務官として大臣官房都市計画課に務めた。

内務省入省時より約一〇年の経歴をみると、土木局道路課兼港湾課の見習い、東京市改造八億円計画への関与、復興局事務官と、後藤新平、池田宏らの道路行政、都市計画行政とのかかわりが推測される。大村は、農林学校卒業の経歴から、大正期に新展開をみせた道路行政、都市計画行政の担い手として期待されていたように思われる。

（2）　地方財政調整交付金制度構想の「宣伝」

三好重夫はつねづね、地方財政調整制度創設における大村の功績を強調した。「昭和十五年の地方財税制の大改革の出発点は、夫々の役割を分ちつつ、三人協力の中に置かれた。その中心は大村さんであった。その中間の山場は、広田内閣の馬場・潮案の立案であり、その立役者も大村さんであり、私はその下働きをさせてもらった。内務行政のその分野に残された大村さんの足跡は、消えることのない偉大なものであった」[7]。また、三好は「地方財政調整の制度は三好が云い出して永安が案を作り、俺が宣伝して物にした」という大村の口ぐせをたびたび紹介した[8]。地方財政調整制度とは、地方団体のあいだにある「水平的な財政力格差を、完全もしくは部分的に、平準化する機能を含む制度」であり、その特徴は、「国庫補助金の配分が比例的であるのに対して、平衡的ないし差別的に配分される点」に求められる[9]。大村はどのように制度創設にかかわったのか。本項では地方財政調整交付金制度の提唱にいたる経緯までを見、次項では馬場・潮案作成の経緯を概観する。

一九二九年（昭和四年）八月、大村は地方局に異動した。地方局は七月二九日、地方団体の当初予算を一五％削減する、地方財政整理緊縮にかんする訓令を発した。大村は、それを実現するための、いわゆる地方財務官を、三好重夫、永安百治らとともに府県を分担して務めた。三好は当時の状況をつぎのように話す。

「……当時の事情を話せば、財政緊縮という問題があります。これは、政友会内閣で、俗称地方財務官制度というもので予算をとっておった。ところが、政変があって憲政会内閣になって、地方財政を良くするという意味よりも、金解禁のために中央、地方の財政の緊縮をやらなければならぬというので訓令、通牒が出ました。私なんかちょうど七月だったか赴任したら、さっそくその仕事をやらされたんですよ。それで安藤狂四郎さん、大村清一さん、永安百治さんと私の四人で各地方を分担して、それの実行ぶりの督励に回ったことがある。その結果、地方は非常に大きな赤字をかかえていることが判明して、その赤字をどうするかということがつぎの問題になった。／そんなことで、初め出発した整理緊縮の仕事は私のおる間ずっと続けたのです。たとえば、学校は二部制にしろというような経費切り詰めのための具体案を実際面から要求するという仕事をやったのですが、その一面に赤字退治をどうするかということでもいろいろな措置を考えたわけです。（中略）それで、このようなことをやっているうちに、私自身の経験からいって、大正十五年の地方税制改正では地方というのはやっていけないのだということを強調し始めて、それではどうしたらいいのかということで考えたのが、地方財政調整交付金制度です。これは初めはなかなか熟さないもので、私、昭和六年だったと思いますけれども、そういう意見を公にし、永安さんも同調されまして、両方で同じような、似たようなことを並行して書いて……（後略）」[10]。

三好の回想からは、一九二九年（昭和四年）八月より、安藤、大村、永安、三好の四人で府県財政の経費を切り詰める具体案をつくり府県に督促する仕事をしたこと、しかし経費切り詰めで赤字解消はできないと認識したこと、また収入面を考えたとき、大正一五年改正地方税制の根底にある地方税源充実の方針の限界を認識したこと、それゆえ三好、永安が地方財政調整交付金制度の創設を『自治研究』で発表したことが確認できる。

地方財政は大正期から昭和期にかけて歳出規模が膨張し、地方税中心の歳入構造変更を余儀なくされた。国の歳出規模を一〇〇としたときの地方団体の歳出規模は、一九一四年(大正三年)五〇・五、三一年(昭和六年)一一一・五である。地方歳出規模は大正期に急激に増大し、昭和期、国の歳出規模を上回った。他方、地方歳入は地方税割合が下がる一方、地方債割合が上がった。地方歳入合計額に占める地方税割合は一四年(大正三年)五〇・八%、三一年(昭和六年)二九・一%。地方債割合は八・〇%、二一・〇%。[11]

一九二九年(昭和四年)七月に成立した浜口雄幸内閣は、前の田中義一内閣のときの「政府の総歳出節約」という衆議院決議をうけて、また世界的におこなわれた金解禁の準備にとりかかるため、「新規事業の中止、公債によって支弁する事業の繰延べ、規程経費の節約を」閣議決定した。[12]地方財政整理緊縮はこのような経緯で進められた。

この地方財政整理緊縮を担った三好重夫と永安百治が、地方財政調整交付金制度を提唱した。三好も大村と同じく、一九二九年(昭和四年)八月、地方局に異動した。三好は、川崎卓吉を頼り、警視庁に勤めながら夜学に通い、後に一高、東京帝国大学法学部を経て二五年(大正一四年)四月内務省に入省した。入省時は警察行政畑にいたが、二八年(昭和三年)六月、岩手県庶務課長に就き、そこで予算編成のため、地方財政制度研究と実務の猛勉強をおこない、収支の帳尻を合わすため、歳出の大幅削減と歳入増・財源調達が必要だが、税創設、地方債起債の限界を感じた。加えて、各府県の予算書を見たところ、税負担の軽い府県は歳出予算が豊かであり、歳出予算の厳しい府県は税負担が重い事実を確認した。三好は、中央の根本的改革の意見書を書き、本省への異動を願いでた。[13]その後、三〇年(昭和五年)の発表論文で、三好は、府県財政には削減できない事業・経費が一定程度存在し、そして実質的に歳入不足のまま実行せざるをえない状況を、府県財政の「歳入欠陥」問題と名付け論じた。また、三一年(昭和六年）の論文で、三好は、構造的に生じる「歳入欠陥」を各府県の税源強化、公債発行では補えず、国家と地方団体との財源再分配を交付金制度によっておこなう必要があると主張した。(14)

永安百治も一九二九年（昭和四年）、地方局に異動した。永安は小学校卒業後、一七年（大正六年）より兵庫県属を務めながら、二〇年（大正九年）、文官高等試験に合格し、内務省に入省した。「地方局勤務をふりだしに、茨城、静岡、京都の各府県事務官を経て」の異動であった。(15)永安も地方財政整理緊縮の仕事をおこない、「経済の跛行的発達」、「都会の繁栄に反じて村落の衰退」によって生じる貧弱な財政の地方団体救済のため、国家の補助金のような地方財政調整交付金制度の必要を唱えた。(16)

大村は、一九三二年（昭和七年）三月に地方債課長、六月に財務課長に就き、財務課長を三五年（昭和一〇年）一月まで務めた。そこで、大村は、「主義としてものを書かない」人であったが、『自治研究』『斯民』、財政・税の専門雑誌において、地方財政状況や改正の説明を著し、また、三好の『地方財政改革論』や永安の『地方財政調整論』の刊行に際して「ちょうちん持ちの記事」を新聞に書いた。(17)

一九三二年（昭和七年）八月、内務省地方局は「地方財政調整交付金制度要綱案」を発表した。それは、「地方税総額ノ約一割」と「義務教育費国庫負担金中特別市町村ニ対スル交付金」の合計額（昭和七年度見込み、約六六〇〇万円）を資力薄弱の道府県、市町村に配分し、税の負担軽減に充てることを目的とした構想であった。(18)この要綱案は主に永安によって作成された。三好は同年一月、京都府に異動しており、上京の度、永安から要綱案起草の相談をうけた。しかし、「制度自体に対する考え方の根幹に根ざす」面で「何うしても意見の合致しない点」があったと三好は述べる。三好は「地方財政の確立に主眼を置いたのに対し」、永安は「地方負担の軽減を重視した」。(19)要綱案が発表されて以来、各政党は地方財政調整制度の法案を「競って」議会に提出した。一九三三年（昭和八年）三月、第六四回帝国議会にて「地方財政調整交付金制度の設定」にかんする請願の衆議院での採択、建議の可決がなされた。三四年（昭和九年）一月、第六五回帝国議会においては民政党、政友会、国民同盟それぞれが法案を提出し、それらは「地方財政補整交付金法案」にまとめられ、衆議院を可決した。三五年（昭和一〇年）二月の第六七回帝国議会でも、政友会・国民同盟共同案、民政党案が提出され、前者の案が衆議院を可決した。しかし、いずれも貴族院で審議未了となった[20]。三好は、こうした立案は、「大村財務課長の撓まぬ暗躍があった」、「氏独特の政治力に物を言わせて、各政党の幹部を動かされた」と述べる[21]。すなわち、「俺が宣伝して物にした」という大村の言には、政党への制度立案の交渉、はたらきかけの意が含まれていたように思われる。確かに、それは、永安、三好の地方財政調整交付金制度構想の「宣伝」であった。

（3）中央税制改革と連動した地方財政調整制度の立案

一九三五年（昭和一〇年）一月、大村は長野県知事となった。同年同月、地方官官制が改正され、各府県の内務部は総務部に改められ、経済部が新設された。農村の窮迫状況は当時喫緊の重要な課題であり、内務省は農林省とともに、時局匡救事業、農山漁村経済更生運動を展開していた。内務官僚は、「自治の経済化」のみならず、「産業自治」を唱えていた[22]。農村救済事業の急増を背景に、経済部は新設された。大村は、その新設の経済部部長として、三好を長野県に呼び寄せた。大村は、三好とともに「先ず農村を救え」といい、自転車をこいで山間地を視察し[23]、三好の唱える産業自治の実践にとりくんだ。

そのようなとき、一九三六年（昭和一一年）、東京で二・二六事件が起きる。岡田啓介内閣は瓦解し、三月九日、広田弘毅内閣が組閣された。内務大臣には潮恵之輔が就任した。そして、同一三日、大村は地方局長に就いた。大村は、古井と三好を地方局に呼び寄せた。大村は、古井を行政課長に、三好を財政課長にする考えであったが、反対があり、事務官として呼び寄せた(24)。

古井、三好は大村地方局長のもと、自由にさせてもらったとして同じ思い出を述べる。当時、大蔵省が税務監督局長の地位強化案を準備した。それは、税務監督局長の地位を知事クラスに引きあげ、知事への指揮監督権も含むものであった。三好は、内務省は容認できないと主張すべきと考え、古井とともに進退を賭し、大村局長に反対を唱えるよう直訴した。また、古井も三好とともに局長室に大村を呼び戻し「つるしあげ」、次官に叱られたと回想する。結局、この案は表面化せず終わった(25)。大村の鷹揚な人柄を示す話である。

大村が地方局長を務めるあいだ、「臨時町村財政補給金規則」の施行、馬場・潮案の作成がなされた。一九三六年（昭和一一年）一〇月に施行された「臨時町村財政補給金規則」は、前年、岡田内閣が内閣審議会答申を受けて、「臨時応急的な制度として」立案し、所要予算二〇〇〇万円を計上していたのを、広田内閣が第六九回帝国議会に追加予算として提出し、成立したものである(26)。同制度は三六年度（昭和一一年度）かぎりとされ、町村税の負担軽減を目的として、総額二〇〇〇万円の交付団体、配分方法が定められた(27)。

他方、大村らは、大蔵省とともに、中央と地方の税制分離のための抜本的制度改正の立案準備にとりくんだ。地方局は、大蔵省より内々の打診を受けて、地方税制改革と地方財政調整制度創設の法案要綱を作成した。三好が起案を準備した。これは、大蔵省の国税改革案とともに、馬場大蔵大臣、潮内務大臣の名前をとり、馬場・潮案と呼ばれている。

大蔵省の起案を担った松隈秀雄によれば、大蔵省は、大正一五年税制を改正する必要を昭和恐慌後意識しており、一九三一年（昭和六年）、石渡荘太郎の声かけのもとに税制の問題点、改善点をまとめ調べる研究会を積み重ねた。

それをもとに、三二年(昭和七年)、三三年(昭和八年)、三四年(昭和九年)と高橋是清蔵相に増税案、税制改正案を提案したが、増税策を嫌う政友会、高橋から相手にされなかった。それが、三六年(昭和一一年)、広田内閣の馬場蔵相のもと、主税局長に山田龍雄、国税課長に松隈が就き、松隈は立案を命ぜられた[28]。馬場蔵相は、「税制改革の要ありということで、議会が終わってからすぐに、四月に税制改正準備委員会というものを作り」、「大蔵省、内務省、それからその他の関係省庁から委員、幹事を出して税制改正案の準備にかかった[29]」。松隈は、馬場・潮案は、「所得税を総合課税中心の税制とすると同時に」、「国の有力な中核財源」とするため、それまで地方団体が採用していた戸数割[30]、市町村の所得税付加税[31]をやめてもらい、「地方財政はまた別の面で補充する」という内容であったと話す[32]。もっとも、高橋是清蔵相のもとで主計局長を務めた賀屋興宣《かやおきのり》は、馬場蔵相とその政策を軍部迎合派と評した[33]。

広田内閣成立より半年後の一九三六年(昭和一一年)九月、「税制整理案大綱」(大蔵省)、「地方財政及税制改革要綱」(内務省)が閣議了解を経て発表された。「地方財政及税制改革要綱」の重要綱目として、「第一　地方税制の改革」「第二　地方財政調整制度の確立」の二つが挙がった。「地方財政調整制度の確立」の内容は、「地方税制の改革と併せて恒久的なる地方財政調整制度を創設し、地方団体の財政の確立を期せんとす」として、①道府県の交付財源、②市町村の交付財源が挙げられ、また③市町村立尋常小学校教員俸給費の道府県負担が唱えられた。金額はどの程度か。大村の講演録の参考資料に、「地方税制改革ニ伴フ平年度ノ地方税及交付金見込額試算」が添付された。それによれば、道府県、市町村合計の「改正前基準地方税総額　約六億六千万円」の改正後の内訳は、「地方税総額　約三億七千万円」「徴収地還付的ノ交付金　約八千万円」「財政調整的ノ交付金　約二億千万円」であった[34]。地方財政調整制度に、二億円を超える額が予定されていたことが確認できる。三好は、このときのことを、内輪話として、つぎのように紹介している。

「大村さんが局長で田中さんが庶務課長で私が事務官をしておったのですが、たしか二億を上廻る数字だったと思いますが、『地租も営業税もみんなやるから、これを基本に案を立てられないか』という大ざっぱな意見が大蔵省から廻ってきたのです。ところが局長は、いままで検討されて永安君が立案したような制度を頭においてみると、一億以上をこなす自信がない、事務的処理が難しい（これは交付金制度の一つの難点でした）という意見を持っておられまして、こんな厖大な数字では困るのではないかという反対気味の主張を局長自身がされたのでした。そこで、庶務課長も私も『できないはずはない、否、多々ますます便ずると考えられるからやります。この機会を逸しては、またこの案を利用しなければ、地方税制の根本改革は不可能です』というので、結局、大蔵省案を呑むことになり、それを中心にわれわれの構想を盛り込んで改革案を拵えたわけです[35]」。

大蔵省案が壮大であったこと、大村は永安路線にもとづいて弱気であったこと、三好が大村を説得し大蔵省案のもとに地方財政調整制度案を準備した内幕が示されている。

しかし、馬場・潮案は、「国会に提出されたその途端に内閣が瓦解してしまった[36]」。一九三七年（昭和一二年）二月二日、広田内閣に代わり、林銑十郎内閣が成立する。内務大臣は潮から河原田稼吉に、同一〇日、内務次官とともに、地方局長も坂千秋に代わった。

(4) 戦時期の苦渋と戦後改革のかじとり

一九三七年（昭和一二年）二月、大村は警保局長に異動した。その後の経歴は以下のとおり。同年六月、社会局長官、三八年（昭和一三年）一月、長野県知事、同年一二月、神奈川県知事、三九年（昭和一四年）九月、文部次官、四〇年（昭和一五年）一月、依願免本官。厚生省創立にともない、大村は社会局長官から二度目の長野県知事に異動したが、その異動は大村たっての希望であり、異例であった。また、文部次官就任は、三九年（昭和一四年）八月、阿部信行内閣成立により文部大臣に就いた河原田稼吉の懇望によるものであった。しかし、阿部内閣は翌年一月、総辞職し、大村もあわせて辞表を提出した。

その後、大村は、北支那開発株式会社調査局長、東京市助役、日本育英会初代理事長に就いた。大村は、北支那開発株式会社の嘱託の調査局長として中国東北部の資源調査にたずさわった。総裁の賀屋興宣は当時、大村を副総裁と考え、ひとまずは理事に就任し、資源調査担当となることを懇請した。賀屋は中国東北部の飢饉救済のため、当面の食糧を確保すると同時に、石炭産業、綿花栽培の可能性を追究する調査を企てた。とくに石油代替資源として石炭に期待をよせ、資源調査は「日本自給経済確立」をねらいとしていた。賀屋は「大局の見える人、多数の専門技術者を総括出来る人、国難に堪える人」を資源調査担任者に求め、大村に依頼した。大村は、資源調査はおこなうが、理事就任は断ると伝え、嘱託の調査局長を引きうけた。一九四一年（昭和一六年）一〇月、賀屋が東条内閣の蔵相就任のため総裁をやめる際、大村もやめた。[37]時をおき、一九四二年（昭和一七年）八月から四三年（昭和一八年）六月にかけて、東京市助役を務めた。大村は、陸軍大将の岸本綾夫市長の下、河合良成助役とともに、軍事協力、防衛、市民の戦時生活対策を主とした市政にあたった。とくに「市民生活の確保に重点」をおき、河合の新事業提案をうけ、「大村助役は、総務関係を中心として、各般事務の取りまとめ、市会や官庁との接渉・連絡などに」あたり、河合の企画を「行政ルートに従って円滑に実現」するよう努めた。[38]一九四三年（昭和一八年）一〇月からは、日本育英会の初代理事長を務めた。「巾の広い人間味豊かな人」として、大村が理事長候補に挙がった。大村は病気で入院していたため、初め断ったが、就任後は法規定整備をおこない、奨学生の採用方法に意を尽くした。[39]

このように大村の仕事をたどると、三点ほどの特徴が見出せる。第一。貧者救済、貧困状況の脱出対策にかかわりが深い。内務官僚として、財源の乏しい地方団体のため、地方財政調整制度の創設に尽力し、また農村救済のため、産業自治の実践に努めた。退官後も、苦学生のための奨学金制度整備にたずさわった。第二。統計的素養、実地調査による制度整備の面が強い。かれが書いた地方財政の論文は、丹念に、各種税の歳入額や各費目の歳出額の増減を述べ、その理由を考察する傾向が存在した。第三。関係部署への交渉調整力に定評がある点である。

なお、終戦数カ月前、大村の周囲にいた人びとは、大村が、国家の難局に立ち向かう仕事をしたいという思いをかかえていたのではないかと推察する。その例を二つ。

当時、日本育英会で大村の下ではたらいていた者は、一九四五年（昭和二〇年）、終戦に近いころの大村の言葉を紹介し、そのときの思いを推し量っている。

「昭和二十年の終戦に近い或る日のこと、私は先生のお伴をして、新橋駅のプラットホームに立っていた。度重なる爆撃で東京の街はなんとなくあわただしかった。この街の様子を高いプラットホームから眺めながら、先生はつぶやくように云われた、『大村清一もこれで終りか』と。その言葉が何を意味していたかはよくわからないが、察するに先生は、この国家存亡の重大時期に、育英会の理事長などをしていることが、もどかしくてたまらないと云うお気持ちではなかったかと思う[40]」。

また、一九三四年（昭和九年）四月に上京後、内務省で雇としてはたらく機会を大村に与えられた者も、四五年（昭和二〇年）三月末に召集令状をもらい、大村の自宅に挨拶に行った帰り、大村が、見送ってくれた駅前でにこやかな顔で、「では体に気をつけて行って来い。わしも今はこうしているが、このまゝでは終わらないつもりだからな」と言ったことを回想している。[41]

大村は、神奈川県知事時代において、「満州の皇軍慰問」から帰った県議会議長による軍の苦労話を「じっと頭を下げて涙を流して聞き入って居られた」[42]。また、日支事変から日米戦争にいたる時代、買い溜めが世間でおこなわれていることに対して、家庭では、「こんな時にこそ上に立つものが自しゅくしなければ、社会情勢はどうなるか。日本の国はどうなるか。絶対買溜めはまかりならぬ」と伝えていた。[43]

「国家存亡の重大危機」のかじとりにかかわれないことをもどかしく思い、また日中戦争がすすむなか、軍の苦労話に涙し、「上に立つもの」として家族に買い溜めの自粛をうながしていたさまからは、国家の運営にたずさわる立場としての気概が感じられる。

終戦後の一九四五年（昭和二〇年）八月、大村は前田多門に請われ、文部次官にふたたび就いた。このころ、大村は、官僚や教員養成をおこなう大学教育の根本的改革を口にしたり[44]、また、大村の承諾なく次官室で思想統制資料をさがしていたGHQ将校に対し、日本はつまらない思想統制をして戦争に負けたのに、「そんな下らぬ資料を捜し出しても何の参考にもなりませんよ」と諭したという。[45]大村の、終戦後の改革への意気込みが感じられる。

翌一九四六年（昭和二一年）一月、内務次官に就いた。一月四日、GHQは第一次公職追放をおこない、大政翼賛会地方支部長を兼任した時期の知事就任者たちを追放対象とした。このとき、堀切内相、坂次官はじめ幹部級の内務官僚の多くが公職追放の対象に該当した。新聞は幣原内閣総辞職の可能性も報じ、堀切、坂らは辞表を提出した。大村は坂に代わり、内務次官に就任した。さらに、同年五月には、四月の総選挙結果を受け、一ヵ月の混乱を経て、幣原内閣は総辞職し、吉田茂内閣が成立した。内務大臣には官僚出身者という方針が採られ、数人との交渉が報じられたが、最終的に大村が内務大臣に就いた。[46]

大村は、次官、大臣として、知事への民間人登用、第一次地方制度改正の実現、地方自治法制定のための地方制度調査会の設置・審議、警察制度改革のはたらきかけをおこなった。大村の下で地方局長を務めた郡祐一は、大村が地方制度の根本的改革にとりくんだこと、警察の伝統を保ちながら改革するためにGHQへ接触していたこと、参議院の立案を早く進めたことを記憶している[47]。

知事公選制の導入、民間人の知事登用は、敗戦直後より先の内相らが提案していたが、内閣総辞職や内務官僚の反対にあい、さほど実現しなかった。これに対し、大村は、三土内相を説得し、公職追放に備え民間人の知事登用につとめた[48]。なお、岸田幸雄は、京都大学時代の友人である大村と川崎末五郎内務政務次官の勧誘によって、このとき「兵庫県知事に引き出され」、以後、知事生活九年、参議院議員生活九年を過ごしたと話す[49]。

大村は、警察制度改革、地方制度改革を主導的に進めることを内務官僚に勧めた。改革を早く進めようとした経緯を、大村はつぎのように述べている。

「私が内務次官になってからのことですが、アメリカが来て、内務省に対して風当りが強かった。その風当りの強いのは、警察国家という点であって、これを民主化してしまわなければならん、警察制度をうんと変えよ。又地方行政の上についても、従来の封建制を打破せよというようなわけで、なかなかシビヤだった。(中略)然らば地方制度をどう改正するかという内容にいたっては、日本の事情に暗いものですから、余り具体的なことは言わなかった。(中略)そこでびっくりせんように、地方制度で思い切り民主化をやってみよう、それを先ず一歩先にやろうという郡君の強い主義であり、私もそう思った[50]」。

大村が内務次官に就いた後の一九四六年(昭和二一年)二月、GHQは日本政府が提出した憲法改正案を拒否し、独自の草案を示した。さきの一月四日には第一次公職追放がおこなわれ、役職・知事クラスの内務官僚の多くが該当した。地方局の小林與三次は、総選挙に備え、追放対象者の線引きの攻防をGHQとつづけていた[51]。大村は、憲法改正案の拒否にGHQが要求する改革の深さを思い、日本側主導の改革を促したように思われる。

大村は、府県警察に制度改革することでそれ以上の解体を抑えるよう警保局長に薦めた。しかし、警保局が足ぶみしているうちに、GHQ案による改革がなされたと話す[52]。

他方、地方制度改正は吉田首相を説きふせ進めたと回想する。「そういう点を閣議で時時持出してみても、色々のことに追われて、憲法改正を先にするか、地方制度改正を先にするかは、一向本気の話にならん。そこで私は、吉田さんに直接談判して、『色々と事件が多いのですが、地方制度の民主化的改正を思いきりやる。それについては内務大臣が全責任を負うてやる。従って改正案に対する国会における質疑応答も総理大臣をお煩わしはしない。全部こっちで引受けてやるから是非やらしてもらいたい』『それならやってみたらいいだろう』というので、大体の承認を得、郡君もそのことではずいぶん奮斗された[53]」。

第一次地方制度改革の府県制、市制町村制の改正は、一九四六年（昭和二一年）九月に成立した。主な改正は、公民権拡充、住民の直接請求制度、首長公選、議会の権限強化、首長の議会解散権、選挙管理委員会・監査委員制度の創設、北海道の特別法制廃止であった。なお、鈴木俊一は、リコール制の採用は「大村さんの英断で日の眼を見た」と述べる[54]。

大村は、GHQとの折衝の経緯をつぎのように述べる。GHQは、第一次改正時、具体的な苦情をいわないけれども、いろいろと指示を出した。それに対して、大村は、改革は逐次的にやらなければならない、「第一段階はこの程度にして、第二段階は君らの理想どおりにやるからということで進めて行った[55]」。第一次改正直後の一九四六年（昭和二一年）一〇月、地方制度調査会が設けられた。一二月、調査会は答申を出した。

しかし、GHQ、世論の地方制度の民主的改革要求はしだいに強まり、内務省の地方制度改革の不徹底さは非難されていく。さらに、一九四六年（昭和二一年）末より翌四七年（昭和二二年）にかけて、吉田内閣は総辞職か内閣改造かで揺れ、他方、新年冒頭の吉田首相の「不逞の輩」発言を受けて、官公庁労働組合を中心とした二・一ゼネスト実行の可能性が高まった。一九四七年（昭和二二年）一月三〇日、内閣改造により大村は内務大臣を植村悦二郎に交代した。地方自治法は四月一七日に公布され、五月三日、日本国憲法施行と同じ日に施行された。大村は大臣交代後、自由党に入党し、四月の総選挙で衆議院議員に当選し、国会議員としての活動をはじめていた。

2　坂千秋——多様な意思を反映する選挙制度の探求者

坂千秋は、一八九五年（明治二八年）、山口県において生まれた。一高を経て、一九一九年（大正八年）七月、東京帝国大学法学部法律学科（独法）卒業とともに内務省に入省した。かれは、主に、選挙法、選挙制度の専門家として期待され、調査研究を重ね、二五年（大正一四年）の、いわゆる普通選挙法の条文作成に従事し、『比例代表の技術とその概念』、『日本行政法講義』といった研究書を著した。また、岐阜県知事、地方局長、兵庫県知事、北海道長官を歴任し、敗戦後は、幣原喜重郎内閣における堀切善次郎内務大臣のもとで内務次官を務め、婦人参政権、選挙権の年齢引き下げ、制限連記制の実現といった選挙法改正をおこなった。これらにより、貴族院議員に勅撰されたが、まもなく公職追放となり、内務次官を退いた。その後は、選挙法、行政訴訟を主とした弁護士の活動をおこないながら、選挙制度調査会委員、地方制度調査会委員、憲法調査会委員を務めていたが、五九年（昭和三四年）に没した。

ここでは、主に、普通選挙法案作成のとりくみ、選挙制度研究、地方行財政制度改正のとりくみ、戦後の選挙法改正の四つの局面をみる。

（一）普通選挙法のとりくみ

一九一九年（大正八年）七月、坂千秋は、東京帝国大学法学部法律学科（独法）を卒業し、内務省に入省した。文官高等試験は、さかのぼること一年前の一八年（大正七年）一〇月に合格していた。

はじめは、内務属として地方局事務官室に席を置いた。府県課の仕事も兼ねた。このとき、内務省入省者は四〇人であり、ほとんどは地方庁に配属されたが、本省に六人が配された。地方局に三人、土木局に三人配され、地方局は坂千秋、挾間茂、児玉九一であった(56)。挾間によれば、坂と挾間は見習いとして、地方局の「事務官室で机を並べ」た。事務官室には、先輩として三辺長治、田中広太郎がいて、坂は「もっぱら翻訳をして」いた(57)。

見習いを約一年務めたのち、佐賀県理事官学務課長、石川県理事官学務課長を経て、一九二二年（大正一一年）六月より、内務事務官として地方局にふたたび勤務した。一年後には、同期の挾間茂も内務事務官として地方局に戻り、そこで、坂千秋は選挙制度の、挾間茂は地方制度の、それぞれ専門家として担当を任された。

田中広太郎は、語学が上手で、「外国の書物は非常にはやく調べるし、とても出来(58)」た坂千秋を、潮に選挙制度研究の担当者に推薦したことを、つぎのように述べている。

「……私は地方局でもって、すべてのものを学究的にすすめていったほうがいいという考え方でおりましたものですから、自分の下に非常に学者的タイプをもった人を入れたいと、こう思いまして（中略）坂千秋という死んだ内務次官がおりましたが、あれも語学が非常に上手でした。あの時分、各国の戦時の地方行政の実情を書いたパンフレットといいますか、二、三百頁ぐらいの本を地方局から出していたのですよ。（中略）ずっと毎月だしておりました。地方局の私の下でね、そのときにみんな翻訳をしてくれました。（中略）内務省へ入る人の中で、そういうことの調査研究の優れている人を選んでましてね、そして、行政のほうの中で、誰が選挙法に関して一番いいだろうかということ、潮恵之輔にいわれたときにね、私はあれは外国の制度を全部翻訳できる人でないといけないのだと、その点においては坂千秋が一番適任だと。語学がしっかりしているからね。選挙法の改正はね、選挙法の関係は全部坂千秋に専門にしてもらう……」[59]。

一九二三年（大正一二年）、潮恵之輔地方局長のもとで普通選挙実施の気運となり、衆議院議員選挙法の根本改正のために、坂が、「その立案の主任事務官」となった[60]。

普通選挙法の立法過程はつぎのとおりである。一九二三年（大正一二年）六月、加藤友三郎内閣は、衆議院制度調査会の答申を受けて選挙法改正を臨時法制審議会に諮問することを閣議決定した。つづく山本権兵衛内閣のもと、法制審議会は一二月、最終答申を出した。政府法案は、二四年（大正一三年）六月に成立した加藤高明内閣、若槻礼次郎内務大臣のもとで準備された。一二月、政府案は閣議決定され、枢密院に諮詢された。枢密院の審査は翌二五年（大正一四年）二月二〇日までおこなわれた。その後、衆議院、貴族院の審議、修正を経て、三月二九日、両院で可決された[61]。

坂は普通選挙法とのかかわりをつぎのように記す。石川県より内務省に転任後、「選挙法制の調査」の命をうけた。当時は普選要求が「熾烈を極め」、政府部内でも選挙法制全般にわたる基本的研究の必要が主張されていた。坂は、衆議院議員選挙法調査会の調査、一九二三年（大正一二年）初夏、臨時法制審議会に付議された衆議院議員選挙法改正要綱の総てになにかしらかかわり、二四年（大正一三年）から二五年（大正一四年）にかけての衆議院議員選挙法改正とその付属命令の立案制定のため、「可成り忙がしい思をした」[62]。

挾間は、普通選挙法成立にいたる坂の仕事ぶりを、つぎのように話す。

「この選挙制度改正は、たしか当時の法制の権威をすぐった法制審議会にかけられたのでありましたが坂君はその幹事となって非常な勉強をされたのであります。数年の年月を費して遂に今日の普通選挙法は幾多の紆余曲折を経て成立いたしましたが、その間における坂君の勉強ぶりというものは御存知のように非常に体の丈夫な人でありますから日に夜を継いでの御勉強でありました。その参考資料として各国の選挙制度の翻訳をし、それを印刷されたものがありましたが、それはたしか二十五、六冊にも上ったと思います。おそらく日本でこれほどの広範な研究を文献として残された人はないかと思います。ドイツ、イギリス、またアメリカ諸州を始め、大国はもちろん中小の国々の選挙制度を翻訳されたのでありました。坂事務官といえば選挙法、選挙法といえば坂君に聞けというように、これは官界といわず政界といわず、坂君坂君という名はとどろいたものであります」[63]。

坂は、昼夜問わず選挙制度、研究の翻訳をおこない、審議会の資料作成、政府法案作成につとめた。世界各国の選挙制度の翻訳だけで二五、六冊もあるのは大変な仕事である。なお、それら坂や挾間が事務官時代につくった資料は、地方局内でずいぶんあり、後年の担当者の参考になったことを、古井喜実は述べている[64]。

坂は主任事務官として、潮地方局長とともに、普通選挙権の実現にそって、衆議院議員選挙法を大幅に改正する案を作成した。立案の仕事は、たいへん膨大で煩雑な条文執筆をともなう。立法案を、問題のない文章に作成することが重要であり、そのため、立案に際しては、さまざまな可能性を検討することが求められた。

潮は、その緻密な準備ぶりと指導ぶりで有名であった。古井は、潮次官が法制審議会の委員として一九三四年（昭和九年）の選挙法改正にかかわったとき、潮より、宿題をつぎつぎに課され、鍛えられたことを、潮の思い出として披露する。「たいがい月曜日になると、ちょっと次官室にこいというので、行くと、紙に一、二、三、四とたくさん問題が書き上げてある。これについて調べてこい、こういうことでご命令が下るのです」。そして、木曜日に催促され、「土曜日に間に合うように作り上げて行く」と、月曜日に、「『あのなかに、こういうことが書いておったが、あれはどういうわけだ』とか、『どういう根拠があるのか』とか、差し出したものから、子どもがたくさん生まれてくるのであります」。しかし、審議会では、「五十調べたもののうち一つくらいしか言わ」なかった。古井はつづけて話す。「一つ言うのに五十の調べをしておかれるくらい丹念で、綿密であったのであります。ずいぶん細かしい、めんどうな人だと思ったが、こんなものかなという思いをしたのです。句読点一つちがっておってもやかましい。法律の条文の改正文のかぎの付け場所がいいの、わるいのとずいぶんやかましく言われた。そんなふうですから、潮さんがやったのだということになると、ほかに行くと信用がついていて、それはまちがいないにきまっているということでした。いいか、どうかは別として、まちがいがないということは、潮さんの手がけられたものに信用がついておったように思うのであります(65)」。

坂もまた、緻密な仕事をおこなうタイプであった。挾間は、坂が「非常に細心」であり、『自治研究』の原稿をくりかえし推敲していたことを回顧する。同様に、戦後、坂の弁護士活動に近くで接していた長谷川勉は、坂が、局長時代の地方制度改正準備の際の緻密な仕事ぶりを回想している。「坂さんは実にものを丹念に真面目になさる裁判で必要な文書について、「一遍書いたやつをもう何回でも読み直」していたと述べる。郡祐一も、坂の、地方局長時代の地方制度改正準備の際の緻密な仕事ぶりを回想している。「坂さんは実にものを丹念に真面目になさると思ったのは、地方制度の時に一つ一つの問題となるべき点を事務官に命じて拵らえさせて、自分の考えを一つ一つ入れて、こういう表現をして、こういうように上のものに判るように拵えろといわれて、はじめの問題点を拾うところから、がり版の刷り方まで丹念にやられた。だからものになることでもならぬことでも、いくらか今よりも世の中が暇だったせいもありますが、局長があのくらい細かく指図をされたのには感服しましたからね。それだけにわからぬのには腹を立てられましたね[66]」。

普通選挙法案は、重要法案のため、枢密院の審議対象であったが、「なかなか枢府を通らず、二、三ヶ月もかかった」。「然し、普選案は枢府では金子委員長から最後にはほめられた[67]」。枢密院の厳しい審議を経て、同法は成立した。なお、長期の、膨大な仕事ゆえであろう、普通選挙法の主任属官は立法後病気になり「療養したが遂にたてなかった」。普通選挙法成立後、坂は条文の解説書を著した。その書は選挙法のバイブルであった[68]。

坂は、この選挙法の功績によって叙勲され、一年間の洋行の機会を得た[69]。かれは、一九二六年（大正一五年）から翌年にかけて、また二九年（昭和四年）において、二度ほど欧米に出かけ、調査研究をおこなった。

（2）　選挙制度研究

坂の条文執筆のための煩雑で膨大な作業は、数多くの諸外国の選挙制度の翻訳・研究に裏打ちされたものであった。選挙制度の翻訳と欧米長期出張をもとに、坂は、世界各国の比例代表選挙制度についての二、三年にわたる連載をはじめ、選挙制度、地方制度についての地方改良講習会講演記録や、簡単な読み物を、『自治研究』『斯民』などに著した。『自治研究』は、一九二五年（大正一四年）、内務官僚が、地方自治、地方財政の問題を専門的に、自由に論じるために創刊された雑誌であった。

代表的著作として、『比例代表の概念とその技術』『日本行政法講義』などがある。

『比例代表の概念とその技術』は、坂が一九二八年（昭和三年）から三〇年（昭和五年）にかけて『自治研究』に連載した論考を、三二年（昭和七年）、刊行した大著である。

坂は、今日、普通選挙が成立しているが、その考えを徹底すると、婦人参政権と比例代表制の実現は時勢であると冒頭に述べる。そして、婦人参政権は別の機会に論ずることとし、本書は、「比選の実施を主張」するものではないけれども、「比例代表制に関する各般の事実の解説」、および研究のため必要と思われる「若干の資料の提供」をおこなうとする。

本書は、総ページ数六五九ページ、九章から成る。章構成はつぎのとおりである。

第一章　少数者の権利の保護と多数決の原則
第二章　死票、過剰得票及投票の平等性
第三章　選挙運動の清浄化、合理化、団体化
第四章　比例代表の社会的機能
第五章　普選、婦選、比選
第六章　比例代表と政党政治
第七章　比例代表法の諸国立法例
第八章　比例代表法の技術的考察
第九章　小選挙区比例代表法

坂は、比例代表の理論を「簡略に」述べ、「主として諸国の立法例等の具体的解説並に広く比例代表の技術に関する研究等に多くの頁数を割いて」いた。すなわち、理論編と事例編の二つに分かれている。理論編は、一章から

四章の、今日の代議政治における比例代表制の意義を論じた部分があたる。事例編は、五章以降の、ヨーロッパ大陸諸国、イギリス、アメリカの選挙制度の紹介部分があたる。各章はそれぞれ、つぎのように要約できる。

第一章、少数者の権利保護について。「世論を基礎とする近代政治」において、その意思決定過程はすべての国民が参加助成するものでなければならないが、「この多方面多角形なる多数の国民の意思を総合統一して、一の国家意思に形成」する方法は、「結局多数決の方法」である。しかし、実際の選挙は、過半数を得票したわけでもない候補者が当選し、「少数者の意思が選挙区を代表」しているとも言える。そして、「唯横暴なる多数に対し正当なる範囲内に於て少数者の権利を保障する」こと自体重要であり、少数代表制という方法がある。「選挙権の本質は総ての者が各自の代表者を出し得べき権利たる点に在る」。多数者の決定に従うのは当然としても、「その前段の各人がその所信を披露し得る機会を」失わないことは「民衆政治の国家組織に於て緊要なる一事である」。「その意思を議会の内に表明することが出来ぬとなれば、必ずや啻て政治上に自暴自棄の態度を採るに至るであろう少数党の存在が、国家に如何に災するであらうかは容易に推知し得らるる。議会政策に望を捨て直接行動的手段に考へを致す結果が現在の国家組織にとり歓迎すべきでないことは明である」。また、世間の「総ては流動」しており、それゆえ、少数者の思想的光明が一般人の利益に転向することも多い。よって、少数党の代表枠確保は、「総て国家をして全構成員の自発的協働の下に完全なる文化能力を発揮せしむるものであり、少なくとも多くの災厄を未然に防止すべき方途となる」。

第二章、死票、過剰得票、投票の平等性について。代議政治の最大の眼目は「治者の意思と被治者の意思との完全なる合致」であるが、そのためには、「国家を組成する国民の総てが国家の統治意思の構成に参加し総ての者の充分なる協働と商議」が重要である。よって、「国会には国民の間に存する〝every strain of opinion〟が表はるるものでなくてはならず従って選挙に際し為されたる多数の投票中無為にして廃棄せらるるものの如きは厳に之を戒めなければならぬ」。死票、過剰得票、投票の平等性阻害は無為に廃棄された投票といえる。平等選挙は今日の政治の大原則である。政治上の平等原則は、近世の啓蒙政治思想より承認され、あらゆる国の憲法に採用されており、選挙においては投票の平等性となる。しかし、選挙区によって当選者の得票数が数倍違うなど平等選挙原則に反する場合が多い。比例代表法を採用すれば、一定の当選標準数があり、それが一議員の選出尺度の役を務めるので、死票も、過剰得票も、投票価値の不平等の問題は解決する。

第三章、選挙運動の清浄化、合理化、団体化について。各国の代議政治が「段々と政党政治に固形化」することは「必然の勢い」であり、「立憲政治が下院中心の政治となり、下院中心の政治は多数党中心の政治に推移する」。しかし、選挙は、策略、偶然性によるところも多く、不正の選挙競争が頻繁に生じている。買収など選挙の不正不法は、選挙が個人中心の激烈な闘争を惹起する点に原因がある。しかし、団体中心の選挙になれば選挙界の不正不法も減る。さらに、現代は革命に際会する時代であり、革命意見の政治制度上への具体化が重要であり、選挙理論は集団主義へと再転向しつつある。ゆえに、比例代表は、選挙競争の清浄化・合理化・団体化を助成する。

第四章、比例代表の社会的機能について。欧州大陸、英国、米国では一九世紀頃より、個人代表主義の政治思想に立脚した選挙制度が設けられた。それは、社会契約論的な個人と国家の考え方より実現した制度である。革命の烽火により築かれた個人代表、地域代表の政治思想は、従前の、中世の団体代表主義を駆逐し、多くの在来の政治機構の改造に成功した。今日では、広く普通平等の選挙思想が徹底されつつある。しかし、「団体全体の総意」を忠実に反映しているかは問題であり、現行の選挙制度是正のため、比例代表制、職能代表制の二つが今日提唱されている。議会も、職能的団体の意思を充分包摂する組織になるべきという要求は認めざるを得ない。比例代表は、職能代表の目的を達しうる面がある。職能代表の実現は現行制度の根本的変革を加えるものであり、容易でないが、比例代表は多数の国家で実現されており、制度上の変更は手続上の改変ですむ。比例代表の第一の目的は選挙方法の是正であるけれども、「多数の選挙人間に共通的に存在する社会的、職能的、地域的、宗教的、性的、思想的その他の意見感情は、比例代表法の適当なる運用によりヨク表明し得られるかも知れぬ」。

第五章は、各国における婦選と比選の成立状況を紹介する。第六章は、比例代表は小党連立政府になり、ひいては政党政治を脅かすと言われるが、議会に多様な意見・立場を反映することが重要であり、それによって、政党政治を助成するのではないかと論じる。「第七章　比例代表法の諸国立法例」は、イギリス、ドイツ、ベルギー、フランス、スイス連邦、オーストリア、デンマークなどの例を紹介する。「第八章　比例代表法の技術的考察」は、諸国立法例から大別して、単記移譲式、名簿投票式、その混合方式の三つの方法論を整理する。最後に、例の少ない「第九章　小選挙区比例代表法」を紹介する。[70]

本書は、多くのページを諸外国の比例代表制度の紹介に充てる。しかし、前半部分を読み進めると、坂の代議政治観が示されている。坂は、ひとつの国家意思を形成するために総ての国民の協働が必要であること、そのため、少数代表など、議会において国民の「あらゆる種類の意思」が表現される必要があること、さらに、あらゆる意思を反映するために、死票、過剰得票、投票価値の不平等を是正する必要があり、比例代表が有効と考えること、ひいては、選挙運動の団体化によって選挙の清浄化、合理化も可能になること、そして、少数者、少数団体を代表として議会にくみこむことにより、それらの議会政治外での過激行動を防ぐことができることなどを主張している。

これは、比例代表制の一般的議論を整理したものと考えられるかもしれない。しかし、いくつかの点から、坂自身の考えを表わすと考えられる。

第一。坂の追悼座談会で、戦後の選挙制度調査会の小選挙区案に坂がかかわったことをふまえ、坂は小選挙区論者か否か話題になった際、挾間は、「多少思想の変化があったと思う」として、つぎのように述べた。若い時は「比例代表を日本の選挙区に持ってこよう」と考えていた。「ところが日本の政党政治の確立、政情の変化から考えて、比例代表というのは結局小党分立になって政府の政策安定ができないということから、これは小選挙区で選挙制度をかえなければならぬ」と考え、小選挙区制の導入を提案したと想像する。そして、事務官時代の読書風景の思い出をつづけて話す。「若い事務官の時ですが、お互によく本を読んでおった時に、こういうことをよくいっておった。ぼくはどうしても法律学より政治の書物が好きだなといって、たとえばアメリカン・コモンウェルスを興味をもって読んでおった。そういうことで選挙制度についてもこうなければならぬというふうな考えを持ってきたんじゃないか。想像ですがぼくはそういうふうに思う[71]」。「アメリカン・コモンウェルス」とは、『近代民主政治』で有名なジェームス・ブライスの著書と思われる。『比例代表の概念とその技術』を執筆していたころ、民主政治制度の整備への関心を坂がもっていたことの傍証になるのではないか。

第二。一九三三年（昭和八年）、行政課の見習いとして内務省に入省した鈴木俊一は、当時の課長の坂について、「課員に対して後向になって、スチームの管の上に足をのせて、外字新聞を見ておられた姿、若い新聞記者をつかまえて、マルキシズムや、デモクラシーについての理論闘争をムキになってやっておられた姿を想い出します」と話すとともに、行政課長室での全体会議で、五十嵐鉱三郎と議論が分かれ、くってかかる姿を思い出すと述べる[72]。坂は若かりし頃、「マルクスの使用価値」という論文を発表していた。また、職能代表論は、労働者代表議会を想定して論じているように思われる。一九二〇年代の世界の趨勢として、マルキシズムとデモクラシーを重視し、選挙制度の研究をおこなっていたのではないか。

第三。日本大学での行政法講義をまとめた『日本行政法講義』の内容が、「あとで美濃部博士と同様にまではいかないが、天皇機関説にはかわりないので改訂を急」いだものであった[73]。本書は一九二九年（昭和四年）、良書普及会より刊行されたものである。さらに付言すれば、その二、三年前に刊行した『日本行政法総論』『日本行政法各論』を加筆修正したものである。その内容は、ヨーロッパ思想史をもとに、三権分立を強調し、個人の国家に対する権利として自由権、要求権、参政権を挙げ、また、法の基礎付けとして、神意説／正義説／命令説／自然法説／社会契約説／歴史学派又は確信説などを列挙して、行政の主体、組織、手段、行政行為、地方自治、また個別行政のありかたについて講じたものであった。坂は、行政主体の「公法上の人格者」として国家、公共団体、個人があり、公共団体は「自治団体又は公法人と称」すると述べた。国家は、明言されていないが、法人とみなされているといえる。天皇制の記述はとくに見受けられず、憲法とならんで、根本法として皇室典範が我が国では定められていると述べる程度であった。本書は、坂が、今日にもつうじる法学的素養の持ち主であることを示している。そして、そのこと自体が後年、天皇機関説とみなされる危険性をかかえ、改訂を必要とした。

第四。戦後、憲法調査会の委員を坂がひきうけた経緯を、事務局を担当していた武岡憲一が次のように述べている。坂は、自分は憲法の中味がよいから成立事情は詮索しなくてもよいという議論には賛成できないとし、「要するにいまの憲法というものは占領中占領軍の圧力の下にできたんだ。そこで日本が独立国になって新しい民主国家として再出発をする時に当っては、国家の基本である憲法を新しい自由な立場で検討するのは国民として当然じゃないか」と言って、憲法調査会委員をひきうけた。そして、武岡が坂の事務所に挨拶に行った折、武岡をつかまえて、坂は「事務局では一体どんな準備をしているのか。調査会がいよいよ発足するについては社会党が入らぬのは困る。なんとかこれを入れる手はないか」と聞いた[74]。坂が、新しい国家の社会契約の契機として、多様な意見を有した代表者の会議で、国家の根本法たる憲法を検討し再決定することを重視していたことを示す例ではないか。

（3）地方行財政制度改正の挫折

坂の外国制度研究の迅速さは、地方財政の専門家としても期待された。地方局において、行政課、財務課に加えて、地方債課が一九二八年（昭和三年）七月に設けられた。坂は、このとき、内務事務官と兼ねて内務書記官となるとともに、地方債課長に就いた。

この当時、財務課長をしていた田中広太郎は、当時、内務省に来る書類のうち、行政課にまわるのは三分の一か四分の一であり、財務課の仕事が多かったこと、それゆえ、原案執行を行政課に回したけれども、それでも財務課の仕事が多く、田中が財務課長をやめて東京市に行くため、後任を決めるときに、地方債課をこしらえ、財務課の仕事を分け、初めての課長を坂にしたことを回想している。[75]田中はまた、地方財政、地方税制の研究を、坂、挾間、入江俊郎がやってくれず、ずっと離れて三好がやったと話していた。[76]坂が地方財政の専門家になることへの期待を、田中がもっていたように考えられる。

坂は、その後、一九二九年（昭和四年）一二月から約一三ヵ月の洋行を経て、三一年（昭和六年）一月、地方債課長に再び就いた。そして、一二月には専任内務書記官、三二年（昭和七年）三月には財務課長、六月には行政課長に就く。行政課長を三年ほど務めたのち、三五年（昭和一〇年）五月、岐阜県知事になり、三七年（昭和一二年）二月から三九年（昭和一四年）四月までのあいだ、地方局長を務めた。

坂が地方債課長、行政課長などを務めた、一九二八年（昭和三年）から三五年（昭和一〇年）までのあいだ、地方行財政、選挙制度の主要課題は大きく変化した。二八年（昭和三年）のころは、大正期からつづく民主主義、労働政策の充実といった流れのなかで、帝国議会の選挙制度改正の焦点は婦人参政権であった[77]。比例代表制も審議会で検討されていた[78]。地方財政の焦点は、地租と営業税の地方委譲を唱えた両税委譲論であった。地方自治の面においても、普通選挙法成立にともなう公民権範囲の拡充、二九年（昭和四年）の地方制度改正では団体自治権の拡充がなされていた。

しかし、この時期、進歩的かつ楽観的な社会状況から、国際環境の悪化を背景に、テロや暴動の不安を常時抱えた社会状況への変化が出現しつつあった。一九二九年（昭和四年）の世界恐慌は、浜口内閣の金解禁と重なり、昭和恐慌を出現させた。国内では、農村は、冷害の影響により、飢饉、不作の状況を出現させ、欠食児童、少女の身売り、親子心中が社会問題となり、「農村問題」を意識させた。また、ロンドン海軍軍縮条約調印に端を発する統帥権干犯問題をめぐっての帝国議会の紛糾は、政党政治内閣の行き詰まり、限界を意識させた。そうした状況は、いくつかの閣僚襲撃事件を生じさせた。三〇年（昭和五年）末の東京駅での狙撃によって三一年（昭和六年）四月に亡くなった浜口雄幸首相の事件、三二年（昭和七年）二月の血盟団員による井上準之助前大蔵大臣暗殺、同年五月、犬養毅首相暗殺の五・一五事件などがつづいた。中国においては、三一年（昭和六年）九月、満州事変を起こしていた。こうしたなか、帝国議会の主要課題は、選挙権拡大論から、「農村問題」の解決、時局匡救が中心になっていた。すでに、農林省の主導によって、内務省も農山漁村経済更生運動を展開していた。

地方局は、このように不安な社会情勢を好転させるための制度改正課題を模索し、とりくむ。農村自治の実現を主な課題として、一方で、「産業自治」という発想にもとづく町村自治実現のための地方行政制度の改正を検討した。他方、地方財政の中心課題は、両税委譲論や地方債論から、地方財政調整交付金制度にうつった。選挙制度では、一九三四年（昭和九年）、選挙買収等を抑えるため、選挙法が改正される[79]一方、岡田啓介内閣、後藤文夫内務大臣のもと、三五年（昭和一〇年）五月に勅令がだされ、選挙粛正運動を展開した。

　坂は、投票買収防止のための選挙制度の改正、疲弊した農村の産業政策のための自治制度の整備、地方財政調整制度の創設、が政策課題として醸成されるなかで、地方債課長、財務課長、行政課長を歴任した。

　一九三七年（昭和一二年）二月、大村清一に代わり、坂が地方局長に就いた。一年半、岐阜県知事を務めての異動である。坂は、地方税負担軽減のための地方財政対応、産業自治をおこなうための農村自治制度変更のための案作りと対外的交渉にとりくんだ。

　さきにみたように、昭和恐慌後、三好や永安によって地方財政調整交付金制度が唱えられ、帝国議会でも注目された。とくに広田内閣では、馬場大蔵大臣のもと、大蔵省が抜本的な税制改正を準備するのに対応し、内務省も潮内務大臣、大村地方局長のもと、三好が立案した。しかし、同年二月二日、林銑十郎内閣が成立し、広田内閣のもとで準備された馬場・潮案の立法はながれた。坂が地方局長に就いたのは、内務省が地方財政調整制度創設のための政府案を準備しながら、立法審議の機会を逸した時期であった。

　地方財政の仕事について、坂は、「財政のことは苦手だから」とつねに言い、三好を常時の政府委員とし、説明に当たらせた。坂は三好に地方財政の制度改正を任せた。なお、林内閣のもとでは、「国税の根本的改革」、「地方財政及び地方税の根本的改革」も延期された。そのなかで、臨時町村財政補給金が一年で終わるため、「臨時地方財政補給金規則」が三好によって準備され、一九三七年（昭和一二年）七月に同規則が公布された。臨時地方財政補給金は、政府が「二億七千万円前後の税の増徴」をおこなう必要に迫られるなかで、「臨時応急的に、国民租税負担均衡化の見地から地方税の軽減を図ることを目的とする一種の補助金制度を創設せんとした」制度であり、当初「総額一億円を以て成立」した。そして、臨時一年かぎりの制度として出発しながら、大小の改正が加えられ、毎年増額しながら、三年間つづいた。[80]

坂は、地方行政の面で、産業自治を可能にするような制度改正の準備を進めた。一九三七年（昭和一二年）六月、林内閣は四ヵ月で近衛文麿内閣（第一次）に交代した。同年八月、地方制度調査会が設けられた。翌三八年（昭和一三年）四月、地方局では、庶務課・財務課が廃止され、財政課・監督課が設けられ、振興課が新設された。地方局は行政課、財政課、監査課、監督課、振興課の五課体制となった。[81] 同年六月、内務省地方局案「農村自治制度改正要綱」が地方制度調査会に提出される。主な内容はつぎのとおりである。

「一、町村ト町村内ノ各種団体等トノ関係ヲ調整シ綜合団体トシテノ町村ノ機能ヲ発揚セシムル方策ヲ講ズルコト

（イ）町村ノ権能中ニ町村内ノ各種団体等ノ活動ヲ綜合調整スル機能ヲ包含スル趣旨ヲ明ニスルコト

（ロ）町村会ノ構成中ニ各種団体ノ代表者等ヲ取入ルルト共ニ其ノ職務権限トシテ町村長ノ諮問ニ応ジ各種団体等ノ活動ノ綜合調整ニ関シ必要ナル事項ヲ審議スル機能ヲ加フルコト

（ハ）町村長ノ職務権限トシテ各種団体等ノ活動ノ綜合調整ニ関シ必要ナル意見ノ呈示ヲ為シ及当該監督官庁ニ意見ヲ提出シ得ル機能ヲ認ムルコト

二、町村ノ下ニ適当ナル形ニ於テ部落ヲ認メ一面町村活動ノ補助機構トシテ之ヲ活用スルト共ニ他面部落固有ノ活動ノ健全ナル発展ヲ図ルコト

（中略）

三、町村会ノ構成ヲ町村ノ機能ニ適応スル様整備スルト共ニ議員ノ素質ヲ向上セシムル方策ヲ講ズルコト

（イ）町村条例ノ定ムル所ニ依リ農会長、産業組合長等町村内ノ主要ナル団体ノ代表者等ヲ議員タラシムルコ

ト

（ロ）町村会ノ同意ヲ経監督官庁ノ認可ヲ受ケテ町村長ニ於テ自治功労者、名望家、篤農家等ヲ議員ニ選任シ得ルコト

（ハ）前二号ノ議員ハ定数ノ三分ノ一以内トスルコト

（ニ）小学校長其ノ他町村立学校長ヲ議員ニ準ジ議事ニ参加セシムルコト但シ議決等ニ加ハラシメザルコト

（ホ）一般議員ノ選挙ニ付テハ部落（区）ヲ基礎トシテ選挙区ヲ分チ得ルコト

四、町村長ト町村会トノ間ニ於ケル権限ノ分配ヲ能率主義ノ見地ヨリ整備スルコト

（中略）

五、町村吏員ノ充足ヲ図リ且其ノ素質ヲ向上セシムル方策ヲ講ズルコト

（中略）

六、町村財政ノ整備充実ヲ図ルコト

（中略）

七、町村ノ監督ニ付成ルベク其ノ煩ヲ適省クト共ニ実ニ其ノ効果ヲ挙グベキ方策ヲ講ズルコト

（後略）」[82]

地方局案は、町村による、農会・産業組合など諸団体の総合調整の法的整備、部落の制度的承認、そして町村会の構成を農会長・産業組合長・町村長選任議員（自治功労者・名望家・篤農家）と部落ごとの選挙区選出議員とすることなどを主な内容とした。

当時すでに、農山漁村経済更生運動において、また選挙粛正運動・国民精神総動員運動の啓蒙活動の基礎集団と

して部落が用いられていた。地方局官僚の三好重夫は「産業自治」を唱えていた。当時のことを三好はつぎのように述べる。「その案には、（中略）私の主張がよく採用されているのでした。市町村の組織の中に、縦の関係では部落会、町内会、隣組、横の関係では産業団体、教化団体を取り入れる構想で、これは私の長野県における体験、つまり、いろいろな仕事を地方自治に結びつけて解決するという運動の経験、地方自治の内容を拡充するという方法についての経験、それに基づく意見から出たものです。この意見は行政課長である古井君が大賛成であり、というよりは古井君もその意見であったのでしょう、すっかり取り入れてくれて案の作成に当たったものです」[83]。案の作成を担当した古井喜実は、三好と同じく一九二五年（大正一四年）に内務省に入省し、坂のあとの選挙制度・地方自治制度担当であった。古井も、「部落という自然発生的な自治体」「を無視しては町村自治というものも成り立たないではないか」と主張する論文を、一九二八、九年（昭和三、四年）、『自治研究』に著していた[84]。

しかし、一〇月に発表された地方制度調査会答申「農村自治制度改正要綱」では、農林省との協議をふまえて、町村、町村長の役割は、各種団体の「総合調整」から「連絡協調」へと変更されていた[85]。そのようななか、内務省地方局は町村制改正法案を準備し、一九三九年（昭和一四年）二月閣議提出した。しかし、改正法案は閣議において見送りとされた。

それは、どのような経緯であったか。地方局は、要綱、町村制改正案にかんする審議会議事録、雑誌記事、新聞記事などを内部資料として一綴りにまとめていた。そのなかの新聞記事によると、町村が農会・産業組合の活動を総合調整する、リーダーシップをとるとする地方局案にたいし、農業団体、農林省は、農林省―農会・産業組合という指揮命令系統が崩されることを恐れ、強く反対し、一〇月発表の答申の文言を何点か改正したことが記されている。また、町村制改正案の帝国議会提出が検討される段において、政党が強く反対し、そのため、新首相・新内相が法案提出を見送ったことが記されている。[86] 一九三九年（昭和一四年）一月、第一次近衛内閣から平沼騏一郎内閣に代わり、内務大臣も末次信正から木戸幸一に代わっていた。農業団体、農林省の反対により、調査会答申案は修正され、政党の反対により、町村制改正案の議会提出が見送られた。

荻田保は、そのときの坂の落胆ぶりを憶えている。「坂さんが地方局長をしておられた頃に、地方制度の改正を相当大規模に考えられたでしょう。ところがそれを内閣というか内務大臣というか、抑えられてしまって出さんということになった時にむかっ腹をたてられて、われわれまで築地の山田屋に連れていってフグを御馳走になった。私はあの時はじめてフグを食ったが『お前、うちに電話を掛けておけ』といって、さらに葭町かどこかに連れていかれた。合理的に考えたのが抑えられて出なかったというのがよほど残念だったらしいね。憤慨されたらしいですね」。[87] また、『選挙粛正中央連盟事業概要　昭和十三年度』の冒頭、その年度の概要を説明する章において、「内務省の方針」という節が設けられ、地方局が地方制度調査会に「農村自治制度改正要綱」案を提出したこと、しかし要綱案は修正され、町村制改正案の議会提出も政府がとりやめたことが記されていた。とくに政府が法案不提出を決めた経緯は克明に述べられていた。この記述が坂の考えによるものか、わからない。しかし、局長たる坂のまったくあずかり知らぬことではないだろう。改正の見送りによる落胆は、よほどのことと思われる。

坂は、一九三九年（昭和一四年）四月一七日付けで、地方局長から兵庫県知事へと転任した。しかし、同時期、「中央地方を通ずる税制の改革」を体系的に実現するため、税制調査会が設けられ、同月五日、第一回総会が開かれていた。

この転任は、何を意味していたのだろうか。このとき、地方局で財政課長をしていた三好重夫は、坂の兵庫県知事転任を、「地方局長の更迭」と記し、「この税制改正を前にしての更迭は、私にとっては痛ごとであった」と述べている。[88] 三好は、坂千秋のことを、元来、正義感の強い人であり、それゆえ、法制審議の場では激しく議論をおこない、そのため、内務省の外の省庁との折衝のできない人であると、回想録や座談会において、くりかえし話していた。三好は、坂を偲ぶ座談会のなかで、つぎのように話している。

「……全般の印象を通じてみると、亡くなられてお世辞になるが、正義観《ママ》が強く、役人のよさ悪さをよく理解もしておられるし知ってもおられるし、したがってお仕えするのに、その意味でずいぶん仕事の上での議論などはしたが気持はよかったですね。悪い印象やあとで思い出していやだったというようなことはひとつもなかった。ただ困ったといえば二つぐらいありますかね。一つはむやみに農林省でも大蔵省でも話がつかない。例の正義観《ママ》でつっぱられるから、場合によると、上の人がやりあった後始末を下のものが出ていってまとめなければならないことがあって、それはなかなか骨の折れる仕事だったのが悪口じゃなく坂さんのいい意味における特徴でしょうね。（中略）

もう一つは、亡くなられる前後のいきさつなどでもよくわかるんですが、平素体が丈夫で病気をされぬから病人に対する理解が非常になかった。私など食堂でビフテキに当って引込んでいて、医者が寝ておらなければならないというのに、一日休むと電話が掛かって出てこいということでしたがそれでもあぁいう肌合の人だから、腹が立つとか不愉快だということはちっとも感じさせなかったということはあの人に邪心がないためじゃないか」[89]。

坂の法案審議の際の質疑応答の激しさは、昭和期に入省し、地方局の立案、制度研究を支えた多くの地方局の後輩が、坂の思い出としている。荻田保は、農村救済対策のひとつとして地方税を物納にする法律が、大村所管、永安主任として立案されたとき、省内の審査委員会で坂千秋と永安の論争となり、周囲がひやひやしていたところ、大村が「まあまあと止めに入って納まった」話をする。[90] 大村の思い出話であるが、坂の法案審議の質疑の激しさを示す思い出話でもある。坂は、顔を紅潮させて、激しい質疑応答をするさまから、「赤鬼」とあだなされていた。

また、地方局長後に就いた兵庫県知事、北海道長官時代においても、かれの正義感、ないしは直情・激情ぶりを示すエピソードは数多く残されている。兵庫県知事時代、外事課長として仕えた長谷川勉は、知事が、県庁の職員を議事堂に集め、大東亜戦争開戦の詔勅を読んだとき、「『米英とせん端を開くにいたる。あに朕が志ならんや』といった時に」、涙を流していたことを紹介し、「意地張りの豪気な」坂の「本心の一端を知ったような感じ」がしたと話す。また、「外部からの陳情には全く聞流してとり合わず」、開戦前の神戸で「ユダヤ人が右往左往している」のを右翼団体から文句がきても「部下には一言半句もいわな」かった。北海道長官時代は、米の供出割当てで農林大臣とはげしくやりあい、北海道だけ供出が後回しになった[91]。

外国の制度調査の優秀さによる、官僚人生半ばまでの地方局の三つの課長、岐阜県知事、地方局長にいたる短期間での昇進は、将来、内務次官、内務大臣の可能性をもつものであったろう。しかし、一九三九年（昭和一四年）四月、地方局長から兵庫県知事に異動し、四二年（昭和一七年）六月より就いた北海道長官の職も四五年（昭和二〇年）四月に退いた。このような経歴をふりかえると、地方局長から兵庫県知事への異動は、坂が内務次官コースから外れたことを示しているように思われる。それは、対外的な交渉力を期待された地方局長在任時において、折衝にことごとく失敗し、内務省案を説得できなかったからではないか。もっとも、陸軍が組閣にすらも影響力を増す当時の政治状況のなかで、豊富な制度研究をもとに、直情的に、討論による政策形成を是とする坂を温存する目的があったのかもしれない[92]。しかし、いずれにしても、当時、坂の手法は内務省において得策ではないという内務省内部の大局的な判断があり、次官コースから外れたように思われる。坂が次官に就任したのは、敗戦後、緊急に選挙法を改正することを目的として一九四五年（昭和二〇年）一〇月九日組閣された幣原内閣、堀切内務大臣のもとであった。

（4）　戦後の選挙法改正

一九四五年（昭和二〇年）一〇月、東久邇内閣は総辞職し、幣原喜重郎内閣が組閣された。内務大臣には、堀切善次郎が就任した。堀切は、婦人参政権、選挙年齢低下を主内容とした選挙法改正を閣議にて表明し、承認された。幣原首相は、それをマッカーサーに伝え、その調子で進めてくれ、といわれたのちに、五大解放指令を受けた。坂は、この堀切内相のもとで次官を務めた。田中広太郎は、堀切に相談を受け、内務次官に坂千秋を薦めたと話している。田中は、坂の官僚人生が北海道長官で終わりというのはあまりにもかわいそうなことであり、選挙制度が重要課題でもあるため、次官就任を堀切に持ちかけた[93]。

選挙法改正の要綱、改正法案は昼夜分かたず準備された。その過程で、一一月頃に、制限連記制の導入もつけ加えられ、帝国議会に改正法案が提出され、一二月、衆議院、貴族院の審議を通過した。これにより、衆議院議員の選挙権は二〇歳以上の国民に認められ、選挙方法として、大選挙区、制限連記制が導入された[94]。

改正法にもとづいた衆議院議員総選挙は、GHQの許可がなかなか出なかったが、公職追放を経て、一九四六年（昭和二一年）四月におこなわれた。その選挙によって、女性が三九名、社会党の候補者も多数当選した。

この大量当選は、大選挙区制限連記制によるものであった。鈴木俊一は、これは坂千秋のアイデアであるとして、『自治研究』創刊五十周年記念座談会でつぎのように述べる。

「終戦後の最初の大選挙区制限連記制という選挙制度のアイデアを出されたのは、さっき挾間さんからお話がありました坂千秋さんが、二十年に、堀切内相の下で、内務次官をしておられた当時のことであります。坂さんのアイデアで、戦争中地方議員の任期の延長などをして永い間、選挙をやらなかったわけであるし、国民の意思を思い切って十分に発表し主張できるような、徹底的に自由な選挙制度を考えるべきだということで、中選挙区単記制というような、三人ないし五人の議員を選ぶのに、一人一票しか投票できないのでは不十分である。本来なら比例代表にでもすべきであろうけれども、それは複雑すぎて、不適当であるから都道府県単位の大選挙区にするとともに選挙区の定数の多少によって一票、二票あるいは大きい定数のところでは三人まで投票できるような制度を考えるべきだといわれ、スイスの例などをいろいろ話をされて、強調された結果、堀切さんもこれを呑まれまして、実現したのであります。これは坂さんが、多年、蘊蓄を傾けられ、けんさんを積まれた成果が実現したものであります(95)」。

鈴木は、坂の追悼座談会においても、集団主義的選挙制度という方向を示した点で卓見であると述べている。もっとも、かれを古くから知る挾間、古井、三好は、制限連記は堀切の発意ではないか、と問うている。ここで、座談会にいるメンバーはあれこれ推測を述べあっている。挾間は、坂はいわないはずだと思っていた。古井は、坂が「どうなるやらわけのわからぬ制度だ」と話していたことを紹介する。三好は、次田内閣書記官長のところに堀切と二人で話し合いに来た際、「坂さんは状勢をどんでん返ししてやろうというには役に立つという意味合で、ガリ版に利弊――長所短所を書いて持ってきて説明された記憶がある」と話し、郡は、どうなるかわからないけれども一遍だけはやらしてくれという言い方をしていたことを受けて、「制度として非常にいいとは考えられなくも、あの時に一遍はやらなければいかんという気持だった」のではないかと話す。小林與三次は、「選挙の実態をどうこうという気持」よりも、「大選挙区には単記はひどいというそういうなんか仁義なんじゃないかと思う」と話している(96)。

この会話には、外国制度の卓越した知識、制度構想で筋道をとおそうとする気質、民意表出の重視、仁義……坂の思考、性格の特性が多面的に示されている。

仁義をとおそうとした逸話として、知事の大異動をめぐる堀切と坂の対立がある。田中広太郎によれば、坂が次官を務めていたとき、地方官の大異動案をめぐって、坂が局長、秘書官を集めて、堀切に「内務省は結束してあなたの案に反対だから」と伝えた。堀切は坂のことで田中に怒って、ぐちをこぼした。田中は坂にこれを叱ったが、坂は、「部下は全部反対」している、そういう幹部を首にすることはできない、「それだけの人材を幹部として揃えることはとうてい不可能ですから」とつっぱね、田中は坂と絶交した[97]。他方、当時の地方局長、入江誠一郎によれば、堀切大臣が地方行政刷新のため、地方長官を大異動しようとしたときに、坂に反対してもらうよう話したと述べる。「その問題で、われわれとしてはやはり眼界も狭かったものですから、大臣なり次官が知事の総入替をすることについては、内務省官吏が犠牲になるというんでだいぶ反対の意見が強くて、古井さんのところにお尋ねして坂さんに反対してもらうようにお話したことがありました」。入江はつづけて、「それはどうなったか知りませんが」、「だいぶ御心配にはなっておられたが」、GHQがぐずぐずして態度を決めなかったうちにうやむやになり、民間から二、三人の登用になったと話している[98]。坂の、「正義感の強い」、あるいは仁義をきる性格を表わす逸話と思われる。

坂は、選挙法改正後のことであろう、一二月下旬、貴族院議員に勅選された。坂は勅選をたいへん喜び、地方局の人々を全員呼んでご馳走し、たいへん愉快にしていたという[99]。

しかし、年の明けた一九四六年（昭和二一年）一月四日、公職追放の指令が出された。堀切、坂らは公職追放の対象に該当した。堀切内相らとともに、坂は辞表を提出、一月一五日、内務次官を大村清一に交代した。

3　挾間茂――内務省体制と「流動」する社会の調整者

挾間茂は一八九三年（明治二六年）、広島県にて生まれた。かれは、六高、東京帝国大学法学部法律学科（英法）を経て、一九一九年（大正八年）、内務省に入省した。内務省では、もっぱら地方制度の専門家として期待され、大正末、二九年（昭和四年）の地方制度改正にたずさわった。その後、内務大臣秘書官、社会局社会部長を経て、衛生局長に就き、三八年（昭和一三年）一月の厚生省創設に努めた。厚生省創設後、茨城県知事となる。さらに、一年後の三九年（昭和一四年）一月、土木局長として本省にもどってのちは、地方局長、内務次官を歴任し、地方分与税法（昭和一五年の税制改正）の成立、内務省訓令「部落会町内会等整備要領」施行、大政翼賛会と地方制度の統合にかかわった。同年一二月、依願免本官。ときをおき、大政翼賛会組織局長を務めた。

戦後、公職追放を受けた。講和独立後から昭和三〇年代においては、日本住宅公団総裁、地方制度調査会委員、自治省参与に就いた。地方制度調査会委員としては、「地方制」案や首都制度の答申づくりを進めた。また、大霞会の活動にも力をいれ、『内務省史』全四巻の刊行にかかわった。挾間は、「地方行政」の担当委員を務める一方、大霞会をはじめ、内務省の仕事を顧みる座談会の話し手を数多く務めた。一九八七年（昭和六二年）死去。

挾間は、地方行財政制度改正や厚生省創設といった、昭和期内務省の大きな仕事にたずさわった。ここでは内務官僚時代に注目し、地方制度の専門家、昭和初期の地方制度改正と人事・組織、一九四〇年（昭和一五年）の地方行財政制度改正、大政翼賛会へのかかわり、の四局面をみる。

（一）　労働問題から地方制度の専門家へ

挾間茂は一九一九年（大正八年）七月、東京帝国大学法学部法律学科（英法）を卒業するとともに内務省に入省、坂千秋と一緒に地方局に配属された。同期入省は四〇人、そのうち本省六人、地方局三人であった。文官高等試験は入省後の一〇月に合格している。

挾間は、「官吏になるという考えを最初学生時代から持って」いたわけではなかった。岡山の六高時代、「世界観、人生観というような問題」、「ニイチエとかカントとかショペンハウワーとかいうような哲学的な問題が、学生のあいだでも好んで研究され」ていた。挾間も一高出身の倉田百三が校友会雑誌に書いた論文、「他人のうちに自己を見出さんとする心」に影響を受け、「西田幾多郎先生の『善の研究』を耽読し」、「フランスのベルグソンの『流動の哲学』――クリエーチーブ、エボリューション――」を思想の根底におき、「自分なりに研究し」、校友会雑誌に「流動の哲学」という論文を書き、反響を呼んだという。それは、かれの人生観、社会観をかたちづくった。

また、大学卒業時、商法の講座を担当していた松本烝治の後継を打診された。松本が満鉄の副総裁に就くためであった。そこで、挾間は迷い、就職担当の山田三良教授に相談した。「私は非常に迷いまして、学者になるか官吏になるか、兎も角方向を決めなければならないので、山田三良先生のところに相談に行ったわけです。そしたら山田先生が『君は内務省へ行ったらよかろう、紹介状を書いてやるから』ということでした」。挾間は、相談をしたその日、すぐに履歴書を書き、内務省秘書官を訪ね、部屋を出るまぎわの秘書官に願書を渡した。秘書官によれば、その日が〆切であった。

挾間は、こうした経緯から、「思い付きで内務省に入ったようなもの」と話す。しかし、「官僚としての生活というものは内務省が中心であるというようなぼんやりながらの考え」から、「同じ役人になるならば内務省の役人になろう」という思いもあった[100]。

地方局には、挾間茂、坂千秋、児玉九一の三人が見習いとして事務官室に入り、田中広太郎らと机を並べた。事務官室ではとくに仕事はなかった。しかし、当時、地方局の府県課長、救護課長（一二月より社会課）であった田子一民から、地方局でやりたいことを尋ねられ、挾間は「労働問題を勉強したい」と話した。当時、労働問題が脚光をあび、第二回国際労働会議が開かれていた。かれは、当時の、「労働運動というものが、社会主義或は社会主義政治という観点から」論じられる状況、左傾的傾向や新人会の進み方に疑問をもち、また、第一回国際労働会議の代表派遣の問題の展開に、「こういうことでは将来の日本の労働問題というものは歪められて行くのではないか」と考え、労働問題へのとりくみを希望した。そこで、坂が府県課、児玉が市町村課、挾間が社会課を兼務することとなり、挾間は、財団法人協調会の設立事務のうち、寄付行為案の仕上げを命ぜられ、とりくんだ[101]。協調会とは、社会政策の調査研究によって労資協調をはかることを目的に同年一二月設立されたものである。

一年の見習いののち、一九二〇年（大正九年）、和歌山県の、創設された社会課の課長となった。また、商工課、社寺兵事課の課長も兼ねた。二二年（大正一一年）には神奈川県内務部商工課長となった。挾間は、和歌山県の社会課長、神奈川県の商工課長時代、陳情の対応のほかに、「地方の事情を勉強したい」という思いから、「出来るだけ出張し」た。社会課長時代は「実際の一般の生活状態」について、商工課長時代は「いろいろな会社、工場を訪問し」、「その会社の生産と経済界の動き」について「話を聞き」、それを農商務省に報告し、政策に反映するよう努めたと話す。そうするなかで、挾間は、商工行政は、企業の活動に「サゼッションを与えるという程度のことしか出来ない」「監督行政」であり、「県の商工課というものは甚だ力が弱かったということを痛感」した[102]。

一九二三年（大正一二年）四月、挾間は地方局に戻り、潮局長から地方制度を専門にするよう言われた。挾間は当時のことをつぎのように述べる。

「大正一二年に、内務事務官で内務省へ戻りましたら、また地方局の事務官室勤務になりました。事務官室勤務は私と坂千秋君と、二人だけでした。それで、転任のご挨拶かたがた、潮地方局長を薬王寺の官舎に表敬訪問いたしました。ところが、潮さんから『やがて地方制度の大改正をやらなきゃならんから、君には地方制度の問題を研究してもらいたい。それから近頃やかましい問題になっている大都市の特別制度の問題、これも研究してくれ。神奈川県では何をやっておったか』と言われましたから、『商工課長をやっておりました』と申し上げますと、潮さんは『ふん‼　それじゃなかなか骨が折れるぞ、よく勉強して、しっかりやってくれ給え』と言われました[103]」。

田中広太郎は、坂を選挙法担当に推す一方、「之に並行してやるべき地方制度」の改正は、挾間が「一番できるので」、挾間を担当に推した[104]。なお、挾間は別の折にも、潮にあいさつに行き、県で社会課長、商工課長を務めたことを答えたところ、潮から「『ふ』といって鼻であしらわれたような気がし」、「これは分がわるいなと思った」と述懐している。「分がわるい」という言葉の背後には競争意識がかいまみえる。挾間はその後、潮に論文を課されたとき、試験と思い取り組み、潮に「これは割合書いておるな」と言われ、「やれやれ及第したかな」と思った[105]。挾間は以後、地方制度の専門家として、大都市特別制度、地方制度の研究をおこない、改正にたずさわった。

(2)　自治権拡充のための地方制度改正と人事・組織の創出

潮に地方制度、大都市特別制度の研究を告げられてすぐ、挾間は、新しく設けられた臨時大都市制度調査会の幹事を先輩の三辺長治とともに仰せつかった。そして、優秀な属官の永安百治、大塚辰治に教わりながら、大都市特別制度を研究し、案を準備したという[106]。

つづいて、挾間は、地方制度改正の主任者を三回務めた。一つは、一九二六年（大正一五年）、普通選挙法成立にともなう公民権改正である。二つ目は、府県、市町村の団体自治権の拡充をねらった、二九年（昭和四年）の地方制度改正である。挾間は、この制度改正の成立を機会に、欧米諸国の制度調査のための海外出張を命ぜられ、二九年一月より「欧米を一年間廻って来」た[107]。三つ目は、婦人公民権の一部成立をねらった、三〇年（昭和五年）秋から三一年（昭和六年）にかけての地方制度改正の立案である。しかし、これは同年三月、貴族院で否決され、成立しなかった。

挾間は、同期入省の坂千秋と、民主化を前提に、「地方局の仕事を相携えて」おこなったと回想する。「坂と私が、潮さんの考えで、ちょうどその当時選挙法の改正があって、普通選挙を行なうということになっておりまして、坂は選挙法をやる、それからぼくは地方制度を担当するということになっておりましたが、二人机を並べておりますし、そして、地方制度というものもやはり選挙ということが相当大事な分野を占めておるわけですから、いつも地方制度の問題についても坂が協力してくれるし、選挙についても私とよく議論をして、会議はいつもみんな一しょにやっておりました[108]」。なお、挾間は当時、内務省内の法令審査委員会で坂とともにやかましい存在と一目おかれ、「地方局に鬼が二人おる。赤鬼と青鬼で、坂さんが赤鬼で挾間さんが青鬼だ」と言われていた[109]。

挾間は、坂とともに、学究的に改正案を準備する専門家として地方制度研究にとりくみ、その成果を月刊誌『自治研究』、『斯民』に書いた。挾間、坂は『自治研究』創刊時の主要執筆者であった。もっとも、挾間は連載と銘打ちながら、未完で終わった論考がいくつかみられ、毎月の原稿執筆に苦労していたように思われる。

この一九二六年（大正一五年）から三四年（昭和九年）ころの挾間の論考からは、挾間が住民自治、団体自治を前提にした地方制度構想の持ち主であることがうかがえる。その構想は、安井英二、入江俊郎らの公営事業論、また「自治の経済化」論を前提にしていた。すなわち地方団体が電気、ガス、水道、道路、衛生等の必要なサービス事業をおこなうことができるよう、団体自治権、住民自治権を認める法改正を提案していた。ここには、挾間の都市自治的な発想がみられた。たとえば、団体自治の思想的系譜として、ヨーロッパの都市自治の伝統を挙げ、地方自治体制の問題として大都市制度整備の必要を述べていた[110]。このような考え方は、初期の仕事が大きく影響していると思われる。挾間は、内務官僚としての仕事を労働問題から、地方制度の研究は大都市特別制度から始めていた。

しかし、一九三一年（昭和六年）三月、浜口内閣のもとで労働組合法案や婦人公民権法案が不成立に終わって以来、同年九月に満州事変、翌三二年（昭和七年）に五・一五事件が起こり、政策の重点は自治の拡大から農村対策の実施にうつった。挾間は、三一年（昭和六年）六月、内務書記官兼任、一一月行政課長、一二月には内務書記官となり、翌三二年（昭和七年）六月には兼内務大臣秘書官・大臣官房文書課長、三四年（昭和九年）九月には大臣官房人事課長兼内相秘書官に就き、三五年（昭和一〇年）一月まで務めた。

内務大臣秘書官・大臣官房文書課長に就いた期間は、一九三二年（昭和七年）六月から三四年（昭和九年）九月と二年以上におよぶものであり、これは、挾間の経歴のなかでも長期にわたるものである。その仕事はどのようなものか。挾間は、「秘書官の仕事は主として内務省人事で」あり、文書課長は「大臣次官に決裁を求める書類の内容を審査する職務」であると説明する。どちらも「忙しい仕事」であり、挾間は、「それを二年余りやりましたが、内務人事はこれを専門的に取組まねばならぬということで新しく人事課を設けることにして、私、人事課長になって文書課長を別においた」と述べる。

挾間は、人事の仕事をつぎのように話す。「内務人事の最も重要なものは地方長官の人事であり、その他地方庁の各部長、高等官の課長をはじめとし、高等官の人事は一切人事課で取扱」った。ゆえに、「最も注意深くやらねばな」らなかった。

そこで、「地方庁に新生面を開いた」。当時、地方庁は総務部、警察部、学務部の三つであったが、一九三五年（昭和一〇年）一月、経済部が新設され、四部制となった。「その結果、地方庁に三五、六人の書記官が増員されることになるのです。ザックバランな話を申し上げますと、内務省も人事の面においては、相当行詰っておりまして、新しい部の新設ということは人事の幅を著しく拡大することになります。これも実質的には経済部新設で大いに助かるわけです」。しかし、「書記官は事務官と俸給が違いますから、書記官の増員ということは、たった一人増員するということすら大蔵省はなかなか認めてくれな」かった。「それが従来の鉄則」であった。そのような状況のなかで、挾間は、「大蔵省方面にも経済部新設に伴う予算の増額については詳細にその必要性を強調して、その了解を得た」。その話しぶりから、挾間が、人事・予算の獲得に大きな意義を見出していることが確認できる。[111]

挾間は、その後の経歴においても、人事・予算の獲得に大きな意義を見出しているようである。かれは、一九三五年（昭和一〇年）一月より社会局社会部長兼中央職業紹介事務局長に就いた。つづいて、三六年（昭和一一年）三月より内務省衛生局長を、衛生局が三八年（昭和一三年）一月厚生省創設により移管されるまでのあいだ務めた。挾間は、衛生局長時代、「治療行政より予防行政へ」をスローガンとして、保健所の設置の立案と予算要求をおこなったこと、そして厚生省創設の仕事にとりくんだことを述べる。[112]戦前、厚生省の人事は内務省の人事としてあつかわれていた。

（3）地方財政調整制度の成立と内務省訓令

挾間は、一九三八年（昭和一三年）一月、厚生省創設により衛生局が移管されることにともない、「地方官の経験をしたい」と考え、知事を希望し、茨城県に赴いた。その一年後の三九年（昭和一四年）一月、「土木局長をやってくれという電話をうけ」、「茨城から帰った」。そして、三ヵ月後の四月一七日、地方局長に就いた。[113]かれの在任中の一九四〇年（昭和一五年）三月、国、地方の税制にかんする法律が改正され、中央と地方をつうじた税制体制がつくりなおされた。かつ、地方分与税法が制定され、地方局が長年、提案していた地方財政調整制度が成立した。

この税制改正は、一九三七年（昭和一二年）の馬場・潮案の実現であった。馬場・潮案の大蔵省側の立案を担った松隈によれば、馬場・潮案以後、林内閣の結城蔵相のもと、税制改正案を準備した。さらに同年七月の支那事変以降、戦争の長期化によって増税法案を提出し、増税した。これらは馬場蔵相の税制改革とは方針を異にするものであった。しかし、馬場税制改正案の内容を盛り込んだものであった。[114]

財政学者の神野直彦は、一九三七年（昭和一二年）の馬場税制改革案の形成、四〇年（昭和一五年）の根本的税制改革の実施過程をつぎのように論じる。昭和初期の税制は、「旧中間層重課税制」、旧中間層に重い負担を課す税制であり、そのことが昭和恐慌のなかで破綻を生じていた。それゆえ、旧中間層の負担を軽減する改正の必要が大蔵省内部で意識されるにいたった。馬場税制改革案は戦時体制のための税制改革案であるけれども、旧中間層の負担軽減の考えが盛り込まれた。その後、方針転換した結城税制改正案、支那事変長期化のための増税法案のたびかさなる提出においても、旧中間層の負担軽減という方針は「都市への重課」というかたちで継続された。そして、戦時体制への農村を基盤とした協力を維持しつづけるため、根本的税制改正の実施が宣言されるにいたった。神野は、四〇年（昭和一五年）の税制改革の実施を宣言した起点を、『東京朝日新聞』三八年（昭和一三年）一二月五日の記事で明らかにされた、増税案を第七四回帝国議会に上程するにさきだち、池田成彬蔵相が貴族院・衆議院両院の内示会で、「これまで経済的事情等により見送ってきました中央地方を通ずる一般的の税制改正を、昭和十五年度を期して実現したいことであります」という発言に求めている。[115]

一九三九年（昭和一四年）四月五日、税制調査会が開かれた。ここで、中央と地方をつうじた税制の大改正のための問題が検討され、やがて地方税財政について、「地方財政の確立」という方針が示された。その後、小委員会が八月より一四回開かれ、さらに一〇月後半、総会が八回開かれ、答申を決定した。さらに若干の修正が加えられ、一二月五日、八日の閣議で「税制改正の要領」を決定した。地方税財政制度改正のための立案は、①税制の簡易化のため、関係法を網羅し、一本の地方税法を制定する、②地方分与税のために単独の法律をつくる、③（地方財政の）関係法規の改正、に重点がおかれた。法案は、三九年（昭和一四年）末から四〇年（昭和一五年）初めにかけて内閣法制局で審議され、地方税法案は四〇年（昭和一五年）一月二〇日に議会提出された。地方分与税法案は内閣法制局での審議に時間がかかり、遅れて提出された。それらは、二月末から三月初めにかけて衆議院を通過し、三月二五日に貴族院を通過し、四月一日までに公布された。[116]

この改正の要点は、『地方自治百年史』において、つぎのとおり整理される。「この税財政改革の目的は、①負担の均衡、②経済政策との調和、③弾力性ある税制、④税制の簡易化であり、この主旨にそって国税改革が行われ、地方税についても、①地方税は物税を中心とし、所得附加税は廃止する、②市町村戸数割を廃止し、負担分任の精神に基づく市町村民税を設ける、③雑種税、市町村特別税を整理し、目的税制度を拡充する、④地方税負担の均衡化を図るため大規模な地方分与税制度を創設するという方針に基づき改正が行われた」。とくに画期的であるのが地方分与税法の成立である。地方分与税は、「一定の税を国税として徴収し、これを地方団体に分与するものであり、還付税と配付税からな」る。このうち、財政調整制度として設けられたのが、配付税である。「配付税は、所得税、法人税、入場税及び遊興飲食税の一定割合を徴収地に関係なく、道府県及び市町村に、各地方団体の財政力の均てん化を図るという目的をもって交付する」と位置づけられた。一九四〇年度（昭和一五年度）の還付税総額は六五二〇万円、配付税総額は二億七七三五万円であった(117)。なお、武田は、「地方分与税の創設によって、地方税収の構造は大きく変化した」と述べ、その例として「一九三九年度（昭和一四年度）から一九四三年度（昭和一八年度）の変化をみると、道府県独立税・同付加税および市町村独立税の比重が五一・六%から一五・二%に減少したのに対して、国からの移転財源は一七・一%から四五・八%へと増大した」ことを挙げる(118)。

挾間は、この改正にかんし、どのような仕事をしたのだろうか。

三好は、税制調査会の「第一回会議と、第二回会議との中間で」、坂から挾間へ地方局長が交代したとき、「この税制改正を前にしての更迭は、私にとっては痛ごとであった」と述べている。加えて、地方局長就任早々、挾間は肺炎にかかり、出勤できない事態が生じた。そのため、地方局では、「五人の課長が協議の形式で局務を処理し」、挾間の病状が好転してのちは、古井と三好とで局長に連絡しながら進めた。それゆえ、税制改革の進行は、「実際上は、殆ど私の独断専行の形を採らざるを得なかった」と三好は述べる。挾間が、「予後の静養を終えられて、局務に従事」したのは九月ころであった(119)。

なお、三好は、時間がかかって厄介だったのが、「交付税」（配付税）の試算であったと述べる。立案の半年以上前からおこなったが、試算だけで数ヵ月かかり、なかなかできあがらなかった(120)。挾間も、どの程度のパーセンテージを交付財源にするか、「所得税、法人税の総額のパーセントですから、たとえば〇・〇二%でも相当な額になるので」、大蔵省との折衝に明け暮れたとして、その日々をつぎのように述べる。

「内務省で地方税のことを担当しておるのは地方局でしょう。ですから私が局長で三好君が財政課長、それから荻田君が事務官、専門にやるのは補助の属官は別としてこの三人だけなのでしょう。ところが大蔵省の方は主税局長、国税課長、経理課長、調査課長それから事務官も二、三人いたのではありませんか。全く不勢《ママ》に多勢です。そこで平田君とか渡辺君など事務官には荻田君が話をする、国税課長の田中君には三好君が話をする、主税局長の大矢君にはぼくが話しをするというように夫々手分けをして、そうですね、数えると八月から一二月の要綱が決まるまで大体四ヶ月ぐらいほとんど毎日のように折衝を重ねたのです[121]」。

大蔵省側の対応、三好の回想と照らし合わせると、一九四〇年（昭和一五年）の地方税制の改正、地方分与税法の制定において、基本的な方針、方向性の決定は、おもに三好がおこなったものと思われる。挾間がおこなった仕事は、地方局長就任から数ヵ月たった、三九年（昭和一四年）八、九月ころに療養から復帰し、税制調査会の審議、一二月の閣議決定にいたるまでのあいだ、所得税、法人税における「交付税」への配分比率の大蔵省との折衝に、三好、荻田と手分けしてあたったことと考えられる。

一九四〇年（昭和一五年）七月、第二次近衛内閣が組閣され、内務大臣には近衛とかかわりのある安井英二が就任した。挾間は、地方局長から内務次官に昇進し、九月に部落会町内会等整備要領を訓令として府県に発した。

三好は、一九四〇年（昭和一五年）三月に地方財税制改正が成立した直後、自分が挾間に訓令を進言したとして、つぎのように述べる。

「財税制面の改正は一応ものになったが、地方制度の改革案は、高閣に束ねたままになっている。当時の状勢として、当分、議会提案には至りそうでない。しかし、あの折角の案、古井君の努力に依って、渉外的にも話の纏ったものを、何とかしたいという願望は、私の心の底から去らない。とつおいつ思案の末、部落会町内会の部分だけは、法律の改正を俟たないでも、訓令でやれるということに思い至った。そうなると、居ても立っても居られない。私は例の『おでしゃ』振りを発揮して、挾間局長（坂さんの次の任に就かれた）の所へ進言に出かけた[122]」。

三好は、挾間に、地方制度のほかの部分の改革も進める必要があること、部落会町内会は改革案のなかでも重要かつ早急におこなう意味があり、訓令でやるのもひとつであること、これは振興課にさせるのが適当と思われること、を進言したと述べる。挾間局長は、「直に」、村田五郎振興課長に部落会・町内会の制度化のための訓令の準備を指示した。村田は同意し、とりくんだ。しかし、斉藤昇行政課長に相談したところ、長いあいだ返事が保留された。その後、局議を通過後も、近衛内閣のもとで就任した安井英二大臣の手許でとどまった。三好が言いだしてからおそらく「半年近くも遅れ」て、訓令が施行された[123]。

（4）大政翼賛会とのかかわり

挾間は内務次官時代、大政翼賛会の組織系統を地方制度にくみこむため、新体制準備委員会にかかわり、府県知事（北海道は長官）を大政翼賛会の支部長にすることに成功した。

第二次近衛内閣は、政治新体制という構想を実現することを条件として一九四〇年（昭和一五年）七月成立した内閣である。それゆえ、内閣成立後、政治新体制の準備委員会が設けられ、その審議を経て、一〇月、大政翼賛会が発足した。挾間は、談話速記録のなかで、五・一五事件以降から第二次近衛内閣にいたる、それぞれの内閣での政党と軍部、とりわけ陸軍の関係、それと新体制運動の経緯を詳しく説明している。そして経緯をふまえたうえで、第二次近衛内閣のもとでの政治新体制の準備委員会において、内務省も意見を述べることができるようにし、近衛声明を修正すべきと安井内相に提案し、常任幹事に就任し、「ところどころ意に満たない点には修正の申入れをした」と述べている。[124]

政治新体制の準備委員会の常任幹事に就任後、挾間は、内務省として、「地方政治にも相当の動揺が起こる危険性がないか」ということを一番注意していた。

しかし、新体制の図は、従来の地方団体系統と大政翼賛会系統の二つの流れを描いていた。それゆえ、挾間は「国政二途にいづることになりはしないか」と考え、二つの系統は避けるべきだと常任幹事会で言いつづけた。また、「これは必ずや地方の行政を総合的に遂行している府県知事との関係が極めて微妙なものになって来はしないか」、府県会と地方協力会議の関係について尋ねつづけた。挾間は、「これはどうしても地方の組織は知事を頂上にして統制と連絡をはかるようにしなければならぬと固く決意」していた。「ところが準備会ではそういうことは知事がやるべきではないというのがほとんど大勢であった」。地方支部長の問題は激しく議論された。府県知事を地方支部長にすることは、多くの人から、とくに陸軍から反対されていた。しかし、師団長会議で、弘前の師団長が「支部長は地方長官でなければならぬ」と発言をしたことで、地方支部長は府県知事が兼ねることに決まった。つぎの特別委員会は混乱した。武藤章が「軍は賛成」と述べる一方、新体制運動に積極的にかかわった政治家・中野正剛は怒り、「内務省の言うとおりにやれ」といって退席し、橋本欣五郎は赤誠会に電話をかけ結局賛成し、府県知事が支部長に決まった。大政翼賛会は、発足後実際の活動に入ると、政府の政策に協力する、国民運動の推進機関のように機能し、新体制に希望を寄せていた人びとの狙いと異なる性格の組織に変わっていった。[125]

なお、近衛に近い立場から新体制運動を展開した後藤隆之介は後年、当時のことをつぎのようにふりかえる。

「当時翼賛会は有力であって支部長問題は内務省の死活問題でした。支部長を知事にして官僚化する事には反対が多く、政党の方でも反対だし、挾間幹事は必死に運動しており軍の力等かりて辛じて成功した次第でした。挾間君はねばりましたね。（中略）軍は翼賛会で親軍的の強力な団体を作るつもりでしたから、内務官僚のもとにする事は好まなかった筈でしたが、挾間次官は海軍に先づ働きかけそれから陸軍にも運動して兎も角知事を以て支部長にしました。内務省としてはこれが関が原でしたからね[126]」。

挾間は、一九四〇年（昭和一五年）一二月下旬、戸主選挙法立案への関与を避けるため、警視総監、警保局長とともに内務次官を辞した。当時の経緯をつぎのように回想する。

「昭和一五年に選挙法改正が問題になりました。選挙法を改正して戸主選挙制に変える、普通選挙をやめるということです。それを内閣で、陸、海軍大臣とか、それから当時もう政党は解消しておりましたから旧政党の幹部、そういう人達が集まって、総理大臣官邸の日本間がありましたが、そこで夜明けまで会議をしました。近衛さんは寝込んでしまった。戸主選挙制に変えるということに決まってしまったのです。私はこれはあまりにもひどいから、発言権はなかったのだけれども、参考のためにこういったのです。当時、農林大臣は石黒忠篤さんでしたが、あの人はお父さんがまだ健在であったから戸主ではないわけです。それで『例えば、いまの農林大臣のごときは、選挙権がなくなります。そういう無茶な立法は、私はできないと思います』と申しました。そうしたら、阿南陸軍大臣に、誰だったか『それでは、但し書きを入れようじゃないか。「但し、兵役に服したる者はこの限りにあらず」そういう規定を入れたらいいじゃないか』と、こういうことになったのです。私は、そういう選挙法は、内務省としては責任を持って決断することはできない。そのときに、もう内務省を辞めるという決意をして、朝帰ったのです[127]」。

挾間は、戸主選挙制案採用という決定を、「普通選挙を覆えすということ自身がおかしい」、「到底恥ずかしくて話にもなんにもならん、立案なんか出来るものではない」と考え、一方で戸主選挙制案を葬るために陸軍の武藤章に交渉し反対の言質をとりつけ、他方で辞職を選択した。一九四〇年（昭和一五年）一二月二三日、挾間は依願免本官、新しく萱場軍蔵が内務次官に就いた。選挙法改正は、平沼騏一郎が内務大臣になり、「ウヤムヤに消え」た。[128]なお、内務次官の依願免本官から少し時をおき、挾間は急遽、大政翼賛会組織局長就任を求められた。かれは断りたいと考えていたが、やむなく就いた。その就任は次官をやめて四ヵ月後の一九四一年（昭和一六年）四月のことであり、四二年（昭和一七年）六月まで務めた。なお、挾間は、このとき、地方支部の若手から、大政翼賛会の「高度の政治性」はどこにいったのか、質問を連発され、答えに困った。[129]

敗戦後、大政翼賛会の地方支部長兼任の知事を務めた者は公職追放となった。挾間は、知事を大政翼賛会の支部長にしたことについて、後年、つぎのように述べた。「これは全く私の主張が実を結んだのですが、その結果知事が全部パージになりましたその張本人なのです。これは非常な責任を感じているのですよ。責任は感じているけれども、私は、当時の政治情勢乃至地方行政と関連して考えるとかくあるべきものだという信念で強く主張いたしました」。[130]公職追放に責任を感じる一方、当時の判断に挾間は自負をもっていた。

おわりに

大村清一、坂千秋、挾間茂は、大正期後半から第二次世界大戦敗戦後の戦後改革まで、地方局のおもだった仕事に軒並みたずさわった。その仕事を概観すれば、かれらの仕事は、時代を先取りして制度研究を積み重ね、政治状況に応じて政策案を提示し、その実現をはかるものであった。それでは、冒頭に示した、四つの内容にどのように位置づけられるか。三人が手がけた仕事を、四つの内容に整理することとしたい。

第一に、民主化を志向する制度改正がある。一九二五年（大正一四年）、普通選挙法。二六年（大正一五年）、公民権拡充の地方制度改正。二九年（昭和四年）、団体自治権拡充を主とした地方制度改正。三一年（昭和六年）、婦人公民権成立を企図した地方制度改正の立案。坂、挾間は、選挙制度・地方自治制度において、選挙権・被選挙権の民主化、また団体自治権拡充のための改正にとりくんだ。坂は、議会政治に国民の意見のあらゆる種類が反映される、選挙制度の整備に意を注いだ。

第二に、平準化を志向する制度改正がある。一九三二年（昭和七年）、地方財政調整交付金制度要綱案の発表。三六年（昭和一一年）、臨時町村財政補給金。三六年（昭和一一年）から翌三七年（昭和一二年）にかけての地方財政調整制度創設と地方税制改革の要綱準備（馬場・潮案）。三七年（昭和一二年）、臨時地方財政補給金。四〇年（昭和一五年）三月、地方税法改正、地方分与税法成立。農村部の地方財政の貧弱化と地方団体の経済活動の重要性を認識するなかで、三好や永安の地方財政調整制度構想を実現するよう、大村、坂、挾間は法案整備や交渉にたずさわった。地方財政調整制度は地方団体間の所得再分配のしくみを創出するものであり、平準化、格差縮小を志向した系譜といえる。地方自治の面でも、「産業自治」という発想のもと、坂は地方局長時代の一九三八年（昭和一三年）、町村が産業自治でリーダーシップを発揮する「農村自治制度改正要綱」を発表し、翌三九年（昭和一四年）に町村制改正法案を準備した。これは、挾間が内務次官のおりの四〇年（昭和一五年）九月に内務省訓令「部落会町内会等整備要領」公布というかたちで展開された。

第三に、内務省―地方制度という全国統治システムの制度防衛をはかる仕事も存在した。新体制運動に対し、挾間は府県知事の大政翼賛会地方支部長化を交渉し、実現した。また、整備をはかった部落会・町内会の大政翼賛会活動での活用を促した。地方制度の活用を勧め、制度維持をはかったといえる。しかし、他面においては、制度の拡大・発展に喜びを見出す心性も存在しているように思われる。

第四。敗戦後の戦後改革において、内務省は、大正期から昭和期にかけての選挙制度、地方制度研究の蓄積を背景に、GHQに先んじて、選挙制度、地方制度の民主的改革をはかった。一九四五年（昭和二〇年）一二月の選挙法改正。四六年（昭和二一年）九月の第一次地方制度改革。四七年（昭和二二年）四月の地方自治法成立にいたる第二次地方制度改革の立ち上げ。総力戦体制に活用された地方制度は敗戦後、GHQの民主化方針のもと、選挙制度とともに改革の対象となった。もっとも、内務省地方局は、民主的・平準的な地方行財政制度、選挙制度構想を長いあいだ蓄積していた。それゆえ、占領統治初期、主導的に戦後改革をすすめることができた。しかし、次第に、GHQ、世論はさらなる改革を要求し、一通りの選挙制度、地方制度改革をなしたのち、内務省、地方局は解体された。

（1）古井喜実「官僚の型破り」大村襄治編『大村清一を偲ぶ』大村清一追悼録刊行会、一九七〇年、一一三ページ。
（2）三好重夫「大村さんの思い出」『大村清一を偲ぶ』一一八ページ。
（3）以上、学生時代の経歴については『大村清一を偲ぶ』よりまとめている。
（4）以上、東京市庶務課長については、追悼集『大村清一を偲ぶ』のうち、田辺定義「その頭脳・その人間味」、前田賢次「東京市政における大村清一さんの思い出」、山道茂夫「東京市役所時代」、川島正次郎「大村君の思い出」よりまとめている。また、経歴はおもに戦前期官僚制研究会編、秦郁彦『戦前期日本官僚制の制度・組織・人事』東京大学出版会、一九八一年を参考にしている。

(5) 北岡伸一『後藤新平――外交とヴィジョン』中公新書、再版一九九八年、一九三ページ。
(6) 大村清一「欧米に於ける大都市制度の梗概（一）」『都市公論』第一三巻第二号、一九三〇年。
(7) 「大村さんの思い出」一二二ページ。
(8) 三好重夫「弔辞」『大村清一を偲ぶ』四ページ。
(9) 持田信樹「財政調整制度の仕組みと機能」佐藤進・林健久編『地方財政読本』〔第4版〕東洋経済新報社、一九九四年、一七三ページ。
(10) 飯沼一省・土屋正三・挾間茂・松隈秀雄・古井喜実・三好重夫・田中二郎・荻田保・鈴木俊一・小林與三次「地方自治五十年の足跡――『自治研究』五十周年を記念して」『自治研究』第五〇巻第一号、一九七四年、一二―一四ページ、三好の発言。
(11) 地方自治百年史編集委員会編『地方自治百年史』第一巻、地方自治法施行四十周年・自治制公布百年記念会、一九九二年、五七〇、六五五―六五六ページ。
(12) 同右、六五九ページ。
(13) 三好重夫「地方財政譚」『三好重夫逸稿集』三好浩介、一九八二年、二一―三五ページ。
(14) 三好重夫「金解禁と地方財政の整理緊縮」『自治研究』第六巻第一号、三好重夫「府県財政に於ける歳入欠陥に就て」(一)―(四)、『自治研究』第六巻第二、四、五、九号、一九三〇年。三好重夫「地方財政調整交付金制度の提唱」『自治研究』第七巻第七号、一九三一年。
(15) 神野直彦「地方財政論の名著　第八回　永安百治『地方財政調整論』」『地方自治職員研修』第一八〇号、一九八二年、八六ページ。
(16) 永安百治「地方税制の改正と貧弱団体」『斯民』第二六編第一一号、一九三一年、三一一ページ。また、これより前、地方財政調整交付金制度という言葉は用いていないが、同様の主張を「貧弱町村財政の救済策」(『自治研究』第七巻第四号、一九三一年)でおこなっている。

(17)「地方自治五十年の足跡」一四ページ、三好の発言。
(18)「特別附録　地方財政調整交付金制度要綱案」『自治研究』第八巻第八号、一九三二年。内務省要綱案発表の一年前の一九三一年（昭和六年）九月、大蔵省も国庫交付金制度案を発表した（武田勝「日本における財政調整制度の生成過程」神野直彦・池上岳彦編『地方交付税　何が問題か』東洋経済新報社、二〇〇三年、三五ページ）。
(19)「地方財政譚」五一―五二ページ。
(20)『地方自治百年史』第一巻、六六七―六六八ページ。
(21)「地方財政譚」五三ページ。
(22)前田多門ほか「座談会　自治の経済化に就て」『斯民』第二三編第一号、一九二八年。また、「産業自治」は三好重夫が主に唱えていた（「地方財政譚」一二九ページ）。
(23)石丸敬次「大村先生の庶民性」『大村清一を偲ぶ』一七七―一七八ページ。
(24)「地方財政譚」八九―九〇ページ。同様に、伊藤隆監修『現代史を語る2　三好重夫――内政史研究会談話速記録』現代史料出版、二〇〇一年、一四五ページ。古井喜実『山陰生れ　一政治家の人生〈私の履歴書〉』牧野出版、一九七九年、三〇―三一ページ。
(25)「地方財政譚」一一二―一一三ページ。「官僚の型破り」一二四ページ。
(26)「地方財政譚」九一―九二ページ。
(27)『地方自治百年史』第一巻、六六九―六七一ページ。
(28)松隈秀雄「昭和財政史史談会記録　第二回　税制改正と名糖事件」『ファイナンス』第一三巻第一二号、一九七八年、八六―八七ページ。
(29)松隈秀雄「昭和財政史史談会記録　第三回　いわゆる馬場税制について」『ファイナンス』第一四巻第一号、一九七八年、七二ページ。
(30)戸数割は、「他の税収が一定の課税標準に基づいて算定されたのち、当該地方団体の不足する収入額を、各戸に分賦する方法」を採り、地方団体の主な税源だったが、過重負担と市町村間の負担格差が問題であった（金澤史男「日本における地方財政の歩み」『地方財政読本』〔第4版〕六〇ページ）。
(31) 付加税とは、「国や上級の地方団体の課税する租税（本税）に対して、下級の地方団体が一定割合を乗じて徴税する租税」をさす。「地方団体の独自の税源ではないこと、上位団体により一方的に課税制限が課されるなどの問題がある」（同右、五五ページ）。
(32) 「地方自治五十年の足跡」一六ページ、松隈の発言。
(33) 「賀屋興宣」日本経済新聞社編『私の履歴書　第一九集』日本経済新聞社、一九六三年、二四〇―二四一ページ。
(34) 大村清一「地方財政及税制改革案の全貌」中、「地方財政及税制改革要綱」『都市公論』第一九巻第一一号、一九三六年、二三―二四、二六ページ。
(35) 『現代史を語る2　三好重夫』一四八ページ。
(36) 同右、一四九ページ。
(37) 賀屋興宣「畏友　大村清一君を偲ぶ」『大村清一を偲ぶ』二九三ページ。熊埜御堂健児「大村先生の憶い出――ところどころ」『大村清一を偲ぶ』二一六―二一七ページ。なお、賀屋による北支那開発株式会社の意味づけは、「賀屋興宣」二五九―二六〇ページ、「畏友　大村清一君を偲ぶ」二九三ページを参考にした。
(38) 「東京市政における大村清一さんの思い出」二四四―二四五ページ。
(39) 市川隆二「大村清一先生を憶う」『大村清一を偲ぶ』二二六―二二八ページ。
(40) 同右、二三〇ページ。
(41) 山本晴男「大村さんと私」『大村清一を偲ぶ』一六五ページ。
(42) 門司亮「大村さんの偲い出」『大村清一を偲ぶ』二一一ページ。
(43) 木村美栄「思い出」『大村清一を偲ぶ』二〇七ページ。
(44) 三隅一成「大村清一氏を語る」『大村清一を偲ぶ』二五三―二五四ページ。

(45) 河内浩治「清一叔父のこと」『大村清一を偲ぶ』二六一―二六二ページ。
(46) 一九四六年(昭和二一年)一月、五月の『朝日新聞』記事にもとづく。
(47) 郡祐一「大村内相の真面目」『大村清一を偲ぶ』二七二―二七七ページ。
(48) 大村清一・郡祐一・林敬三・鈴木俊一・小林與三次・金丸三郎・奥野誠亮・佐久間彊・荻田保「座談会　地方自治法制定の思出」『自治時報』第一〇巻第五号、一九五七年、一八ページ、大村の発言。
(49) 岸田幸雄「京大時代よりの友」『大村清一を偲ぶ』九八ページ。
(50)「座談会　地方自治法制定の思出」一九ページ、大村の発言。
(51) 小林與三次「公職追放令来る」大霞会編『続内務省外史』地方財務協会、一九八七年、三三五―三三六ページ。小林與三次『私の自治ノート』帝国地方行政学会、一九六六年。
(52)「座談会　地方自治法制定の思出」二一ページ、大村の発言。
(53) 同右、一九ページ、大村の発言。
(54) 鈴木俊一「大村さんの思い出」『大村清一を偲ぶ』二八〇ページ。
(55)「座談会　地方自治法制定の思出」二〇、二一ページ、大村の発言。
(56) 内政史研究会『内政史研究資料第三一、三二、三三集　挾間茂氏談話速記録　昭和四〇年一二月一三日、二二日、昭和四一年一月二一日』三ページ。
(57) 挾間茂・古井喜実・三好重夫・入江誠一郎・郡祐一・荻田保・長谷川勉・武岡憲一・鈴木俊一・小林與三次・河中俊四郎「座談会　坂千秋氏を偲びて　昭和地方制度の歩み」『自治研究』第三五巻第七号、一九五九年、一〇五、一〇七ページ。
(58) 内政史研究会『内政史研究資料第五集　田中広太郎氏談話第一回速記録　昭和三八年七月一三日』五二ページ。
(59) 同右、二六―二七ページ。田中は、地方財政の専門家として、一九一七年(大正六年)から二八年(昭和三年)にかけて、地方局にいた。

(60)「座談会　坂千秋氏を偲びて」一〇二ページ、挾間の発言。
(61) 松尾尊兊『普通選挙制度成立史の研究』岩波書店、一九八九年、二三四、二三六、二五五、二七一、三〇七、三一〇、三一三、三一八ページ。
(62) 坂千秋『比例代表の概念とその技術』良書普及会、一九三二年、一―二ページ。
(63)「座談会　坂千秋氏を偲びて」一〇二―一〇三ページ、挾間の発言。
(64) 同右、一〇七ページ、古井の発言。
(65) 後藤文夫・堀切善次郎・岡田文秀・土屋正三・挾間茂・亀山孝一・古井喜実・遠藤為吉・河原春作・勝俣稔・渡辺伊之輔・弘津恭輔・荻田保「座談会　潮恵之輔さんの思い出」『大霞』第二七号、一九六四年、七―八ページ。これは有名な逸話である。なお、三好も、一九三六年（昭和一一年）、馬場・潮案準備の際、潮内相への説明会のような省議が、夏休暇返上で連日繰り広げられたことを回想する。潮は、「納得の行くまで、根掘り葉掘り訊」き、また、「夜は夜で、独りでみっちり研究されていて、その結果疑問にされる点問題となる点を克明にメモされて、それを」三好を「呼んで手渡し」、「それへの解答を書けと命令」した（「地方財政譚」一〇八―一一〇ページ）。
(66)「座談会　坂千秋氏を偲びて」一一二ページ、挾間の発言。一一五ページ、長谷川の発言。一一〇―一一一ページ、郡の発言。
(67) 潮恵之輔・坂千秋・荻田保「選挙法の改正その他について――潮恵之輔氏の思い出」『自治時報』第五巻第一二号、一九五二年、五ページ、坂、潮の発言。
(68)「座談会　坂千秋氏を偲びて」一〇四ページ、挾間の発言。
(69) ただし、坂を選挙法の、挾間を地方制度の専門家に推した田中広太郎は、坂への叙勲が、同期入省の挾間とのあいだに序列を生み出すのではないかと危惧した（内政史研究会『内政史研究資料第十三集　田中広太郎氏談話第三回速記録　昭和三九年二月六日』一五ページ）。
(70) 以上、一―四章の要約における「　」内は、『比例代表の概念とその技術』より引用。

(71)「座談会　坂千秋氏を偲びて」一二九―一三〇ページ、挾間の発言。
(72)同右、一〇八―一〇九ページ、鈴木の発言。
(73)同右、一〇七ページ、河中の発言。
(74)同右、一二六ページ、武岡の発言。
(75)『田中広太郎氏談話第三回速記録』一六ページ。
(76)『田中広太郎氏談話第一回速記録』五四ページ。
(77)法案提出の状況は、松尾尊兊「解説　帝国議会における婦選法案の推移」(『『婦選』解説・総目次・索引』不二出版、一九九四年)において明らかにされている。
(78)杣正夫は、一九二五年(大正一四年)の普通選挙法立案過程で、小会派革新倶楽部が大選挙区比例代表制を主張したが、研究課題にとどまったことを紹介している。また、三三年(昭和八年)の第六四回帝国議会に提出する選挙法改正案のための答申を作成する段階で、法制審議会で比例代表制が検討された。しかし、結論が出ず、改正法案には盛込まれなかった。同法案も審議未了に終わった(杣正夫『日本選挙制度史――普通選挙法から公職選挙法まで』九州大学出版会、一九八六年、八三、一六一ページ)。
(79)審議会では、衆議院議員選挙に比例代表制の導入が検討された。しかし、改正された内容は、選挙運動の公営化などであった。
(80)「地方財政譚」九五、一〇一ページ。三好は、地方税納税者の負担軽減が、臨時地方財政補給金制度の真の目的である点で、この「制度の本質は補助金」であり、「地方財政調整の制度と看るのは謬見である」と述べる(同、九八―九九ページ)。なお、三好は、臨時地方財政補給金規則公布の直前、一九三七年(昭和一二年)七月に庶務課長に就き、地方局の分課組織変更にともない、財政課長となり、四一年(昭和一六年)一月まで務めた。
(81)庶務・財務の二課廃止、財政・監督の二課設置は、「財政事務のうち財政制度の企画等に関する部門と、日常の地方債及び税等の監督事務を分離処理させるため」であった。振興課の新設は「町内会・部落会等、自治振興の事務」担当のためであった。地方局の分課は昭和期初めよりしばらくは行政課、財務課、地方債課の三課だったが、一九三六年（昭和一一年）、「臨時町村財政補給金制度の実施等に対処して」、四月、地方債課が廃され庶務課がおかれ、七月には監査課が設けられ四課になった（『内務省史』第二巻、六四ページ）。また、三八年（昭和一三年）四月一七日、自治制発布五〇周年記念式典が挙行された。

（82）　貴族院調査課『農村自治制度改正に関する資料』（参考資料第一四号）一九三九年二月、五―八ページ（地方自治研究資料センター所蔵）。

（83）『現代史を語る2　三好重夫』一五二ページ。「地方財政譚」一二八―一三三ページ。

（84）　内政史研究会『内政史研究資料第三七集　古井喜実氏談話速記録』一七ページ。古井喜実「町村の構成及組織に関する疑問」『自治研究』第四巻第一二号、第五巻第一号、一九二八―一九二九年。

（85）　変更点はつぎのとおり。要綱一の文中、「綜合団体としての」を「町村内の各種団体等の活動の連絡協調を図るべく」に、「発揚」を「活用」に変更。（イ）全文削除。（ロ）を（イ）に変更し、「総合調整」を「連絡協調」に変更。（ハ）を（ロ）に変更し、「総合調整」を「連絡協調」に変更し、「及当該官庁に意見を提出し」を削除。また、要綱二（ハ）の区長の、区内の各種団体の「連絡調整」を「連絡協調」に変更（「地方制度調査会答申の地方局原案修正点」貴族院調査課『農村自治制度改正に関する資料』一二七ページ）。

（86）「町村制改正　吏員充実ニ関スル各種ノ論議（二）（新聞ノ部）」『昭和十三年　町村制改正法律案及参考資料（其ノ二）地方局』（国立公文書館所蔵　自治省四八　三A－一三－八－一四八）。なお、町村制改正案見送りと政党の関係は、『東京朝日新聞』（社説　昭和一四年二月一九日）「不公明なる提案中止」、『大阪毎日新聞』（議会往来　昭和一四年二月一七日）「総親和の弱身　『町村制改正』繞る底流」、『報知新聞』（昭和一四年二月一八日）「政府側の敗北　現内閣の政治的脆弱性」などを参考にしている。政党が同法案の提出に反対した理由は、部落単位の選挙区にすること、農会長、産業組合長、また町村長選任の名望家等を町村会議員の三分の一以内とできることに対する反発と書かれている。他方、「強硬に提案を進めた」として内務省を批判する記事もあった（『下野新聞』（昭和一四年二月二一日）「淡雪の如くに消えた哀れ『町村制度改革案』 猛威を示した衆院各派」）。
(87)「座談会　坂千秋氏を偲びて」一一〇ページ、荻田の発言。
(88)「地方財政譚」一五三ページ。
(89)「座談会　坂千秋氏を偲びて」一〇九―一一〇ページ、三好の発言。
(90) 荻田保「大村さんの思い出」『大村清一を偲ぶ』一四二ページ。
(91)「座談会　坂千秋氏を偲びて」一一三―一一四ページ、長谷川の発言、一一五ページ、三好の発言。
(92) 三好は、坂が地方局長時代、軍馬資源保護法で軍部とわたりあい、内務省側の主張を通したことを「地方財政譚」で回想している（一〇二―一〇三ページ）。
(93)『田中広太郎氏談話第一回速記録』五二―五三ページ。
(94) 地方自治研究資料センター編、自治大学校研究部監修「戦後自治史Ⅳ（衆議院議員選挙法の改正）第1章　昭和二〇年一二月の衆議院議員選挙法改正」『戦後自治史』第二巻、文生書院、一九七七年。
(95)「地方自治五十年の足跡」三六―三七ページ、鈴木の発言。
(96)「座談会　坂千秋氏を偲びて」一一八ページ。
(97)『田中広太郎氏談話第三回速記録』九ページ。
(98)「座談会　坂千秋氏を偲びて」一一七ページ、入江の発言。
(99) 同右、一一七ページ、入江の発言。
(100) 学生時代のこと、入省のいきさつは、『挾間茂氏談話速記録』二―四ページ。
(101) 同右、五―一一ページ。
(102) 同右、一四―一五ページ。
(103) 挾間茂「大都市制度改正の研究」『続内務省外史』三七ページ。
(104)『田中広太郎氏談話第一回速記録』二六―二七ページ。

(105)「座談会　潮恵之輔さんの思い出」六ページ、挾間の発言。
(106)「大都市制度改正の研究」三七ページ。『挾間茂氏談話速記録』五三ページ。
(107)『挾間茂氏談話速記録』五七ページ。
(108)同右、二〇―二二ページ。
(109)「座談会　坂千秋氏を偲びて」一〇三ページ、三好の発言。
(110)挾間茂『地方自治に関する行政学的考察』(自治資料パンフレット第二一輯)全国町村長会、一九三二年。挾間茂「地方自治の体制と其の動向」(一)―(三)『斯民』第二九編第四―六号、一九三四年。
(111)以上、文書課長、人事課長時の回想は『挾間茂氏談話速記録』七六―七八ページ。
(112)同右、七九―八五ページ。
(113)同右、八四、九〇ページ。
(114)「昭和財政史史談会記録　第三回」。
(115)神野直彦「馬場税制改革案の形成過程」『ジュリスト』第六九二号、一九七九年。神野直彦「一九四〇年(昭和一五年)の税制改正(1)」『証券経済』第一三五号、一九八一年。なお、引用は「一九四〇年(昭和一五年)の税制改正(1)」一五六ページ、注(10)。
(116)「地方財政譚」一五一―一九三ページ。
(117)『地方自治百年史』第一巻、七六五―七六六、七六八ページ。他方、還付税は、地租、家屋税および営業税の三税が、「物税は地方へという観点から、その全額が地方団体の財源とされたが、賦課徴収の便宜上、国税として徴収され、その全額を徴収地の道府県に還付する」とされた税制度である(同、七六六ページ)。
(118)「日本における財政調整制度の生成過程」四八ページ。
(119)「地方財政譚」一五三、一六三ページ。
(120)同右、一七二ページ。なお、三好は、閣議決定した「税制改正の要領」において「交付税」と称していた制度を、法案成文化の過程で「配付税と名づけることとした」と述べる（同、一八二ページ）。すなわち、「交付税」とは「配付税」をさす。

(121)『挾間茂氏談話速記録』九八ページ。

(122)「地方財政譚」一三三ページ。

(123)同右、一三三―一三四ページ。新里孝一は、訓令立案の政治的背景を、挾間の回想に依拠する。挾間は、部落会・町内会の法制化の必要を考え、地方局長、地方局振興課に研究を指示した。しかし、行政課が法制化に賛成ではなかったことから、内部調整のため、訓令にした。新里孝一「『内務省訓令第一七号』の政治的背景――翼賛体制における内務省地方局の農村自治構想②」『大東文化大学紀要』第三五号、一九九七年、二一一―二一四ページ。出典は、『挾間茂氏談話速記録』一四七―一五一ページ。

(124)『挾間茂氏談話速記録』一三二―一三三ページ。

(125)同右、一三三―一三五ページ。

(126)内政史研究会『内政史研究資料第七〇集　後藤隆之介氏談話速記録　第五回　昭和四三年四月五日』一二ページ。

(127)挾間茂「戸主選挙制を潰す」『続内務省外史』一五五―一五六ページ。

(128)『挾間茂氏談話速記録』一四一―一四二ページ。

(129)同右、一三六ページ。

(130)同右、四三ページ。

3章　衛生局技術官僚の特性
官僚制における専門性について

株本千鶴

はじめに

衛生行政の業務の多くは医学的知識を必要とするため、その知識を有する主体の働きなしには成り立たない。厚生省成立以前まで、内務省衛生局を中心とした衛生行政の執行に欠かせない主体が技術官僚であった。本章では、かれらの特殊性に着目し、その専門性を基盤とした衛生局官僚制の特性について考察する。

技術官僚についての研究はそれほど多くないが、近年になり、藤田由紀子、大淀昇一、新藤宗幸などの技術官僚を主題とした研究によって、新たな角度から日本の官僚制の特性が明らかにされるようになった[1]。

新藤は、現在の公共事業における「技官の王国」の状態を批判するにあたって、まず戦前の技術官僚の地位について振り返っている。そのなかで、技術官僚たちが行政機構のなかで「冷遇」されてきたという言説について、

「行政体制を確立した明治中期から大正にかけて、技術官僚を必要とした官庁では、彼らが『冷遇』されつづけたとはいえないだろう。最初は西欧留学組、つづいて国内での養成組の技術官僚は、社会基盤の整備事業を担う官庁において、それなりに重用された」「文官試験試補及見習規則、文官任用令での人事システムにおいて、行政官と技術官に待遇の違いがみられるのは事実である。だが、技術官僚『冷遇』観が一挙に噴き出したのは、日本の支配体制の安定と社会基盤整備事業の一応の『終了』に起因しているといえよう」と指摘している。また、技術官僚の待遇改善運動の裏には、差別待遇があるにもかかわらず、「行政現場では重要な役割を担わされていること」が不満の原因のひとつであるとみている。(2)

「冷遇」への抵抗として、大正から昭和初期、技術者水平運動が活発になる。このあたりについては大淀による土木工学系の技術官僚を中心とした地位向上運動の分析が詳しい。この水平運動は成功したとはいえないが、その後の戦時行政体制という時代の要請は、技術官僚たちの地位向上に有利に働いた。各省の技術官僚たちが集結し、一九三七年（昭和一二年）には六省技術者協議会（内務、鉄道、農林、通信、商工、大蔵）が設置される。ここで技術官僚の有力な同盟者となったのが軍部である。(3)

新藤はこのような歴史的展開をみたならば、「その時々に特異な時代の要請があったものの、技術官僚が戦前期に一貫して『冷遇』されつづけたとはいえない。逆にいえば、『法科万能』としてのみ戦前期官僚機構を描くのは妥当ではない。それは一時期の技術官僚が展開した水平運動の主張に、とらわれすぎであるともいえよう。戦前期の技術官僚は、名実ともにそれぞれの技術分野におけるエリートであった。むしろ、このエリート性が崩れる戦後経済発展過程において、技術官僚『冷遇』観は増殖されていったのではないだろうか」という。(4)

本章の分析対象となる衛生局の技術官僚についても、新藤の見方が大方あてはまる。明治初期から後期にかけての衛生局長は、つなぎの局長を除いてすべて医師出身の技術官僚であった。この事実からすれば、この時期は技術官僚がそれなりに重用されていたといえる。しかし、文官任用令の改正(5)などにより法科偏重の人事が定着することで、「冷遇」が助長されたのも事実であろう。後述するが、「現場では重要な役割を担わされていること」に対する不満感も、伝染病対策の業務や種々の調査などで実際にあった。そして、これらの「冷遇」が、厚生省設立の一因になったともいえる。

ただ、この技術官僚「冷遇」観が、誰と誰を比較しての「冷遇」という事実から生まれているのかがはっきりしない。主に法制官僚に比しての技術官僚「冷遇」の事実に焦点が当てられていることはわかる。しかしその他にも、内務省内の他局との比較の視点にたてば、衛生局そのものに対する「冷遇」もあった。また、医師である技術官僚は医師の世界での派閥にも属していたため、派閥間での「冷遇」というものも培養されていたのではないかと考えられる。

藤田は、技官の行政組織における「自律性」という概念を鍵として土木技官と医系技官の自律性の態様を分析した(6)。そこで藤田は、組織内のプロフェッションをめぐる「自律性」には、「政治家などの『組織外圧力からの自律』と、組織を構成する下位集団としての『組織内における自律』の二つの側面」があるとし、後者の「組織内における自律」に重点をおいた。本稿では、藤田のいう「組織外圧力からの自律」にも目を向け、技術官僚の専門性にかかわる「組織外圧力」として、その主たる輩出源であった東京帝国大学およびその主管庁である文部省を想定する。そして、それらと衛生局技術官僚との対立関係の分析から、技術官僚という主体の行為を特徴づける要素の一つとして、「冷遇」の実態を把握したい。

以下ではまず、第**1**節で官僚制と専門性、内務行政における法制官僚の専門性について検討し、第**2**節で土木行政と衛生行政での技術官僚に対する「冷遇」とそれをめぐる葛藤を比較する。そして第3節と第4節で、衛生局技術官僚の実態を分析する。分析の時期は明治初期から厚生省成立時までとし、帝大法科卒の文官高等試験合格者が局長を務めるようになった時点を分岐点として前期と後期に分け、それぞれの時期を代表する技術官僚を分析対象としてとりあげる。前期は後藤新平と北里柴三郎、後期は勝俣稔と高野六郎である。

1　内務行政における専門性

(一)　官僚制と専門性

まず本稿で用いる用語である「官僚制」と「専門性」の定義について述べておきたい。官僚制とは、辻清明の定義によれば「特定の集団における組織と行動様式にあたえられた名称」であり、この特定の集団は、理念的には合理的な機能を発揮するものであるが、ときには官僚主義や官僚政治など病理的症状を呈するという特色をもつ[7]。社会学的にはウェーバーに代表される定義で、官僚制とは「複雑で大規模な組織の目的を能率的に達成するため組織の活動が合理的に分業化された管理運営の体系」とされる。この定義は官僚制の構造的、機能的特性に焦点を当てた「中立的概念定義」といえるが[8]、能率性、合理性を目指す体系としての官僚制はひとつの理念型であって、辻のいうように、一方で官僚制は官僚主義や官僚政治を生み出す要素を多分にもっている。したがって、その点を考慮し、理念と実態の双方を分析することが必要である。本稿では辻とウェーバーの定義によりながら、衛生局の官僚制を複眼的視点からみてみたい。

つぎに専門性についてであるが、ウェーバーによれば、官僚制的行政は文書による行政であって、官僚制は「知識による支配」である。ここでの知識とは、「法律や規則に関する知識とそれを実際に運用する実務知識（執務知識）」であり、佐藤慶幸はこれを「官僚的専門知識」と名づける。[9] 官僚的専門知識は、換言すれば、法制官僚（ジェネラリスト）が官僚制を合理的に遂行するために必要な専門知識であり、科学技術的知識を必要とする行政を遂行するために必要な専門知識とは別個のものと考えられる。したがって佐藤が述べるように、ウェーバーのいう官僚とは「プロフェショナルの原理にもとづいて意思決定し行動する人間ではなくて、あくまでも官僚制の原理にもとづいて行動する人間」であるため、ウェーバーの官僚制理論では「理念的には、プロフェショナルの原理は排除されていると理解することのほうが妥当」である。ここでいうプロフェッショナルとは、各分野における専門エキスパートを指す。[10]

では、現実の官僚は、具体的にどのように分類され、説明されうるだろうか。

新藤によれば、法制官僚とは事務官のことで、「法令案や通達、通知、告示などの行政準則の作成と解釈や適用、予算の編成や実行、決算のとりまとめなどの実務を担いつつ、組織単位の管理者として官僚制組織内において昇進していく」。これに対して、技術官僚とは、「ある特定専門分野における専門知識と技術」を有する官僚である。社会基盤整備や、保健・医療分野では政策・事業計画作成において必要であり、個別の事業実施を民間に請け負わせる際の技術面での監督や検査・検定実施においても必要な存在である。しかし、「官房系組織を中枢とする行政機関にとって、ある意味でマージナルな職員集団」でもある。[11]

また、ラーソンは、行政組織の中でのプロフェッションを二つに類型化している。第一は、「公共サービスの拡大の直接的な結果として生じた、教師、ソーシャルワーカー、住宅の管理者及び計画者など、教育・福祉や公共の利益のための規制などに従事する、いわゆるストリートレベル・ビューロクラット」である。第二は、「これらの

公共サービス従事者を雇用する大規模な組織を管理・統制する必要によって出現した管理職、マネージャー」である。(12)

このラーソンの二類型に対して、藤田は、第三の類型として「行政外部の社会におけるプロフェッションが保有するのとほぼ同等の専門性を有するとみなされる公務員」をあげている。すなわち、「公務に従事する、建築・土木技師、医師、会計士、法律家などのプロフェッション」である。そして、日本の技官をこの類型に分類することが可能であるとし、自身の研究において、技官が保有する「専門性」とは、「特に自然科学分野における高度な専門教育による体系的知識に基づく専門性である」と特定している。(13)

新藤、ラーソン、藤田の定義は官僚の役割や機能、専門性の違いをもとに設定されている。これらを参考に、本稿では、「法制官僚」を新藤の定義による法制官僚と同様の意味をもつものとして用いる。そして、新藤の定義する技術官僚と藤田の設定する第三類型の公務員がほぼ同義のものとかんがえ、本稿での「技術官僚」はそれらと同様の定義で用いる。また、本稿で用いる「専門性」は、法制官僚のばあい、ウェーバーのいう「官僚制を合理的に遂行するための専門知識、専門技術」のことを、技術官僚のばあい、藤田のいう「特に自然科学分野における高度な専門教育による体系的知識に基づく専門性」を意味するものとする。

ウェーバーの定義は官僚制の本質を包含するものであり、その特性の分析から導出された理念型である。官僚制とは「官僚制の原理にもとづいて行動する人間」によって支配される組織体系であるため、それに必要な専門性が重視されることは明白である。換言すれば、だからこそ、「プロフェショナルの原理にもとづいて意思決定し行動する人間」とのあいだに葛藤が生じる。

（2）内務省における法制官僚としての専門性

明治維新後、お雇い外国人によって医学や土木などの技術が日本に導入された。またどうじに、外国で先進の専門知識を吸収してきた技術官僚が近代国家形成のために政府に登用された。しかし、維新直後の混乱が落ち着き、大学による教育システムが整備され、文官高等試験が実施されるようになると、大学出の法制官僚が多数輩出され、官界に進み、行政の主役となっていった。

内務行政における専門性については、技術系の局以外では専門家がいなかったという、関係者による言及がある。ここでいう専門家とは本稿で用いる技術官僚のことである。

たとえば、田中二郎と土屋正三[14]の発言に次のようなものがある。

「戦前は、今日ほどこれらの行政（筆者注：土木・衛生・社会）が一般からは注目されなかった。（中略）各種伝染病対策や、医事・薬事行政や社会保険等の厚生行政にしても、労働政策等の労働行政にしても、それほど重要視されなかったように思います。その多くは地味で、予算をつけて仕事をやっていきさえすればよかったともいえます。（中略）やはり警察全体の総元締めの立場にある『警保局』と、府県行政を支配し、地方行政全体を掌握した『地方局』とに重点がおかれていたのではないでしょうか。少なくとも、われわれ第三者の眼にはそういうふうに映りました」（田中二郎）。

「私は内務官僚には専門家というのがないと思うのです。土木局とか衛生局の技師は別ですが、いわゆる事務官には専門家がいないのですよ。ところが、農林省や商工省へいくと専門家がいるのですね。専門家がいないとつとまらんわけです。逆に内務省というのは、あまり専門家ではつとまらんのではないかと、これが内務省の一つの特色ではないかと私は思うのですが……」（土屋正三[15]）。

田中が厚生行政や労働行政を「地味」というのは、警察行政や地方行政が「派手」だったということを意味し、内務省の二局史観を裏づける。土屋の「専門家ではつとまらん」をいいかえれば、内務官僚には学問は必要でなく、政治的手腕を発揮し、知事としての円満な常識があればよいということになる[16]。

内務省から法制局に移った井手成三も、事務官を念頭に置いて、次のように内務官僚を特徴づける。

「なかでも内務官僚は、他の官僚群に比し、専門的な部門に専念することが少ないわりに何事にも接触して調整的機能を果たそうとし、技術的な掘り下げをするよりも、人と人との応接に力をそそぐところにその特色が見られる。したがって政治家として頭角を現す人も出す一面、多くの人を官場（役所）の雑草的存在に追いやった[17]」。

いずれにせよ、同じ内務官僚でも事務官と技術官僚とは区別される職種であり、一般的な内務官僚像が事務官、すなわち法制官僚であることは間違いない。そして、内務官僚のキャリアの最終目標は知事であったため、専門や技術よりも知事にふさわしい人格や常識、あるいは政治力が必要だと認識されていたこともわかる。内務官僚にとって、それらこそが法制官僚の専門性として具体化された専門性であった。

いっぽう、このような法制官僚の専門性を帯びない存在である衛生局に対する評価は、低くならざるをえなかった。

たとえば、千葉県知事であった岡田文秀は、一九三四年（昭和九年）に衛生局長に任命されたが、そのときの感想は、「別に衛生局長を栄転とは考えなかったが、本省に帰ることは将来政治的に進出するためには何かと便宜であろう、まずまず賀すべきであると思った」であった[18]。局長就任は出世のための足がかりていどにしか感じられなかったということか。対照的に千葉県知事の任命については、「この時代の知事は帝国憲法によって天皇の任命するところであった。勅任の地方長官であると同時に自治体である府県の知事であったのである。今日日本憲法による公選知事とは根本的に法的性格を異にしている。知事自身も天皇のご名代として府県民統治のことにあたるという誇り高い心構えをもってこの任にあたったのである」と格別の意気を込めて回想している[19]。

2　土木局技術官と衛生局技術官

内務省で技術官僚が主体となっていた部局は土木局と衛生局である。両者はともに、前節でみた内務省の法制官僚としての専門性を十分に持ち合わせていない部局である。法科万能の組織構成が定着し、明治初期からのめまぐるしい事業整備の展開が落ち着きをみせてきた頃、技術官僚たちはみずからの専門性の伸張を目的とした運動を発展させていった。

帝国大学体制や高文制（文官任用高等試験）が確立する明治後半以降、技術官僚の地位・待遇は、高文合格者とのあいだで格差をつけられていた[20]。その背景には、「一つには、技術系では銓衡任用制が一貫して採られ、大学の成績に加えて、コネ・縁故の介在する余地が小さくなかったという事情がある。採用後も、法学士は属になり、普通一、二年で高等官に昇進するのに、技術系の場合は、本省採用では属だが、出先の土木出張所採用の場合は工手からスタートした。高等官である技師に昇格するのも、法学士に比べ二、三年は遅れたうえ、昇進ポストも事務系に比べて限られていた[21]」。

このような採用や昇進、およびそれに連動する報酬における待遇差別は、技術官僚にとっての「冷遇」の事実である。また、この「冷遇」は単なる職業上の次元にとどまらない。辻のいうように、日本においては「行政事務によって区別せられた上下関係が、そのまま社会的身分の上下関係を表示し」、「ひとは官職の等級によってそれを占める個人の社会的地位を判断する」[22]。したがって、職務上の地位や待遇は重大な社会的価値を帯びたものであった。このことから、技術官僚が受けた「冷遇」は、職業上の次元を超えた社会的な次元において、より深刻な内実をともなうものであったと思われる。

このような現実の「冷遇」を背景に、土木技術官僚の運動がはじまる。いわゆる技術者水平運動である。これは、時期としては、内務省土木局の担ってきた河川水系の河床や堤防改修を中心とした直轄治水事業が一段落し、治水が内務行政にとって「傍流」事業になり、農商務省における森林、畜産、農業土木など技術系分野よりも、「小作争議などにゆれる農村秩序の安定」が重要政策課題となっていた頃にはじまった[23]。

技術者の地位向上のための運動を展開する工政会が、一九一八年（大正七年）四月に発会、同年暮れの会員数は一〇〇〇人を超えていたという。おなじ頃に、技術官僚の集まりである農政会、林政会、医政団（内務省衛生局系技術官僚集団）なども結成され、文官任用令改正を求めて共同行動を展開した[24]。

一連の運動には宮本武之輔の強力なリーダーシップがあった。宮本は、一九一七年（大正六年）、東京帝国大学工学部を卒業し、内務省に入省。「大学在学時代から技術官僚の独立、地位向上を日本社会の課題と考え、いわゆる法学士『行政官に対する戦争』を決意」していた、「筋金入り」の人物であった[25]。政治的スケールが大きく、「技術家的行政官」を目標に、「法科的修養」を身につける努力をしていたという[26]。宮本は一九三八年（昭和一三年）暮れに、興亜院技術部長に、四一年（昭和一六年）には企画院次長に就任している[27]。

一九二〇年（大正九年）一二月、「日本工人倶楽部」が創立され、総会が開催された。発会の辞は宮本が執筆した。案内状は大正年間に卒業の土木工学士に送られた。一九二七年（昭和二年）頃には、日本工人倶楽部の会員数は五〇〇〇人余りに膨れ上がり[28]、一九三五年（昭和一〇年）一月には、技術国策の調査研究を前面に掲げ、多方面の技術者の結集が目指されるようになり、会名が「日本技術協会」と改められた[29]。

昭和に入り、第一次近衛内閣の発足後、企画院設置（一九三七年（昭和一二年））、国家総動員法制定（一九三八年（昭和一三年））があいつぐ。これらを契機に、一九三七年（昭和一二年）一一月に日本技術協会と六省技術者協議会（内務、鉄道、農林、逓信、大蔵、商工）が共催で技術立国技術者大会を開催した。大会直後、日本技術協会と工政会は文官任用令改正建議を提出。要求項目は二つで「文官選考委員中ニハ技術者ヲ加入セシムルコト」「技術ヲ主トスル庁、官ノ長官ニハ技術者ヲ任用スルコト」であった[30]。運動の高まりのなか、一九三七年（昭和一二年）に岸良一が農林省で初の技術官局長として畜産局長に、三八年（昭和一三年）には厚生省発足と同時に、衛生局技術官僚だった高野六郎が予防局長に就任している[31]。

一九三八年（昭和一三年）秋には、工政会、日本技術協会、七省技術者協議会（以前の六省に厚生省追加）、対支技術連盟（技術官僚を中心とした中国大陸の総合的開発推進の機関設置、技術者の連携を目指す組織）の四団体の発起により、「産業技術連盟」が結成された。結成趣意書には、「近代生産技術――自然科学並に社会科学両方面に亘る総合的生産技術」の立場が示されていた[32]。

技術官僚は総動員体制に便乗して、技術者の待遇改善のために組織を結成し、科学技術の国家（あるいは戦争）への貢献を主張しながら、運動を展開した。昭和期に入ると、運動の中心はしだいに農林省や逓信省の技術官僚へ移行したが、内務省土木局の技術官僚もこの運動に積極的に加わっていた[33]。

衛生局の技術官僚も団体を作り、運動に参加していたが、土木局や、他省の技術官ほど積極的な動きはみせなかった。その理由のひとつは、社会的なプロフェッションの背景のちがいにある。すなわち、「医師は社会的にも確立したプロフェッションであるのに対し、土木技術者、すなわちシヴィル・エンジニアは欧米でも遅れて発達したプロフェッションであり、さらに日本においては現在でも社会的にプロフェッションとして認識されているとは言い難い[34]」。したがって、土木技術官僚についていえば、その「専門性」が社会的認知の低いものであったがゆえに、局内・外、省内・外にこだわることなく、横のつながりを軸とした運動を展開する必要があったし、できたといえる。

衛生局の技術官僚の性質を知る材料として、川村貞四郎の手記をみてみよう。一九一八年（大正七年）、防疫官兼書記官となった川村は、当時の衛生局の事務官と技術官との関係性をつぎのように描いている。

「衛生局の高等官室！　技術官と机を並べ、唯だ一人の事務官として勤務しつゝも、老練なる大家の指導をうけた関係から防疫官の名にふさはしい半技術官とならざるを得なくなつた」「斯く各課の勢力を均等に維持し、他課にひけをとらぬ様に苦心したものゝ、まだ課員は同法立案に難癖を付け、資料の蒐集にも熱心ならず、技術的研究にも欠くる所あり、多年の事勿れ主義を遺憾なく表明した。で、自分は此の重圧を引受けたものゝ、未だに省内の空気も解からず、局内の状勢にも疎かつたから随分苦心をした。漸く結核予防法案に擬して、トラホーム予防法の第一案を立案して、之を課内の会議にかけたものゝ、議論は沸騰する、技術官と事務官との意見の相違を来たす、北研派、帝大派の暗闘は頭を擡げて来る。自分は幾度も激論して、原案維持につとめたものゝ、技術的智識の欠乏と無経験の悲しさには、いつも老練者にやり込められるので、時には従前の飲酒原則を破つて、悲観のときにも課員を犒ひ、酒をのんで鬱憤を晴らし、捲土重来の勢を以て旧勢力と抗争し、同法案制定に歩武を進め、（中略）大正八年三月法律第二七号トラホーム予防法として、その公布を見るに至つたのである[35]」。

川村は、「技術官は、自己の地位の安全を利用して、茶坊主御殿女中式に堕し、学術的の研究よりは先ず御大の御機嫌奉伺に忙しく、各自大御所への気兼ねは顔色主義となり、遂には本来の技能をすてゝ、人事異動に興味を持ち、行政の実際までも、兎や角と容嘴《ママ》して行政官面を敢てし、一時の快を貪つてゐた」ともいっている。[36] 川村は技術官僚のことを、業務を進行する上で厄介な存在とみていたようである。

しかし、川村にとって技術官気質は醜態に近いものであっても、技術官にとってそれは、局外においては医界における保身術であり、局内においては事務官への反発を示す方途であっただろう。川村の「技術的智識の欠乏と無経験の悲しさ」は、酒を飲んで晴らすことができたかもしれないが、技術官僚が行政的なことに関心をもったとしても、それを出世という「快」で解消するすべはない。

局内の技術官僚の間には「北研派、帝大派」があったが、詳しくいうと、前者は「北里研究所・北里柴三郎・慶応大学派」で、後者は「伝染病研究所・青山胤通・帝国大学派」である。北里はドイツでコッホの下、細菌学を修め、帰国後、内務技師として伝染病研究所の所長となった人物である。内務省所管であった伝染病研究所が一九一四年（大正三年）に文部省所管となったため、北里は私立北里研究所をあらためて設立した。後に伝染病研究所の所長となったのが青山である。帝大との確執は北里の留学中からすでにあったが、研究所の移管問題が北里と帝大、青山との間に決定的な溝を作った。このことについては後述する。

これら局外の勢力と技術官僚との緊密さを、川村は「御大の御機嫌奉伺に忙しく、各自大御所への気兼ねは顔色主義となり」と皮肉っている。しかし、先にも述べたように、局内で権威を獲得できない衛生技術官僚にとって、組織外ですでに確立している勢力とつながることは、かれらにとっての権威の保持を意味する。かれらの専門性をかんがえると、権威の強い局外の組織や、「御大」との縦の関係のほうが重視されていたとしても何らおかしくない。

以上のような土木技術官僚と衛生技術官僚の運動への関与の度合いや、外部組織との連携のあり方の違いは、戦後の土木技官と医系技官の立場の違いにまで影響を及ぼしている。

戦後、建設省において形成された、「事務官・技官による事務次官交代制、人事系統の分離、課長以上ポスト数の折半などの人事ルール」は、土木技術官僚の戦前からの運動の成果である。土木技官は、「事務次官、技監、道路・河川局長を筆頭とする上級ポストの占有」などの人事慣行によって、事業における主導権も握ることができた。専門性についていえば、工事事務所への配属は専門的知識の応用や蓄積に貢献し、行政実務と土木研究所の研究業務との間の異動も専門性の向上に役立っている。また、全建（全日本建設技術協会）や土木学会は強力なバックアップ組織となっている(37)。

これに対して医系技官は、組織においては、「旧厚生省内の三つの局長ポストを占め、高い上級ポストの占有率を維持してきたが」、最高ポストの医政局長は全省的な位置づけではないため、「医療行政全般を統括する権限も与えられておらず、医系技官の人事に関する権限もあくまで実際の運用上の非公式のものである」。専門性についても、「入省後は専門性に関して外部の専門家に依存せざるを得ないのが実情」である。プロフェッショナル・ネットワークにおいても、日本医学会や日本医師会は実質的な支援組織とはなっていない。藤田の結論によれば、「土木技官は強力な自律性を維持する一方、医系技官の自律性は脆弱である」(38)。

3　衛生局技術官僚の専門性（一）――後藤新平と北里柴三郎

内務省衛生局の前期では、初代衛生局長・長与専斎、衛生局長の経験をへてのちに内務大臣まで務めた後藤新平、内務技師として奉職した北里柴三郎らによるネットワークが形成され、社会を臨床の場とした衛生行政が推進された。

衛生局長は、つなぎの在任者を除き、「初代局長長与専斎（在任一八七五―九一年）から後藤新平（一八九二―九三、九五―九八年）、長谷川泰（一八九八―一九〇二年）に至るまで」すべて医師であった[39]。この医師が局長だった衛生局前期は、維新後の建国が急がれるなかで、官僚制において、技術分野ではその専門性が重用された時代である。したがって、この時期の衛生局の官僚は、技術官僚の専門性と法制官僚の専門性をあわせもつ者として存在しえたといえるだろう。代表的人物として後藤新平と北里柴三郎を取り上げ、技術官僚としての二人の人物像を分析したい。

(一)　後藤新平

後藤新平（一八五七年（安政四年）―一九二九年（昭和四年））は岩手県水沢生まれ。須賀川医学校で学んだ後、一八七六年（明治九年）、愛知県立病院三等医になり、一八八〇年（明治一三年）、愛知県病院長兼医学校長心得、一八八一年（明治一四年）、愛知医学校長兼病院長となる。内務省衛生局には一八八三年（明治一六年）に御用係として入省し、一八八六年（明治一九年）、技師になっている。

武家の子孫として維新までを過ごした後藤に、医師になる志はなかったが、一八六九年（明治二年）、胆沢県に赴任した大参事安場保和によって才能を見出され、のちに安場の部下である阿川光裕の勧めで、後藤は医学の道に進むことになる。しかし、当時の後藤は、「医学は『長袖流の小技』、医者は『王侯貴人の幇間』」とかんがえ、江戸時代の「男らしくない」医者像を抱いていたという[40]。

後藤は医学を修め、衛生局に入るまで、若き医師として臨床と教育の場で活躍した。いっぽうで、地方の医学校で教育を受けたという事実が、彼のその後の性行に影響を与えている。

須賀川医学校は原書による課程（正則）ではなく、訳書による課程（変則）が中心であった。そのため、後藤は、正則に入る準備のために福島小学第一校別科（福島洋学校）で学ぶが、なじめず、須賀川に戻った。結局、後藤は正則を学ぶことなく、「西洋文明を本格的に基礎から身につけることが出来なかった」。北岡伸一はこのような後藤の遍歴を「西洋文明との屈折した出会い」とし、後年に至る後藤の行動のいくつかと関係しているように思われるといっている。また、後藤が「東京帝国大学をさして、『片輪者養成所』と呼び、とくにその法学部教育のあり方を『皮層《ママ》なる法学通論派』と呼んで批判したことは良く知られている」が、この批判の背景には、法制官僚に対する卑下の感情とともに、劣等感からくる帝大エリートに対する強い反発があったのではないかと考えられる[41]。

後藤には計画癖があり、それが功を奏して内務省への入省へとつながった。一八七八年（明治一一年）、「健康警察医官ヲ設ク可キノ建言」を安場保和県令に提出し、一般の病院医員のほかに専門の健康警察医官を設けるべきことについて建言した[42]。そして同年、東京出張時に内務省衛生局の長与を訪ね、「愛知県ニ於テ衛生警察ヲ設ケントスル概略」の建議を呈した。長与に面識を得てからのち、一八八二年（明治一五年）、長与が後藤に上京を促した。これは、内務省衛生局への勧誘であり、後藤は地方から中央へと大抜擢されたのである。

医学を好まなかった後藤にとって、政治に準ずる職種につくことは理想に一歩近づくことを意味した。後藤の理想は「大政治家か大名医官」であって、「大名医官の業は、人を医するの業より、医を医するの業に進み、しかして最後に、国を医するの業に到達する」ものであった。これによれば、内務省の衛生行政に携わることは「国を医するの業」を意味したため、衛生とは「宇宙万般の事象、ことごとく衛生に淵源す」となす勢いで、後藤は内務省に入省した。[43]名古屋時代の月の実収入三―四〇〇円であったのが、月給一〇〇円になるにもかかわらずである。衛生局の組織そのものも破竹の勢いにあった。「当時の衛生局は、上に省内唯一の勅任局長たる長与専齋をいただき（中略）その勢力は断然省内を圧するものがあった。当時内務省の経費約六十万円のうち、衛生局のそれは約二十万円を占め、さながら内務省の中心勢力をなす観があった」のである。[44]コレラが大流行した一八七七年（明治一〇年）以来、衛生局の仕事は伝染病の防圧が中心だったが、売薬税の収入が新財源となったため、一八八三年（明治一六年）に予算が拡充された。「衛生局が勇躍して、いよいよ新しき陣容を整え、従来の伝染病予防の応急的施設時代を蟬脱して、ようやく本格的なる衛生制度確立の大業に一歩踏み入れるにいたったのは、このときからである[45]」。

① 官吏としての後藤

官吏としての後藤は、非凡な才能に恵まれていた。後藤の並外れた政治力は周知の事実であり、「伝染予防のみを以て能事とするやうな、ただの衛生官吏ではなかった」「実際においても、一般の官吏気質からは、一種の『変物』と視られるほど、常に国家と政治とに興味をもち、またそれを論じていた」といわれるほどである。[46]また後藤は、類まれなる「人格的磁力」をもち、人脈も広げていった。そこには学閥も派閥もなかった。そして、「衛生局の一技師にすぎなかったころ、早くも『事実上の局長』という異名が彼の上に冠せられるようになった」のである。[47]

一八八九年（明治二二年）に刊行された『国家衛生原理』の内容は、後藤の政治生活の根底に流れるものとして重要であるが、そこに後藤の官僚観を垣間見ることができる。後藤は本書を通じて、法学出身者と軍部出身者が支配する世界にあって、「科学的世界観と国家観とを樹立し、これをもって経国済民の基調となさん」としたのであり、そこには法制官僚への批判的見解も含まれている。これら既存の権威に反して、後藤には「科学者的政治家たらんとするの抱負」があった[48]。後藤はまた、一九一一年（明治四四年）に、ヨゼフ・オルツェウスキーの『官僚政治』（森孝三に訳させてあった）を自分の名前で出版し、その序文で官僚政治の弊害について指摘した。そして、官僚政治の風習が他の組織にも同様に生じることを予見し、それに対する警鐘を鳴らそうとした。後藤は、身をもって体験した官僚制の体質に批判を加え、改善を実行しようとしていたのである[49]。

後藤の官僚制嫌いは、日常の業務にもあらわれていた。後藤は、官庁の公文用紙である十三行罫紙に書かれたものを金科玉条として尊重する習慣が大嫌いだった。鶴見はこの性格について、後藤が「形式が進歩を妨げ、繁文縟礼が人間才能の発揮を遮ることを嫌った」にもかかわらず、「伯のような悍馬が、七十年の生涯の大部分を、この十三行罫紙の堆積裡に生活したのは、まことに不思議な運命であった」といっている[50]。

先述のように、後藤は学問、経歴において複雑な劣等感をいだいていたが、その部分的な克服を可能にしたのが、一八九〇年（明治二三年）からのドイツ留学だった。そして努力の末、一八九二年（明治二五年）にドクトル試験に及第し、ドクトル・メディチーネの学位を取得している。後藤は、学位の取得によって、技術官僚としての専門性を確固たるものとしたのである。

一方で後藤は、職務において実質的な「冷遇」を体験していた。それは、個人が直接受ける「冷遇」ではなく、衛生局という組織を通して受ける間接的な「冷遇」であった。草創期の衛生局では、伝染病予防政策によって、事業が拡張の一途をたどっていた。一八八三年（明治一六年）当時の予算は、内務省予算の三分の一近くを占めたほどである。しかし、一八九〇年（明治二三年）の政府予算削減によって、衛生局は縮小の羽目に陥った。

後藤の留学中、第一回の帝国議会（一八九〇年（明治二三年））は、「不慣れの政府当局を狼狽困惑せしめた。就中、予算一千万円削減説は、各省官吏を大恐慌の暴風裡に追いこんだ。ことに内務省に対しては、衛生局全廃説が起こり、海外留学生無用論が湧いた」[51]。予算一千万円削減も衛生局全廃も実現しなかったが、「予算六百万円減額の結果は、衛生局の大縮小となり、延いて海外留学生の身上も危険となるにいたった」のである[52]。

また、人事面での衛生局への風当たりも強かった。石黒忠悳が後藤に宛てた書簡には、「官制改革の結果、衛生局長の地位が、勅任から奏任に下落し、年俸も二千五百円に減ぜられた」という長与への「冷遇」が報告されている。また別の書簡でも、「長与はこれまで年俸も三千六百円、しかも勅任官ですので、これまでのように局長を特旨によってそのまま差し置くことが難しくなりました。そのため長与氏をどうにか片付けて、他に局長を新任しなくてはなりません」とある[53]。

この事態の結果、後藤は三年だった留学期間を約二年に短縮し、一八九二年（明治二五年）に帰国。同年、長与の後任として後藤の就任までのつなぎをつとめていた荒川邦蔵にかわって、衛生局長に就任した。そして、相馬事件[54]に関わったために、一八九三年（明治二六年）一二月から一八九五年（明治二八年）九月までの期間は局長を辞していたが、一八九八年（明治三一年）まで通算約三年半、局長の座にあった。

このように、技術官僚を中心とする衛生局は、組織として「冷遇」された。局長の地位が貶められたことで、長与という個人も「冷遇」に苛まれた。組織と個人の両側面から技術官僚が「冷遇」されたといえる。そしてこの「冷遇」という事実が、衛生局長となった後藤の仕事の原動力として働いていたことは間違いないだろう。

さらに、もうひとつの原動力としてかんがえられるのが、技術官僚同士の協働である。具体的にいえばそれは、当時内務省官吏だった北里柴三郎との連帯である。後藤は地方の医学校出身、北里は帝大出身であったため、出会った当初は相拮抗してゆずらなかったが、両者がともにドイツに留学していた時期に、コッホの研究所で後藤が北里に細菌学の指導を受けたことで意気投合し、それ以降、親友の仲になった。北里の帰国前から、長与や後藤は彼のための研究所設置運動をおこない、内務省に伝染病研究所を新設することが企図されたが、叶わず、福沢諭吉の協力をえて、私費で建設された。その後、研究所は大日本私立衛生会の管轄事業となったが、政府補助の対象となったのを機に、移転改築された。移転先の芝区では区民の激しい反対運動があったが、後藤は裏面に活躍し、それを抑圧した。

北里の伝記は、「常に後藤は政治的に働き、先生（筆者注：北里）は学術的に努力して、遂に所期の目的を達し、大学派をして顔色なからしめたことは、両者が一致協力の結果である」と研究所設立を称えている。[55] なぜなら、研究所設立の背景には、内務省衛生局と文部省・帝大医科大学の対立抗争があったからである。

脆弱な研究環境を理由に、北里が伝染病研究所機関を内務省に置くべきことを中央衛生会の議に付したところ、衛生局案と文部省案がだされ、両者の運動が展開されることになった。このとき、研究機関がなかなか与えられないのを遺憾とみた福沢が、とりあえずの研究所を設置したが、衛生局と文部省の対立は収まっていなかった。結局、文部省の伝染病研究所創設の案が否決され、医師議員長谷川泰をはじめとする衛生局派によって提出された伝染病研究所補助費の建議案が、衆議院で満場一致で可決された。「衛生局派の大勝利」である。[56]

文部省およびその管轄下にある帝大医科大学と衛生局の対立は、伝染病研究所設立問題が決着したのちも続く。後藤の帝大への対抗心のうちには、内務省衛生局という組織への忠誠と帝大の権威主義への反発があったであろう。これらは北里と共有されたものであり、それが二人を近い存在にしていた要素であったともいえる。そして、後藤と北里の交情は終生変わらなかった。

② 後藤の政治力・「冷遇」・専門性

後藤は、衛生局長、内務大臣、外務大臣、東京市長、台湾総督民政長官、満鉄総裁等を歴任し、その政治力を遺憾なく発揮した。彼の政治は医学と連動していた。技術官僚としての専門性が、つねに政治の基盤になっていたといえるのである。

たとえば、後藤の台湾統治の方針は生物学を原則とすることであった。すなわち、旧慣を尊重し、何事も漸進的に、科学的研究を基にして推進するということである。したがって、後藤の「台湾統治についての第一着手は、法律万能主義の打破ということであった」。この意味するところは、法律そのものの排撃ではなく、植民地の特殊性に適切な法律をもって、一般理念的な形式的法律を駆逐するということである[57]。

また、後藤の政治力は人事の面で突出していた。形式嫌いだった後藤は、何度も型破りの人事を断行した。「台湾において新渡戸稲造を官等と段違いの高給で採用したり、年少の賀来佐賀太郎を局長代理としたり、満鉄理事に三十そこその田中清次郎や犬塚信太郎を抜擢したりしたと同じ筆法で、逓信省でも、鉄道院でも、当時の官界には珍しい破格な人物」を抜擢したのである[58]。多少、奇抜な面もあるが、後藤の人事の才能は、前述の法制官僚としての専門性として発揮された。したがって、後藤は技術官僚出身で、その専門性を重視したが、法制官僚としての専門性を兼ね備えて出世した政治家タイプの技術官僚であったといえるだろう。

しかし、技術官僚を皮切りに大成し、中央行政における目覚しい経歴を残した後藤にとっても、「冷遇」の経験はあった。すくなくとも、後藤が留学中、衛生局予算の減少や局の全廃説が取りざたされた当時、技術官僚として後藤は「冷遇」を感じていたにちがいない。その「冷遇」は、他局と比較しての相対的なものである。後藤は、「冷遇」のほか、医者あがりの人間が行政の中枢でどこまで通用するかということについても、不安をいだいていた。民政局長を勧められたときの後藤の弁は、「自分は学問としても医学を修めただけだし、それに今までも医者として生きてきた男だ。したがって行政上においてはかいもく素人だ。はたしてそういう仕事をやり切れるかどうか自信はない。しばらく考えるだけの余裕を与えてもらいたい」だった[59]。衛生局から離れた場所で、どんな困難が待ち受けているかわからない。自分を受け入れない人々による「冷遇」があるかもしれない。実際に、後藤の民政局長就任には反対する者が多かった。「ナンダ医者ッぽうの小僧ッ子が」という軽蔑もあった[60]。

北里が会長であった日本医師会の会合に出席した時、内務大臣後藤は、壇上から「満場の同業者諸君」とよびかけ、喝采を博したという[61]。官界では「冷遇」される専門性をもつ医師たちにたいする、シンパシーの深さを物語るエピソードである。

(2) 北里柴三郎

北里柴三郎(一八五二年(嘉永五年)―一九三一年(昭和六年))は、熊本県生まれ。熊本医学校をへて上京、一八八三年(明治一六年)七月、東京帝国大学医学部を卒業。卒業前の同年四月、内務省雇に、一八八四年(明治一七年)九月に内務省御用係(判任待遇)となる。後藤と同様に、北里も医師を当初から志してはいなかった。幼いころは武芸を好み、軍人か政治家を目指していたが、家庭の事情で医学の道を選んだのである。

北里が内務省に就職した当時、医学士は病院長や医学校長になる者が多く、衛生行政の方面におもむく者は極めて少なかった。衛生行政にすすむその決心を、『北里柴三郎伝』は、「かくて熟慮を累ねた後衛生局に這入つたならば面白からうと思ひ付いた。医学の政治、国を医する衛生事務、是こそ吾が素志に近いものであると先生(筆者注:北里)は吾が膝を叩いた」と記している[62]。また、門下生だった高野は、「先生が何故に大学を出てから衛生行政方面へ進まれたのか、これは一の大問題であつて其処に非凡の性格が示されてあると思ふ。医学士の院長先生になれば堂々たる月給取になれた時代に、見すぼらしい衛生局の雇員に甘んずると云ふのは先生が始めから燕雀斗筲の徒輩でなかつたことを示して居る（中略）即ち医学の個人性よりもその公衆性を認識し、個人医療の小乗的医業よりも国家保健の大乗的医務に志を立てたのであつて、所謂大医は国を医すの大道を踏まれたのであらうと思ふ。このスタートが北里を作つたのである」という。[63]

北里の入省は自発的意思によるものという上記の説明のほかに、消極的選択によるという説明のしかたもある。後者について、立花隆の説明では、「北里も東大医学部の卒業生なのだが、学生時代は、遊びほうけていて成績が悪く、何度も留年したため卒業したときは三十二歳になっていた。成績が悪かったから大学に残ることもできず、内務省衛生局に就職して、そこからドイツに留学した。そのころには、同僚や後輩には、すでに留学をすませて東大教授になっている連中までいたから、北里がちょっとやそっとの業績をあげても、東大医学部の主流の連中は、いつまでたっても、『あの落第生が』、という目でしか見ず、医学界のいいポストを北里に提供しようなどという動きは全くなかった」とされる。[64] 立花説が根拠とする資料は特定できない。長木大三『北里柴三郎とその一門』には、北里の成績は「最初の一、二年間は、クラスで一、二位であったが、卒業成績は、二十六名中八位」であったとあるから、八位以上の学生が北里を見下していたということか。[65] また、ドイツ留学から帰国後、医科大学長から大学入りを誘われたが断ったという北里本人の記述があるので、ポスト提供の動きがまったくなかったともいえない。[66] いずれにせよ、成績をめぐる蔑視が事実とすれば、それを帝大の権威主義と北里との確執を説明する一因とみなすことはできるだろう。

一八八五年（明治一八年）、北里はドイツへの留学を果たし、一八九二年（明治二五年）に帰国、同年、福沢諭吉の援助によって伝染病研究所が設立され、その所長となる（前年、一八九一年（明治二四年）に文部省から医学博士学位を授かった）。そしてほぼ同じ頃、内務技師となっている。一九一四年（大正三年）、内務省所管の研究所が文部省に移管されたため、北里は官を辞し、私設の北里研究所を設立した。北里六四歳にしての新たな決心であった。

① 官吏としての北里

北里は官に対する懐疑心が強かった。もともと学生の頃から弁が立ち、人の上に立つ存在であったことも関係しているだろう。

入省直後、次のようなことがあった。一八八四年（明治一七年）、北里は、永井久一郎権少書記官と太田實奏任御用掛の東北・北海道の地方視察に随行した。「医学の素養を持たぬ永井、太田は専ら先生（筆者注：北里）に仕事を任せて、傲然と所謂官員風を吹かせて大名的旅行をするのみ」であったが[67]、秋田で秋田新聞の犬養毅が専門的な「衛生講話」を依頼してきたため、上官の二人は窮地におちいる。北里は代役を断わるが、「命令ではなく懇願なさるのですな」と念を押して、講話を引きうけた。そして、講話終了後の宴会で、上座でもてなされたのである[68]。技術官僚としての専門性がまったく理解されず、差別的待遇を受けている日ごろの鬱憤を、「機智に富んだ悪戯」ではらしたというエピソードである。当時は、地方に行けば中央の官僚は殿様と同様だったというから、そのあてつけ行為はさぞ愉快だっただろう。

北里の官僚嫌いは、後藤や福沢との共通点である。福沢は、北里が官吏となったことを好まなかったと伝えられているし[69]、伝染病研究所の官営化決定の際には、訪ねてきた北里に意見を求められ、「研究所を挙げて一切足下の指揮に任せ、足下を信頼すること今と毫も変わらぬならば官営も宜しからう、然し政府も人である、今日の方針が永久に踏襲さるるものと思つてはならぬ。足許の明るい間に、万一の際独立独行の出来る用意をして置く事が肝要だ」とくりかえし忠告したという[70]。実際、研究所の設立と同時に結核患者の病院として養生園[71]を建てていたが、それを私的経営として残しておいたことが幸いし、伝研が文部省に移管されても、その財源が「後方拠点となり、北研創設の足場」となった[72]。

このような官僚制への拒否感があったにもかかわらず、北里は官職を長く務めた。留学や帰国後の研究において、内務省の援助を受けていたからということもあっただろうが、当時の官位が社会的地位と同一視されていたことも、官への奉職を肯定視するのに影響を与えていただろう。

北里自身の記録ではないが、窪田静太郎の弔辞は、北里の官位が低かったことを率直に嘆いている。

「世間多くの人は博士の一生涯を総括して、博士は誠に仕合せのよい人、幸福な人であつたと申す様であります。私も大観して左様に思ふのでありますが、只官界に於ける、御経歴、即ち官吏としての博士を見ると寧ろ不仕合の人、数奇な運命の方であつたと思ふのであります。博士は大学卒業後まもなく内務技手となられ、後内務技師に進み、大正三年に退官せられるまで永年官吏をして居られ、前に申した様な偉大なる功労があるのでありますが、長く高等官二等として勤められ、退官の少し前に漸く一等官に進まれ、勲等も御臨終の際まで勲二等に止まつた。博士の同輩や後進は夙に一等官と為り、勲一等に為つて居たに拘はらず、世界的の学者として偉大なる功労者なるに拘はらず、右の如き次第で官吏としては不仕合と云はねばなりませぬ[73]」。

臨床の権威ではあっても、官界においては「冷遇」を受けていたという事実に対する、窪田の悲哀と怒りの感情がうかがえる。うらがえしていえば、それだけ官位は重視されていたのであり、北里の心情にも似たようなものがあったのではないだろうか。だとすれば、北里は官僚としては二律背反する自己認識をかかえていたと考えられる。

②　北里と帝大との関係

では、官界以外の領域での北里はどのような位置にあっただろうか。それを端的に示すのが、帝大とのこじれた関係である。こじれた関係を決定的なものとした出来事は、先述した伝染病研究所の内務省から文部省への移管である。その経緯については北島多一の自伝が詳しいが、移管が決まった真の理由は明らかにされていない。内務省よりの見解では、帝大医科大学の大御所である青山胤通教授が、懇意であった大隈重信に帝大への移管を進言したといわれ、文部省よりの見解では、学術研究機関という性質の施設は文部省管轄にし、大学と併置するべきという意見がもともとあったのが、実行に移されたのだといわれている。

真相はともかく、文部省への移管は、北里への相談なしに突然通達されたため、北里はそれをすんなりと受け入れることができなかった。文部省移管告示に対する北里の言い分は、伝染病研究所は「内務省ノ主管タル衛生行政上特殊ノ部局ニシテ文部省ノ主管タル教化行政上ノ機関タルニアラサルニ然ルニ今之カ所管ヲ変セントスルカ如キハ抑モ亦深ク思ハサルノ甚シキモノ」という激烈なものであった[74]。

衛生行政と文部行政の性格の明確な区別は、北里の研究組織と帝大との区別でもある。理路整然と移管の理由が文部省や帝大側から示されたとしても、所員は納得せず、「赤穂の城あけ渡し」にたとえられたように、全員が辞職した。それは文部省・帝大との決裂を決定づける行動にしかみえなかった。当時、『医界時報』の論説が、北里を「内務官中の大官で、一部の行政技術長官」と称し、その権威を失うことは「実体の破壊になって来る」と書いていることからも、北里と所員にとっては、技術官僚としての面目にかかわる大事件であったことがわかる[75]。

研究所移管を文部省・帝大から受けた「冷遇」と捉えるとすれば、その遠因には、北里がドイツ留学中に脚気の原因について帝大の緒方正規教授を批判したことや[76]、コッホが「北里が来ているのだから」といって帝大の留学生を受け入れなかったことなどがある[77]。北島や志賀潔など帝大の秀才が北里の門下生となったことも、北里の伝染病研究所が帝大医科大学にとって「一敵国の観」を抱かせていた[78]。

北里派と帝大派との対立構造は衛生局の内部まで持ちこまれ，臨床研究においてもつねに対抗意識がもたれていた。北里が全面協力した慶應大学の医学部が臨床重視のスローガンを打ち立てたのも，帝大の官僚主義的，権威主義的，研究重視志向を意識してのことだった。

③　北里の政治力・「冷遇」・専門性

以上のように，北里は当時の衛生行政のリーダー的存在として君臨していた。主に研究領域で活躍したが，相当の政治力もあった。医師会の会長を務めたことや，貴族院議員として活動したことはその証左であるが，衛生局の官僚と緊密な関係にあったことからも，北里の政治性がみてとれる。

衛生局長経験者の小橋一太（在任一九一〇年（明治四三年）―一九一三年（大正二年），一九一九年（大正八年））は熊本県人で，北里の後輩にあたる。疑獄事件に連座して収監されるが，清浦奎吾と北里の救済策によって無罪宣告されていることから，北里との縁の深さが知られる(79)。大正期の局長，潮恵之輔（在任一九一九年（大正八年）―一九二二年（大正一一年）），横山助成（在任一九二二年（大正一一年）―一九二三年（大正一二年））とも北里は親密であった(80)。

また，北里の門下生が継続して衛生局に技師として派遣されていた。したがって，北里とその一派が戦前の日本の衛生行政に与えた影響は多大であるといえる。その影響力は，「当時の衛生行政の主要部分は防疫であったから，形式上の衛生局長は大手町におるが，本当の衛生局長は芝愛宕下におるといわれた位である。事実日本の伝染病予防は北里の思いのままになり，国内の防疫職員は北里の門下生であった(81)」，「衛生局長は北里の傀儡に過ぎぬ(82)」とまで言われた(83)。

北里は科学者として，教育者として，政治家として活躍し，技術官僚にとどまらないカリスマ性をもつ人物だった。しかし、かれにも「冷遇」を感じる経験はあった。当時の社会ではエリートに属してはいたが、エリート間で生じる「冷遇」があったのである。それは、技術官僚としては事務官に比しての「冷遇」、局外における学者・研究者としては帝大・文部省からうける「冷遇」であった。

しかし、北里は衛生局内外で専門性を発揮することができた。その専門性は技術官僚としての医学的専門性が中心であった。技術官僚の専門性も併用しながら、法制官僚の専門性を大いに発揮して大成した後藤とは対照的である。しかし、カリスマ的で強い政治力を持っていた点からすれば、北里を完全な学者タイプの官僚だったとみなすこともできないだろう。その経歴からして後藤を政治家タイプとすれば、北里は学者タイプと政治家タイプの折衷型とみなせる。

4 衛生局技術官僚の専門性（二）——勝俣稔と高野六郎

長谷川泰が局長を辞した後、事務官が衛生局長となる後期の時代にはいる。しかし、厚生省が発足する一九三八年（昭和一三年）まで、衛生局が技術官僚中心の部局であったことにかわりはない。技術官僚の生き方はその専門性、すなわち法制官僚としての専門性、技術官僚としての専門性の活かし方によってさまざまであるが、法制官僚としての専門性を発揮した政治家タイプである勝俣稔と、技術官僚に徹しながらも医学、文芸の分野で活躍した学者タイプの高野六郎をとりあげて、かれらの官僚としての人物像を分析してみたい。

（一）勝俣稔

長野県上田市に生まれた勝俣稔（一八九一年（明治二四年）―一九六九年（昭和四四年））は、一九一九年（大正八年）、東京帝国大学医学部医学科を卒業、翌二〇年（大正九年）一月、慶應義塾大学医学部助手となる。このとき病理細菌学教室で細菌学を研究した。一九二三年（大正一二年）五月に内務省防疫官となり、衛生局に勤務しはじめ、一九三六年（昭和一一年）八月には兼任内務技師、衛生局防疫課長、一一月には兼任伝染病研究所技師になる。厚生省が創設された後は、一九三八年（昭和一三年）に厚生省予防局予防課長、一九四二年（昭和一七年）に予防局長、一九四六年（昭和二一年）に衛生局長を歴任。その後、政界に転じ、一九五二年（昭和二七年）に衆議院議員当選、一九五六年（昭和三一年）に参議院議員当選をはたしている(84)。

勝俣を知るための資料としては追悼録『近代公衆衛生の父　勝俣稔』（以下、『追悼録』）があり、これを主な分析材料としたい。

『追悼録』の書名にもあるように、「近代公衆衛生の父」と慕われたこと、また『追悼録』が四三四ページの大著で、追悼文の執筆者が一二五名（家族を除く）という多数であることからして、勝俣が人物として大物であったことはすぐわかる。『追悼録』の座談会での証言では、勝俣は「大御所」「大防疫官」と称されている。また、その大物ぶりについて元国立公衆衛生院総務課長・岡本時雄は、「勝俣さんの如き人物は明治時代の衛生局長後藤新平さん以来の大者である」といっている(85)。

勝俣が後藤と比肩されるほどの人物と見られていたことは、元厚生記者会会員の大野光義の回想からも確認できる。大野によると、一九四八年（昭和二三年）五月、厚生省児童局の母子衛生課長近藤宏二と結核予防会の方向に歩いているとき、近藤が、「これからあなたに、こんにちの後藤新平さんを紹介しようと思うんです」と言った。

そして、理事長室で勝俣に会った大野の目を惹いたのは、本棚の中の鶴見祐輔著『後藤新平』の伝記四巻であった。大野はそのときの印象を、「勝俣先生は疑いもなく、日頃、後藤新平伯を〝心の手本〟とさえされているに相違いないと思われた」と記している[86]。

勝俣が後藤を「心の手本」としていたかどうかについては、『追悼録』からは知ることができない。しかし、伝記を手元においていたということは、勝俣が後藤を技術官僚のひとつの見本として意識していたということではあるだろう。のちにみるように、勝俣は、後藤に及ぶとまではいえないが、技術官僚の域にとどまることなく、内務官僚（あるいはその後の厚生官僚）の域での成功を目指し、官界での地位を得た。そのような後藤との共通点があることからすると、本人の自覚は定かではないが、後藤の後継と称されていたことには合点がいく。

① 技術官僚としての専門性と「冷遇」

技術官僚としての専門性に関して、勝俣は二つの特徴をもっている。第一は、研究職から官職への転身が早く、学問・学位へのこだわりがなかったということである。経歴にもあるように、帝大卒業後の研究歴は約三年と短く、博士号もとっていない。『追悼録』の座談会でも、学位のないことが話題になっているが、その理由は明確でない。

「司会（筆者注：館林宣夫）　学位をとらなかったのは、なにかいっておられたですか、勝俣先生が「おれはこういう信念でとらん」とかなんとか……。

亀山（筆者注：孝一）　これはきくと、笑って答えずだな、勝俣君は。

（注　山田局長が衛生論文を書かせた。これが学位論文になったのだが勝俣はこの行き方に批判的であった。その流れをくみ浜野（筆者注：規矩雄）も学位をとらなかった。）」[87]

亀山は一九二四年（大正一三年）に帝大卒業後、内務省衛生局に見習として奉職したときから厚生省時代まで、事務官として勝俣と約四〇年間にわたる深い知己の関係にあった。その亀山でさえ、勝俣の学位については真実をぼやかしている。それは、公言するにははばかられる内容であるからだろう。はばかられる内容に関して、亀山の発言の後の注に着目すると、山田準次郎局長（在任一九二三年（大正一二年）―一九二九年（昭和四年））が、人物Aに衛生論文を書かせ、それが人物Bの学位論文になったことがわかる。人物Bは山田局長ではない。これは、一八八八年（明治二一年）五月から一九五三年（昭和二八年）末までの学位授与者を収録した『日本医学博士録』（中央医学社）に、山田の名が記載されていないことからわかる。いずれにせよ、このような論文代筆による学位取得という事実にたいする反発の感情が、勝俣が学位をとらなかったことの一因であったと推察される。注の執筆者は不明だが、暗黙の事実としてこのことを知っていたのだろう。

岡田文秀は局長時代に（在任一九三四年（昭和九年）―一九三六年（昭和一一年））勝俣の意見を重用していたが、彼も勝俣が学位をとらなかったことに疑問を感じている。しかし岡田は、勝俣はもともと医学の分野での成功を目的としておらず、性格的に向いていた政治力を用いて、衛生行政において貢献したことに意味があったのであり、それを果たしたことが評価に値するといっている。

「勝俣は必ずや衛生行政を背負って立つ人であると思っていたが、果して『公衆衛生の父』として後輩から慕われるに至った。（中略）この人不思議に医学博士の称号はとっていない。彼は政治的に動くことが性格的で、医学の大家になろうとは志していなかったと思う。衆参両院に議員として席をもったことはあるが、それは一般政治よりはむしろ公衆衛生のためであって、彼は一生涯をこの世界においてとおしていったのである[88]」。

また、当時の同僚は、勝俣に学者としてのイメージがなかったことを確言している。

「野辺地（筆者注：慶三・元内務省防疫官、国立公衆衛生院教授）（中略）おそらく勝俣さんは、肺炎菌はどんな格好してるか知らないだろう、こういう評判だった。そうなんですよ。つまり皆さんは彼を細菌学者だとは認めなかった。

亀山　ぼくら一緒にいても、あの人が医書を読んでる記憶ないもの。論文みたいなものも。」(89)

勝俣と山田局長の確執の具体的事実が明白でないため、勝俣が学位を取得しなかった本当の理由はわからない。周囲に学者として認知されていなかったという事実からすれば、岡田のいうように、勝俣はもともと学位や学問へのこだわりがなく、技術官僚としての専門性よりも法制官僚としての専門性を優先させて、衛生行政に臨んでいたとも考えられる。

技術官僚としての専門性に関する勝俣の特徴の第二は、技術官僚の献身領域を積極的に創出していったことである。その背景には、勝俣の技術官僚としての「冷遇」の経験があった。

『追悼録』には、勝俣の雑誌掲載文の短い抄録「幸福だった官吏生活」がある。仕事で活躍できた「幸福な衛生技術官だった」と過去を肯定的に振り返るとどうじに、「家庭的には実にみじめであった。殊に安月給で長い間働いて呉れた亡妻千代子は退官二ヶ月前に不治の病、食道がんと親友高木慎博士に診断された時は、妻に対してまことに相済まぬ三十年間の官吏生活を送ったものだとつくづく思った」と、官吏生活の不幸な側面を嘆いている。(90)そこに、妻の苦労の原因は安月給であり、安月給の原因は官界での「冷遇」であるという発想があったとしてもおかしくはない。

この「冷遇」の意識は他者に直接的に言明されていた。一九三七年（昭和一二年）、ドイツ留学から帰国し、臨床に携わることを楽しみにしていた金原節三は、その意に反して陸軍省医務局に勤務することになった。そのころ、内務省防疫課長であった四〇代半ばの勝俣から教わった衛生行政官の心得といったものは、金原の脳裏に深く刻まれた。

「君。陸軍は、今でも、医者は相当官扱いだろう。こちらも同じだ。主流はあくまで法学士で、他はどんなに偉くても、どんなに立派な仕事をやった人でも、いわゆる技術屋と蔑称され縁の下の力持役をやらされるのだ。(中略)同じ高校同じ大学の同級生だのに、法律を少しばかり嚙ったというので何かと上司風を吹かせ威張り散らす役人面を見ると、横面を張飛してやりたくなる。この点、君も若いから、これから幾度も何糞と辞表を叩きつけたくなるような眼に合うと思うが、結局は気の持ちようだ。彼らのレベルにおのれをわざわざ下げる必要はない。おのれの天職を尊び、これに誇りを持つことが肝心だ。彼等の下働きをやると思えば癪にさわるが、逆に人類福祉のためという大きな目的達成のために彼等を思う存分使っているのだと考えれば、諦めとはまた違った本当の悟りが得られようというものだ。それに臨床々々と君はいうが、一人の病者を癒すも万人の疫を防ぐも、貴さは同じだ。日本ではまだまだ衛生行政は未開拓の分野が多い。大いに発奮して衆生済度に生き甲斐を感ずることだね[91]」。

勝俣は、金原を励ますとどうじに、技術官僚に対する法制官僚の「冷遇」を強く批判している。また、「冷遇」に対する怒りを昇華させる方法は、自己の仕事は法制官僚の「下働き」ではなく、大いなる目的のために法制官僚を「使っている」と発想を転換させることであるという。衆生済度に生き甲斐を感じ、悟りを得るという仏教的な思想を駆使しながら、勝俣自身が「冷遇」をどう克服していたかが理解できる訓話である。

この「冷遇」はひとり勝俣のみの問題ではない。したがって、その克服は、技術官僚の地位向上のための活動と、後進の育成というかたちでも実践された。そのひとつが、優秀な技術官僚の勧誘と人事の改革である。

一九三六年(昭和一一年)、帝大医学部を卒業した当時、近藤宏二は医学部で開催された勝俣の講演を聞いた。

勝俣は衛生局の乏しいスタッフ事情や、衛生行政の分野では警察部に衛生課があるが、その課長のほとんどが医専の専門学校卒の医師や検定試験で医者になった者で、大学医学部卒業者がいないということを語った。勝俣の講演の目的は、ひとことでいえばスカウトである。近藤は感銘を受けた。おなじく講演を聞いていた友人は衛生局防疫課に入った。近藤はこれをきっかけとしてではないが、一九三七年（昭和一二年）、内務技手として衛生局に就職する。近藤は、勝俣は若い優秀な技術官僚を集め、よく育て、その地位の向上に努めたといっている[92]。

当時、地方の衛生行政は警察部の管轄下にあったため、医学などの専門性をもった技術官僚が十分にその専門性を発揮できなかったことや、その地位の低さから優秀な人材が集まらないこと、急性伝染病問題が落ち着いたことから怠惰な職員が見受けられるようになったこと、などが問題視されていた。したがって、衛生部の設置や警察行政からの独立、技術官僚の地位の向上と優秀な人材の誘致が、中央と地方の双方で切望されていた[93]。これらの問題に対応するため、勝俣は、地方の衛生課長制を部長制に昇格させ、都道府県採用であった衛生技術官を高文合格者と同様に内務省採用とした[94]。

② 政務技師・勝俣稔

勝俣は学問へのこだわりはないにせよ、職務を通じて自らの技術官僚としての専門性そのものを発揮するかたわら、それを発揮できる道を切り開くことに精力を注いだ。そしてその方面に才能があった。背景には勝俣の政治力がある。

亀山孝一は、「当時、衛生局では、医系の勝俣さん、薬系の松尾仁さん（元内務省衛生試験所長）に『政務技師』という綽名を奉っていた。それは、このご両人が、単なる技術官ではなくて、大いに政治性を持っておられたからである」と言明しており[95]、また、「お父さんも医者で政治家だからね。代議士やったんだから。勝俣君の性格はお父さんによく似てますよ」と、父親の影響にも触れている。[96]

勝俣は事務官との交友も多く、事務官と技術官、帝大派と慶大派との間をとりもつ役割にも長けていた。『追悼録』につぎのような証言がある。

「昭和七年、私が内務省衛生局保健課長になった当時、勝俣君は防疫官として内野防疫課長を補佐して、防疫のことに大いに活動していられた。その頃の衛生局は、人数も少なくこじんまりとした局で、しかも事務官よりも技術官の方が多く、事務系の者は技術系の人との交渉がなかなか骨が折れたのだが、勝俣君は常識豊かでものの解りの早い人で、いわば技術屋であって事務屋を兼ねたような人だった」「君（筆者注：勝俣）は防疫課長になってからも常に、東大系と慶大系との人の和に意を用いていられたことは真に奥床しいことであるが、これは君が東大医学部を卒業後慶応義塾大学医学部の助手となって細菌学を研究した経歴の持主であるためばかりでもなかろう」（藤原孝夫・国立公園協会副会長、前東邦大学理事長[97]）。

公衆衛生院設立の指導権をめぐる問題が起きたときも、勝俣の調整的な働きがあった。ロックフェラー財団寄付による公衆衛生院の設立において、いずれが折衝を主導したかをめぐり、衛生局内で慶大派と帝大派の対立がおきた[98]。当時の衛生局長であった岡田文秀は、父専斎の代から北里とも親交があり、中立的立場にある、帝大の長与又郎の意見に従って問題を解決することにした。また、岡田は、「勝俣に『君は将来事実上衛生局を背負ってたつべき人間であると思っている。その君が慶応派だとか、東大派だとかいうような小さい傘の下に固まってはいけない。もっと大きな傘をさして両派を統合融和せしめることに努力すべきである』と勧告し」、高野、勝俣の両人を準備委員会に参与させた。「賢明な勝俣のその後の行動」は、岡田の期待に反せず、「派閥を超えてよく人を見て人事にもあたっていた」という[99]。

勝俣は政治的力量を発揮し、周囲からもそれが認められていた。官界を辞したのち、政界に転身したのも、この力量を生かす道が選択された結果であると理解できる。この力量は法制官僚としての専門性に類するものであり、したがって、それを持ち合わせた勝俣は、政治家タイプの技術官僚といえる。かれは後藤新平に及ぶ経歴は残せなかったが、人の上に立つ「父」を象徴する包容力をもつ逸材だったといえよう。『追悼録』に残された部下への訓話に以下のようなものがある。

「一、役人は常に居所を明確にせよ。／二、前任者前任地を語るな。／三、部下に対し己の怒を移すな。／四、役人は予算に熟達せよ。／五、党中党を作らず。／とにかく技術官に欠けるところを一々ついていられる」（大阪府公衆衛生研究所長・吉野秀雄[100]）。

この訓話からは、勝俣が技術官僚に不足する部分をよく認識し、事務官と対等にわたりあえる能力を身に着けることの必要性を自覚していたことがうかがえる。また、常に中立、冷静を保ち、合理的判断を旨とする姿勢は、後藤のそれに通ずる。

（2）高野六郎

茨城県結城出身の高野六郎（一八八四年（明治一七年）―一九六〇年（昭和三五年））は、一九〇九年（明治四二年）、東京帝国大学医学部を卒業。翌一〇年（明治四三年）、内務省伝染病研究所に入所し、技手として細菌学を学び、一九一四年（大正三年）、北里研究所創立と共に入所して副部長になる。一九一七年（大正六年）から一九一九年（大正八年）まで欧米留学し、一九一八年（大正七年）に医学博士を取得、一九二〇年（大正九年）、慶應義塾大学医学科教授に任ぜられた。一九二三年（大正一二年）には衛生局予防課長となったのち、同職をながらく務め、一九三八年（昭和一三年）の厚生省創設時に初代予防局長に命じられた。一九四二年（昭和一七年）に官職を退いたのちは、北里研究所副所長、所長などを歴任した[101]。

高野は勝俣とほぼ同時代を生きたが、勝俣との大きな違いは、高野が学者気質であったということであろう。勝俣の『追悼録』では、二人の特徴が次のように評されている。

「司会（筆者注：近藤宏二・元厚生省予防局技師、厚生省母子衛生課長）（中略）勝俣さんがやはり技術官の位置というものを、そして事務官のいわゆる局長とか、課長とかというものとのつき合いが長くて、人間的に信頼し合っていて、理屈もいったりけんかもしたりするけれども、やっぱり最後は技術官の領域を伸ばさにゃいかぬ、そしてポストをつくらにゃいかぬということの功績は大きいね。それは高野先生にはできなかった。

聖成（筆者注：稔・元高知県衛生部長、厚生省環境衛生局長）高野先生はやっぱり学者でしょうからね[102]。」

晩年の生き方をみても二人は異なり、高野は北里研究所所長を務め学者の道を、勝俣は国会議員になって政治の道を選んだ。

高野は文筆家としても活躍し、何冊もの随筆集を著している。また、高校・大学時代に同級だった斎藤茂吉と交遊があり、青坡と号するアララギ派の歌人でもあった[103]。その才能は本職でも生かされ、高野の手による衛生行政の啓蒙的書物もあれば、一九二五年（大正一四年）に設立された技術官僚の組織である日本公衆保健協会の機関誌『日本公衆保健協会雑誌』が創刊されてからは、その主筆ともいえる活躍ぶりをみせた[104]。これら資料をもとに、高野の官僚としての特性を探ってみる。

①　技術官僚としての専門性と「冷遇」

高野は研究者として職業生活を開始し、留学や学位取得をへて行政の道に邁進することになった。つねに医学者、科学者としての知識の活用を重視し、その実践への応用と国民生活への普及に努めた。この点が、勝俣と異なる高野の技術官僚としての専門性に関する特徴のひとつである。

大正から昭和初期にかけての衛生局の業務は、伝染病予防のための水道行政の改善や、結核予防、癩予防・救癩事業など、急性伝染病対象の防疫から慢性疾患の予防へと変化していった。結核予防法・トラホーム予防法（一九一九年（大正八年））、花柳病予防法（一九二七年（昭和二年））、寄生虫病予防法（一九三一年（昭和六年））の制定は、その成果の一部である。[105] 高野は予防課長としてこれら予防医学の政策にかかわっていたが、力を入れていた事業のひとつが便所の改良である。[106] その研究の集大成ともいえる著書『便所の進化』の冒頭には、以下のような研究への熱意と達成感が述べられている。

「細菌学を専攻して居た私が内務省衛生局へ入った時、何よりも先にやって見たかったのは便所の改良であった。（中略）（病原菌の検査など）気味の悪い厄介な仕事が三年も継続され、一応の結論として所謂内務省式改良便池なるものが出来上ったのは、私等としては生涯自慢の種である。（中略）以上自家の体験と感想とを述べて序にかへる。臭いもの見知らずと云ふが、私としては便所の話をして居る時に極めて爽快を感ずるのである」。[107]

糞尿処理の実態、病原菌の研究結果、改良便所の説明などに加えて、日本や外国の便所の歴史や特徴について文芸作品や実地探査による資料を用いての解説があり、後半では便所の楽しみかたまで指南している。『便所の進化』は大まかにいって便所の科学と人類学の二部構成で、人類学の部分は高野の個人的な研究の成果とおもわれる。この部分への探究心は、「文献の尊重」という自己の書斎について書かれた随筆からも知ることができる。

「私の書斎には厠だの、近世便所考だの、糞尿屁だの、便所の進化などといふ本がある。糞尿譚も勿論ある。デカメロンの中の馬売り糞溜に落たる章などは、特に取り出してある。『麦と兵隊』で赤い糞の出る所にマークしてある。岩波版の古事記で、全巻中糞の字のある所に朱線を引いたものもある。其他膝栗毛に出る便所騒動や、高野山くそ瀧の記、西洋辻便所見聞の如き臭き文献が可なり堆積して居る、これは自分の専門の衛生学にも関係はあるが、天性の悪趣味の発露でもあるらしい[108]」。

このほか、癩（ハンセン病）に関しては「白猫」「いのちの初夜」など患者の作品集、癩取材ものでは「小島の春」「傷める葦」「廃者の花園[109]」など、結核に関しては長塚節の歌集、石川啄木、正岡子規などの療養文学の収集があった[110]。

技術官僚としての専門性にかんする高野の特徴の第二は、技術官僚の献身領域を積極的に創出していったことで、この点は勝俣と共通する。勝俣と同様に、技術官僚としてうける「冷遇」も感じられていた。先に紹介した『日本公衆保健協会雑誌』の一九三五年（昭和一〇年）新年号の巻頭言「真剣味」には、明治神宮参拝で感じられた高野の職業観と自省が記されている。

「我等の仕事には変化が乏しい、我等の地位にも移動は少い。我々衛生専務者には所謂酔生夢死に近き生涯も必ずしも怪しまれないかも知れぬ。無為是大事で一生を貫くことも必ずしも不可能ではない。然しそれでは良くない。／些の研究なく、些の計画なく、些の熱意なく、風のまに〳〵漂蕩する浮雲の如くにでも当節我国の衛生事業などはやつて行けるのかも知れないが、勿論それでは困る。／我等同人の間ではよく云ふ、世間が衛生を無視してると。然し世間が衛生を無視する前に我等自らが衛生を無視してやしないだらうか。自ら軽くして人之を軽んず。我等の心中公衆衛生を天下の大事と信ずる点に於て人後に落ちない確信が果してあるであらうか。／宿命か何かは知らず、我等の生涯は既に日本国民の保健衛生に捧げられて居る。而して我等は平素之を誇として居る。（中略）よし本気で行かう――かく誓つて余は神前を辞去したのであつた[111]」。

高野は職業上の地位や仕事内容、衛生行政にたいする社会の期待の薄さなどについての不満を吐露し、どうじにそれを自負にかえることを誓っている。それは高野だけが念ずる誓いではなく、内務省および地方の衛生技術官を会員とする日本公衆保健協会の誓いでもあった。

高野は勝俣とおなじく、技術官僚の「冷遇」を改善するためにはたらいた。『日本公衆保健協会雑誌』の巻頭言や衛生行政にたいする現状批判的な短文を載せる「時評」のページでは、大いに筆を振るった。また、他省庁の技術官僚との協同運動にも参加しており、一九三七年（昭和一二年）、技術立国技術者大会が開催された際に各分野の現・元技術官僚による講演があったが、衛生局からは高野がその任を果たしている(112)。

戦時体制に社会が変化していくなか、科学技術の効用が正当化され、科学技術者の登用がさらに強調されるようになると、高野の語調もそれにあわせて強くなる。

「科学を振興するためには科学者を振興せねばならぬ（中略）科学者を一人前の人間として扱ふことが何よりも大切である。官庁等においても、科学を主とする部署には、科学者中から事務の才幹を有するものを置くがよい。あたら有能の士が、不幸にして科学を知るがために、却て適所に行くを阻まれるといふやうな社会機構は断じて新体制に叶わない。科学者を適所に適用して、科学的技術を存分に発揮させることは、科学振興の第一歩であり国家興隆の第一歩でもある(113)」。

衛生行政の分野では、たとえば予防医学の活用が遅れているといった問題があり、高野は、その原因は、「今までの衛生保健国策の上級担当者が科学的の責任を感じなかつたためである。衛生行政はかくあるべきものだといふことが分らぬまゝで衛生行政を主宰して次々と無責任のポストを引継ぎ来つたからである」という(114)。

一九三八年（昭和一三年）、厚生省が設立され、そのなかで従来の内務省衛生局の部局は、予防局、体力局、衛生局となった。そして、高野が予防局長に就任したことで、長谷川泰以来の技術官局長が誕生した。技術官僚の長年の要望は実現されたが、期待ははずれた。局長の席は三つあるにもかかわらず、技術官僚には一つしか与えられなかったからである。『日本公衆保健協会雑誌』の一九三八年（昭和一三年）三月号の「時評」のページに掲載された「技術立国運動」は、この事実にたいする高野の辛らつな批判の一文である。

「厚生省が出来て技術官が優遇されるであらうと取沙汰されたが、さて出来上つた現状では省内八局のうち衛生技術官に与へられたのは予防局一つであり、省内約三十課のうち技術官に許された課長の椅子は予防局内の二課、保険院総務局の二課（内一が医学一が数学）だけである。（中略）技術者だつて詮衡されて文官となつた以上、この高等文官は如何なる課長にもなれ、時到れば如何なる局長にもなれ、且つ次官大臣にもなれるのである。何も文官任用令を改めるまでもない、今の通りの制度で技術官は課長にも局長にもなれる筈である。（中略）処が実際にはさうしてくれないのである。適材が無いとか有るとかの問題ではない、法律技師の占むべき椅子の減るのを怖れるからである。（中略）技術者に達識の士が無いではないかなどゝ頭から定めてかゝるのが抑も怪しからぬのである。通せんぼをして居れば誰も来れないではないか。少くとも衛生行政の如きは長与専斎や後藤新平の衛生局長時代の方が遥に進歩しつゝあつたのである[115]」。

局長再来の慶事も、高野にとっては暫定的なものに過ぎず、法科万能の派閥主義はおいそれと崩れるものではなかった。

② 文筆家・高野六郎

文筆家として活躍した高野の持ち味は、ユーモアあふれる随筆にあらわれている。日常生活や世相、外国探聞など、随筆の内容は多様だが、科学者が随筆を書くということを自覚しながら、その知識を内容に生かそうと試みていた。高野は、予防医学の重要性と生活の科学化を推進するためには、「科学随筆の利用、従ってその需用といふ方面も開拓せられるべきものと」思っていたようである。そして実際に随筆を多産したが、森鷗外や斎藤茂吉のような文芸的評価の高い作品を残すことはなかった。

しかし、随筆の域を超えた作品も作成した。高野の傑作ともいえる『北里柴三郎伝』と『北里柴三郎』である。『北里柴三郎伝』は宮嶋幹之助と共同で編集したものであるが、『北里柴三郎』はそれから約三〇年後に『北里柴三郎伝』の資料をもとに高野一人で書き上げられた。北里の歴史の中で最大の事件ともいえる伝染病研究所の移管問題について、高野が『北里柴三郎』で北里と帝大の確執が原因の一つであると指摘している部分をみてみよう。

「衛生上の問題で大学派、北里派の抗争した事例は稀れではなかった。（中略）もともと伝染病研究所を東大みずから開設せんとした位であるから適当なる時期にこれを大学内に接収せんことは、大学当局の野心とみられないこともない。たまたま大隈内閣は憲政会系であって、北里に好意をもたない傾向があった。又大学派青山胤通を学長としてその声望大なるものがあった。青山と北里は同じ東大の出身で、個人として憎悪し合う程の関係はなかったが、大学、伝研間の悪感情がおのずから潜在して、いわゆる青山対北里なる一種の空気を作っていた。この青山が大隈首相の主治医であり、碁の好敵手であった関係から、いつしか伝研移管の議がまとまったものではないかという噂も世上に伝えられた(116)」。

一九三〇年（昭和五年）に発行された伝記『青山胤通』は、「世上」の説を真っ向から否定している。北里と青山の間に学術上の論争はあったとしても私憤はない、大隈に持論を主張したわけでもない、「伝研移管は閣議で決定した後に先生が引受けたもので、陰謀云々は暗夜に月を見、雪中には杜鵑を聞くと同様の幻影錯覚である」というわけである(117)。

北里派、青山派のどちらにも言い分はあり、真相は不明確なままである。いずれも師の死後には弟子が対立の構図を継承し、自己の正当化を図ることに熱心だった。あえていえば、青天の霹靂を味わうことになった北里派の対抗意識のほうが強く感じられる。それは最高学府に対する劣等感、技術官僚の「冷遇」意識のまた別の表出方法とみることもできる。

別の随筆「北里柴三郎先生」で、高野は、伝研移管後の衛生行政を次のように要約する。

「伝染病研究所が移管されて満二十五年になるが、公平に批評して日本の衛生行政の成績はその後格別進歩の跡を示さない。法律や機関などは種々変つたものが出来たが、国民衛生の実績はこれとて誇るべきものがない。例へば消化器伝染病は二十五年一日の如くであり、結核蔓延状況も二十五年前と何の異る所がない。是は単に行政事務として衛生行政を取り扱つて来ただけであつて、本当の学術的指導精神が欠けて居たためである。強烈な指導方針とか良心的迫力とかゞ欠如した結果である[118]」。

この文章が書かれたのは厚生省設立後の一九三九年（昭和一四年）、北里の死から八年後である。高野は予防局長という職位にありながら、衛生行政の旧態依然の状況を嘆き、どうじに、「強烈な指導方針とか良心的迫力」の象徴である北里を懐かしんでいるようでもある。高野は北里を描くことによって現状を再認識し、理想の衛生行政を構想しようとした。その本質は「学術的指導精神」であり、その人材は技術官僚である。

「（筆者注：北里）先生は細菌学者たることよりも衛生学者であることを本志として居られたやうに感ずるのである。細菌学は学術であるが、衛生は学術以上の大きなものを含む。衛生は政治に連なり衛生行政は政治の根本であり、衛生省という国務省も決して夢想ではない。（中略）若し北里衛生大臣でも出来て居たら、日本国民の体力問題は今とは遥かに面目を異にして居たかも知れない[119]」。

高野は、学問を軸とした衛生行政を通じて政治に連なっていった北里を、よい模範としていたと思われる。このことから、学者タイプの技術官僚であった高野は、強力な政治力は持ちあわせなかったが、学問と行政の仕事の延長線上に政治をとらえようとしていたとはいえるだろう。

おわりに――衛生局技術官僚の特性

これまで内務省衛生局の前期と後期を代表する技術官僚として後藤、北里、勝俣、高野をとりあげ、かれらの技術官僚としての性質を分析した。そして、それぞれの経歴と専門性の生かし方に注目し、後藤は技術官僚の専門性を基盤に法制官僚の専門性を発揮し大成した「政治家タイプ」、北里は「学者タイプと政治家タイプの折衷型」、勝俣は法制官僚の専門性を発揮した「政治家タイプ」、高野は技術官僚としての専門性を生かし医学、文芸の分野で活躍した「学者タイプ」とし、後藤と勝俣、北里と高野の類似性を指摘した。しかし、衛生局技術官僚のすべてがこの四つのタイプに類型化できるというわけではない。ここでいえるのは、技術官僚にはいくつものタイプがあり、それらの複合体が衛生局を組織し、法制官僚とともに衛生行政を運営していたということである。

四人の共通点として、「冷遇」の経験があったことも確認された。ただし、各自が「冷遇」をうけた対象は多少異なる。後藤の場合は内務省内における衛生局に対する「冷遇」、北里、勝俣、高野の場合は事務官、帝国大学医学部・文部省からうける「冷遇」があった。内務省の二局史観が形成されていることを勘案すれば、北里、勝俣、高野においても衛生局に対する省内の「冷遇」は感得されていたといえるかもしれない。いずれにせよ、官僚であるというだけで、衛生局技術官僚も当時の日本社会ではエリートに属していたが、エリートという集団内で、エリート間で生じる「冷遇」が存在していたのである。

本稿の分析は技術官僚の「冷遇」に焦点を当てすぎたかもしれない。技術官僚の特性を把握するためには、かれらの具体的な業務の実態や功績を考察することも必要であったとおもうが、本稿はそれに及ばない。法律や制度の形成・実施過程における官僚の具体的な働きを知ることのできる資料にあたり、その特性を考察することは残された課題である。

また、分析対象時期の社会的文化的背景との関係性についても言及できなかった。さいごにこの点にかんして、衛生局技術官僚の特性と関連の深い「医の文化」について触れておきたい。

本稿の分析では、衛生局の歴史を前期と後期に区分したが、前期と後期とでは社会における医師の地位が異なっていた。前期のころは、「医師」の「師」を「士」と書くことが非常に流行したように、医師の士流意識が表出されていた。江戸時代にあった、医師を軽蔑する政治的気風が残っていたために生じた現象である。「医師」の称が安定したものとなるのは、明治四〇年代に近づいてからだという[120]。

江戸時代、「儒が修身斉家治国平天下の道であるのに比べて、医はじつに耕織工潤賈に等しい技術にすぎなかった」。したがって、医師の中には儒に対する憧憬と劣等感から、儒者に変身するという医師の例さえ現われた[121]。反対の例として儒者が医師となることもあったが、伊藤仁斎は、儒者が「小道の利益に引かれて」医をおこなう風潮を痛烈に批判した[122]。儒が大道とすれば、医は小道とみなされていたからである。また、貝原益軒は『養生訓』で、「医師となるなら『君子医』となれ、『小人医』となるな」といった。君子医とは「人をすくうに志専一な医師のこと」で、小人医とは「わが身の利養だけを志している医師のこと」である[123]。

儒を学び、「上医は国を医す」を信条としていた後藤と北里の気概は、江戸時代の医の文化を反映している。だからこそ、医を基盤としながら、官吏として国事に関わることを自明のこととしてとらえ、それを実践しようとしたのである。そして、江戸文化の経験のない勝俣と高野の心情にも、後藤や北里が持っていた気概の片鱗が残されていた。

江戸時代からあった医のあるべき姿が衛生局技術官僚に引き継がれていた一方で、内務省の近代官僚制は成熟していった。衛生局の前期から後期への移行は、カリスマ的人物を主軸とした黎明期の官僚制から、学歴による法制官僚を幹部とした官僚制への移行である。その過程で技術官僚の地位上昇機会は消失し、法制官僚と技術官僚間の葛藤が強まり、技術官僚は法制官僚と同等の地位の確立を要求するようになった。

勝俣と高野の行為にみられるように、法制官僚としての専門性、技術官僚としての専門性が地位向上運動で用いられ、科学技術者の登用が強調された戦時体制下で、究極の目的達成として厚生省が創設された。しかし、結果としてこれは暫定的な達成にすぎず、法制官僚優位の体制に変化はなかった。衛生局官僚制の性質は厚生省に持ち越されたといえるが、この検証はまたべつの仕事である。

(1) 藤田由紀子「日本の技官制度(1)」『季刊行政管理研究』第九九号、二〇〇二年、三〇―四一ページ。藤田由紀子「日本の技官制度(2)」『季刊行政管理研究』第一〇〇号、二〇〇二年、一三―三五ページ。藤田由紀子「日本の技官制度(3)」『季刊行政管理研究』第一〇一号、二〇〇三年、三八―五四ページ。藤田由紀子『公務員制度と専門性――技術系行政官の日英比較』専修大学出版局、二〇〇八年。大淀昇一『技術官僚の政治参画――日本の科学技術行政の幕開き』中公新書、一九九七年。新藤宗幸『技術官僚――その権力と病理』岩波新書、二〇〇二年。

(2) 『技術官僚』四九―五〇、五四―五五ページ。

(3) 同右、五八―五九ページ。

（4）　同右、五九ページ。
（5）　文官任用令は一八九三年（明治二六年）に定められたが、勅任官についての任用資格が定められていなかったため、一八九九年（明治三二年）の改正で、それが明確にされた。それは、「①奏任文官（教官、技術官及び警視庁典獄等特別任用の規定により任用された者を除く。）の職にある者又はあった者で高等官三等（奏任官の最高等）の文官の職にある者又はあった者、②満一年以上勅任文官の職にあった者。ただし、教官、技術官の在職年数及び特別任用の在職年数は除く、③勅任文官（教官、技術官及び特別任用の者を除く。）の職にあった者で、文官高等試験の合格者、④満二年以上勅任検事の職にある者及びあった者、⑤その他」である。この規定によって、勅任官の任用資格は、文官高等試験合格者か勅任官経験者に限定された（日本公務員制度史研究会編『官吏・公務員制度の変遷』第一法規、一九八九年、六二―六三ページ）。
（6）　「日本の技官制度（1）」、「日本の技官制度（2）」。
（7）　辻清明『新版日本官僚制の研究』東京大学出版会、一九六九年、一七三―一八三ページ。
（8）　「官僚制」『新社会学辞典』有斐閣、一九九三年。
（9）　佐藤慶幸『新版官僚制の社会学』文眞堂、一九九一年、五八―五九ページ。
（10）　同右、二五七―二五八ページ。マックス・ウェーバー（世良晃志郎訳）『支配の諸類型』創文社、一九七〇年。
（11）　『技術官僚』二五―二八ページ。
（12）　「日本の技官制度（1）」三一ページ。Larson, M.S. (1977) *The rise of Professionalism : a sociological analysis*, University of California Press, p.179.
（13）　「日本の技官制度（1）」三二ページ。
（14）　座談会当時、田中二郎は最高裁判所判事、東京大学名誉教授（大霞会編『内務省史』第四巻、地方財務協会、二五八ページ）。土屋正三は一九一七年（大正六年）に内務省入省、警保局警務課長、山梨県知事、群馬県知事などの経歴をもつ（戦前期官僚制研究会編『戦前期日本官僚制の制度・組織・人事』東京大学出版会、一九八一年、一五五ページ)。

(15)『内務省史』第四巻、二五八、二七八ページ。
(16)水谷三公『日本の近代13　官僚の風貌』中央公論社、一九九九年、二〇二ページ。
(17)同右、二〇二―二〇三ページ。
(18)岡田文秀『怒濤の中の孤舟』岡田文秀自叙伝刊行会、一九七四年、一七四ページ。
(19)同右、一一五ページ。
(20)一八八七年(明治二〇年)、「文官試験試補及見習規則」が制定され、一八八八年(明治二一年)からこれに基づく試験が実施された。奏任官については高等試験、判任官については普通試験である。しかし、奏任官の任用資格は、「高等試験の合格者、帝国大学法科大学、文科大学卒業者又は法学博士、文学博士」であったため、奏任官待遇の試補の大部分が帝国大学卒業者で占められたため、高等試験制度は形骸化し、一八九一年(明治二四年)以降は行なわれなかった。一八九三年(明治二六年)に「文官任用令」が制定され、「奏任官への帝国大学卒業者の無試験任用制度は廃止され、銓衡任用とされた教官、技術官等特殊な官を除き、官吏の任用は原則として文官試験(文官高等試験及び文官普通試験)によることとされた」(『官吏・公務員制度の変遷』五六―五七ページ)。
(21)『日本の近代13　官僚の風貌』二六二ページ。
(22)『新版日本官僚制の研究』二〇一ページ。
(23)『技術官僚』五三ページ。
(24)『技術官僚の政治参画』四三―四四ページ。
(25)『日本の近代13　官僚の風貌』二六三―二六四ページ。
(26)『技術官僚の政治参画』四七―四九ページ。
(27)『日本の近代13　官僚の風貌』二六八ページ。
(28)『技術官僚の政治参画』八一ページ。

(29) 同右、一〇九―一一〇ページ。
(30) 同右、一一四―一一五ページ。
(31)「日本の技官制度（2）」二〇ページ。
(32)『技術官僚の政治参画』一三六ページ。
(33)「日本の技官制度（2）」一八ページ。
(34)「日本の技官制度（1）」三七ページ。
(35) 川村貞四郎『官界の表裏』雄山閣出版、一九七四年、一〇八―一一〇ページ。
(36) 同右、一二二ページ。
(37)「日本の技官制度（2）」四九ページ。
(38) 同右、四九―五〇ページ。
(39) 中静未知『医療保険の行政と政治――一八九五―一九五四』吉川弘文館、一九九八年、一三九ページ。
(40) 北岡伸一『後藤新平――外交とヴィジョン』中公新書、一九八八年、八ページ。
(41) 同右、一〇ページ。
(42) 鶴見祐輔・一海知義校訂『正伝　後藤新平1』藤原書店、二〇〇四年、三三〇―三三七ページ。
(43) 同右、四一五―四一六ページ。
(44) 同右、四二二ページ。
(45) 同右、四三二ページ。
(46) 同右、六〇〇ページ。
(47) 同右、四七五ページ。
(48) 同右、四九一ページ。
(49) 鶴見祐輔・一海知義校訂『正伝　後藤新平5』藤原書店、二〇〇五年、五四九―五五二ページ。

(50) 同右、一五四―一五五ページ。
(51) 『正伝　後藤新平1』五七九ページ。
(52) 同右、五八一ページ。
(53) 同右、五八九―五九二ページ。
(54) 相馬事件とは、福島県の旧相馬藩主・相馬誠胤をめぐる事件である。誠胤は、精神異常であるとして一八七九年(明治一二年)より邸内に監禁されていた。しかし、元藩士・錦織剛清を中心とする者たちは、監禁は誠胤の腹違いの弟に家督を継がせようとする一派の陰謀であるとし、救済のための運動を起こした。後藤新平は錦織に協力し、誠胤を一時自宅にかくまうことまでした。誠胤が一八九二年(明治二五年)二月に急死すると、錦織は、それが毒殺によるものであるとして、相馬家の一族や家令らを告訴した。これに対し、相馬家は錦織を誣告罪で告訴。誠胤の遺骸を解剖したところ、毒殺の証拠が見つからなかったため、錦織は追及された。後藤も共犯の疑いで一一月一六日に拘引・収監されたが、のちに裁判所で無罪の判決が下されている(北岡伸一『後藤新平』二七―二九ページ)。
(55) 宮島幹之助編『北里柴三郎伝』北里研究所、一九三三年、一六一ページ。
(56) 『正伝　後藤新平1』六七四―六八六ページ。高野六郎『北里柴三郎』日本書房、一九五九年、六六ページ。
(57) 鶴見祐輔・一海知義校訂『正伝　後藤新平3』藤原書店、二〇〇五年、四二―四三ページ。
(58) 『正伝　後藤新平5』一五五ページ。
(59) 『正伝　後藤新平3』二四ページ。
(60) 同右、二二ページ。
(61) 『北里柴三郎』二〇七ページ。
(62) 『北里柴三郎伝』二六ページ。
(63) 高野六郎『予防医学ノート』河出書房、一九四二年、三五一―三五二ページ。
(64) 立花隆『天皇と東大(上)』文藝春秋、二〇〇五年、一六八―一六九ページ。

(65)　長木大三『増補北里柴三郎とその一門』慶應義塾大学出版会、一九九二年、一一ページ。
(66)　北里は帝大医科大学の勧誘について、「私が帰朝しましたときに、時の医科大学長の大沢謙二が私のところへ来て、大学に出ないかと申しましたが、私は大学の連中などとは一緒になれますまいという返事をしたので、大沢が非常に憤激したことがありました。これらの事より私は大学側と意気が合わなくなったので、私の仕事について邪魔をする、私もまた負けぬ気で対抗するという次第でありました」と述べている（『正伝　後藤新平1』六八二ページ）。
(67)　『北里柴三郎伝』二八―二九ページ。
(68)　同右、一七〇―一七二ページ。
(69)　『北里柴三郎』三五二ページ。
(70)　『北里柴三郎伝』一五八ページ。
(71)　養生園は、福沢が北里に勧めて東京の広尾に開設させた結核療養所。最新の治療を行なうとともに、結核研究などの施設としても用いられた（『北里柴三郎』五二―六一ページ）。
(72)　『予防医学ノート』三四九ページ。北里研究所編『北里研究所五十年誌』（非売品）一九六六年、七四三ページ。
(73)　『北里柴三郎伝』二六一ページ。
(74)　『北里研究所五十年誌』一一ページ。
(75)　北島多一『北島多一自伝』北島先生記念事業会、一九五五年、五八―五九ページ。
(76)　帝大の緒方教授は脚気を伝染病と考え、その原因を脚気菌として報告した。これにたいし、北里は脚気病原説を認めることが出来ないという批判的な論文を学術雑誌に掲載した。緒方と北里は師弟の関係にあったため、大学総理加藤弘之は、北里を「子弟の道を解せざる者」と酷評したという（『北里柴三郎』二六―二七ページ、『北里柴三郎伝』一七五―一七六ページ）。
(77)　『北里柴三郎』二八ページ。『北里柴三郎伝』五五ページ。
(78)　『北里柴三郎』六九ページ。

(79) 同右、二二六―二二七ページ。
(80) 『北島多一自伝』一〇九ページ。
(81) 『北里柴三郎』八九―九〇ページ。
(82) 『北里柴三郎伝』一七九ページ。
(83) 「防疫の事務は内務省衛生局によって行なわれるが、その学術的指導は北里がこれにあたった」。したがって、「国内の防疫職員は北里の門下生であった」し、「地方衛生課長はいずれも伝染病研究所の講習所の講習生であった」（『北里柴三郎』八九―九〇ページ）。
(84) 勝俣稔先生追悼録刊行会『近代公衆衛生の父　勝俣稔』勝俣稔先生追悼録刊行会、一九七〇年、三八二―三八四ページ。
(85) 同右、七四ページ。
(86) 同右、二八〇ページ。
(87) 同右、五六―五七ページ。
(88) 『怒濤の中の孤舟』一七五―一七六ページ。
(89) 『近代公衆衛生の父　勝俣稔』三八ページ。
(90) 同右、二八八ページ。
(91) 同右、一七〇―一七一ページ。
(92) 同右、三三三―三三五ページ。
(93) 「明治二十六年十月に地方官官制の全面的改正が行なわれた際、衛生事務は警察部の所管となり、その後、明治三十一年には府県警察部内に衛生課を設け、府県の費用をもって衛生技術者を任用すべき旨の訓令が発せられ、翌年までには、おおむね全国の警察部に衛生課が設置された」。その後、地方官官制の全面改正が一九二六年（大正一五年）六月に行なわれ、「新たに学務部を設けるとともに、府県の事情により、土木部・産業部・衛生部をおきうることとし、さらに昭和十年一月、部制が改められて、総務部・学務部・経済部・警察部となり、衛生部は、土木部と同様に、必要により内務大臣が指定して設置することとされたが、実際には衛生部の設置指定は行なわれず、衛生事務は、依然として警察行政の一環として推移したが、戦時中の十七年十一月、内務部所管となり、警察の手を離れた」(『内務省史』第三巻、二二一—二二二ページ)。

(94)「日本の技官制度(2)」二七ページ。

(95)『近代公衆衛生の父　勝俣稔』七八ページ。

(96)同右、三二ページ。

(97)同右、一〇七—一〇八ページ。

(98)『内務省史』には、関東大震災後、「米国のロックフェラー財団から、日本における公衆衛生職員の養成訓練施設の創設に対し援助の意志があることを伝えられた」。しかし、緊急の必要性は認識されず、しばらくしてから再考の気運が高まり、「伝染病研究所長長与又郎博士及び北里研究所の宮島幹之助博士らの熱心な主張などが大いに与って力あるものであったが、究極的には当時の内務大臣安達謙蔵の理解及び衛生局長赤木朝治以下衛生局幹部の努力によるものであった」とあり、帝大派、慶大派のどちらにも偏らない記述となっている(『内務省史』第三巻、二三二—二三三ページ)。岡田文秀の自伝も、「慶応大学の宮島幹之助博士は自分がロックフェラーと交渉して寄附はきまったものと考えていた。これについてはやや疑問がある。ロックフェラー側は宮島を信頼せず、話が停頓していたらしい。前々衛生局長赤木朝治や東大の長与又郎博士の私に対する直話によればそうであって、長与博士がアメリカへ行って話が初めて確定的になったというのである。私は真相は知らない」と、宮島の行動が実質的な結果を生まなかった可能性を示唆しているため、『内務省史』の見解に近い(『怒濤の中の孤舟』一八六ページ)。

(99)『怒濤の中の孤舟』一八七ページ。

(100)『近代公衆衛生の父　勝俣稔』三六〇—三六一ページ。

(101)『戦前期日本官僚制の制度・組織・人事』一四五ページ。『北里研究所五十年誌』六八五ページ。

(102)『近代公衆衛生の父　勝俣稔』一四四ページ。
(103)『北里研究所五十年誌』六八七ページ。
(104) 日本公衆保健協会は、公私の衛生事務に関係する技術者を主な会員として、「公衆衛生の進歩発達を促し併せて会員相互の啓発及び親睦を図ること」を目的に設立された。各府県に支部を置き、毎月『日本公衆保健協会雑誌』を発行するほか、研究会の開催、その他公衆衛生の進歩発達を目的とする事業を行なうこととした。設立当初、高野六郎は編集担当理事と評議員の役を、勝俣は評議員と編集委員の役を与えられた。『日本公衆保健協会雑誌』の構成は時代によって多少異なるが、「巻頭言」「論説」「談叢」「資料」「海外医事」「統計」「時評」「公報」等である。
(105)『内務省史』第三巻、二二六―二二八ページ。
(106)『内務省史』によれば、寄生虫の予防と関連して、衛生局で改良便所等予防に関する研究が行なわれており、「改良便所の研究は大正四年に着手され、昭和七年に一応終了した」(『内務省史』第三巻、三二一ページ)。
(107) 高野六郎『便所の進化』厚生閣、一九四一年、はしがき。
(108) 高野六郎『お臍の効用』北光書房、一九四七年、一七九―一八〇ページ。
(109) 高野は「廃者の楽園」と記しているが、『廃者の花園』(ペリイ・バージェス著、海南基忠訳、改造社、一九四一年)の誤りと思われる。
(110)『お臍の効用』一七九―一八〇ページ。
(111) 高野六郎「真剣味」『日本公衆保健協会雑誌』第一一巻第一号、一九三五年、一ページ。
(112)『技術官僚の政治参画』一一四ページ。
(113)『予防医学ノート』三三七―三三九ページ。
(114) 同右、三三八―三三九ページ。
(115) 高野六郎「技術立国運動」『日本公衆保健協会雑誌』第一四巻第三号、一九三八年、一七一―一七三ページ。
(116)『北里柴三郎』一〇六―一〇七ページ。

(117) 鵜崎熊吉『青山胤通』大空社（復刻版）、一九九八年、一四九―一五五ページ。
(118)『予防医学ノート』三五三ページ。
(119) 同右、三五一ページ。
(120) 布施昌一『医師の歴史――その日本的特長』中央公論社、一九七九年、はしがき。
(121) 同右、六〇ページ。
(122) 同右、六七ページ。
(123) 同右、九四ページ。

4章 内務省の都市計画行政

都市空間の設計と創出

牧園清子

はじめに

日本における都市建設の歴史は決して新しいものではなく、古くは平城京や平安京における碁盤割制に都市の計画をみることができる。また、明治初期にも、開港都市や北海道札幌の条坊制などの都市の構築が実施された。これらも一つの都市計画ということができるであろう(1)。

しかし、日本において都市空間を設計・創出するという発想が最初にみられるのは、帝都の改造をめざし、一八八八年(明治二一年)に制定された「東京市区改正条例」である。これを日本の近代都市計画の始まりとし、石田頼房は明治以降の日本における都市計画の展開を表**1**のように九つの時期に区分している。そして、第一期から第六期までを近代都市計画、第七期以降を現代都市計画と呼んでいる(2)。

表1　日本近現代都市計画史の時期区分

時期区分		制度等		内務省組織
第1期	欧風化都市改造期（1868-1887年）	1872年 1886年	銀座煉瓦街建設 日比谷官庁集中計画	
第2期	市区改正期（1880-1918年）	1888年 1889年	東京市区改正条例 東京市区土地建物処分規則	1889年　東京市区改正委員会（内務大臣所管）
第3期	都市計画制度確立期（1910-1935年）	1919年 1923年	都市計画法 市街地建築物法 震災復興都市計画事業 特別都市計画法	1918年　内務省大臣官房都市計画課設置→1922年　都市計画局→1924年　官房都市計画課→1937年　計画局都市計画課 外局　1923年　帝都復興院→1924年　復興局→1930年　復興事務局→1932年廃止
第4期	戦時下都市計画期（1931-1945年）	1937年 1940年	防空法 国土計画設定要綱 神都都市計画	1937年　計画局（＋防空行政） 1941年　国土局計画課
第5期	戦後復興都市計画期（1945-1954年）	1946年 1950年 1954年	特別都市計画法 戦災復興事業 建築基準法 特別都市計画法廃止	1945年　戦災復興院→1948年　建設院→1948年　建設省 1947年　内務省廃止
第6期	基本法不在・都市開発期（1955-1968年）	1955年 1956年	日本住宅公団設立 日本道路公団設立	
第7期	新基本法期（1968-1985年）	1968年 1970年	新都市計画法 建築基準法改正	
第8期	反計画期・バブル経済期（1982-1992年）	1989年	土地基本法	
第9期	住民主体・地方分権の都市計画へむけて（1992年-）	1995年	被災市街地復興特別措置法	

資料出所：石田頼房『日本近現代都市計画の展開――1868―2003』（自治体研究社，2004年），渡辺俊一『「都市計画」の誕生』（柏書房，1993年）より筆者作成．

内務省は、政府の中で内務行政を専管したひとつの省で、一八七三年（明治六年）に創設され、一九四七年（昭和二二年）に廃止された。石田の時期区分でいえば、内務省は第二期から第四期までの都市計画行政を担ったことになる。

その間、都市計画行政を所管した内務省内組織の変遷をみておこう。第二期の市区改正期（一八八〇―一九一八年）は内務大臣の所管であったが、第三期の都市計画制度確立期（一九一〇―一九三五年）には、内務省に都市計画専管の組織として、内務省大臣官房に都市計画課が設置された。一時期都市計画局に格上げされるが、二年半ほどで再び大臣官房都市計画課にもどされた。後に述べる復興局の設置が一因である。第四期の戦時下都市計画期（一九三一―一九四五年）には、新たに設けられた計画局の都市計画課が所管した。なお、一九四一年（昭和一六年）、内務省の機構改革により、計画局が防空局となり、都市計画は国土局（土木局から改称された）へ移管された。そして、一九四七年（昭和二二年）の内務省廃止により、内務省国土局計画課は戦災復興院とともに建設院に統合され、その半年後の一九四八年（昭和二三年）には、建設省の所管となった。

加えて、都市計画の大きな事業は、内務省内に別に組織が設置され、そこで行われた。

まず、一九二三年（大正一二年）九月一日におきた関東大震災の首都復興事業については、同日臨時震災救護事務局が設置された。事務局は、内閣に帝都復興院が設置されるとそこに受け継がれた。帝都復興院は翌年一九二四年（大正一三年）二月に廃止され、かわって内務省に外局としての復興局が置かれた。この復興局は、一九三〇年（昭和五年）に復興事務局に縮小され、一九三二年（昭和七年）には廃止された。また、住宅行政については、地方局にあった救護課およびのちに改称された社会課で担われていたが、社会課が拡充され一九二〇年（大正九年）に内務省社会局となった。一九二二年（大正一一年）、社会局はさらに内務省の外局としての社会局となり、一九三八年（昭和一三年）に新設の厚生省に移管された(3)。

以上のように、明治から昭和戦前期における都市計画行政・住宅政策は内務省の行政として行われてきた。内務省が廃止となるまでの七五年間に所管した都市計画法令のうちもっとも注目されるのは、第三期の都市計画制度確立期に成立した都市計画法および姉妹法といわれる市街地建築物法である。

都市計画法および市街地建築物法は、第一次世界大戦後の一九一九年（大正八年）に成立した。都市計画法は一九六八年（昭和四三年）に抜本的に改正されるまでの半世紀、そして市街地建築物法は一九五〇年（昭和二五年）

までの三〇年間にわたり、日本の都市計画の基本的枠組みを定めた[4]。この時期は、石田が「都市計画制度確立期」と命名するように、「都市計画」という用語がつくられ、都市計画技術とその概念が形づくられ、都市計画制度としての法律・組織・官僚制等が形成された重要な時期である。まさに都市空間を設計し創出するという発想が確立した決定的な時期といえよう。

そこで、本章では、内務省が主体となって成立させた都市計画制度に焦点をあて、まず、都市計画が成立に至った背景を検討したい。ついで、都市計画制度の成立過程およびその内容を検討し、さらに、都市計画法の制定やその運営に中心的役割を果した一人の内務官僚を通して、当時の内務省や内務官僚は都市計画をどのようなものとして考えていたかを検討し、内務省が行った都市計画行政を明らかにすることにしたい。

1 都市計画の必要性

日清・日露戦争および第一次世界大戦を経て、日本経済が急速に発展するにしたがい、都市への人口集中が顕著になってきた。人口一万人以上の都市の人口総計は、総人口に対して明治三〇年代中期には二割であったが、大正初期には三割をこえた。一八八六年（明治一九年）に現住人口が一〇〇万人をこえた東京市は、一九〇一年（明治三四年）には一五〇万人、日露戦争後の一九〇六年（明治三九年）には二〇〇万人をこえていた[5]。

大都市の出現は同時に住宅・生活・保健などの社会問題を都市問題として表面化させ、その対策として、大都市は街路や水道などの各種の施設や事業の改良および創設を必要とするようになった。首都となった東京では、すでに、永年の紆余曲折を経て一八八八年（明治二一年）に「東京市区改正条例」が制定され、帝都の改造をめざしていた。[6] しかし、大正期に入ると、市区改正の限界が明らかとなり、都市計画が必要とされるようになった。その背景として、二つの理由があげられている。

第一に、東京以外の大都市が都市整備のために「東京市区改正条例」の適用を要望し始めたことである。これは市区改正の準用といわれる。大阪市は一九一一年（明治四四年）に内務大臣に大阪市区改正に関する意見を提出しており、これが大阪市における都市計画への端緒であり、同時に「都市計画法制定の導火線」ともなった。

第二は、「東京市区改正条例」の修正についての要望である。条例は市区改正の実行区域を市域内に限定しているが、大都市の膨張・人口集中により無秩序に市街地化する市域外にも事業を実施できるようにすることである。こちらは市区改正の拡大適用である。[7]

こうした準用・拡大の要望に応えて、一九一八年（大正七年）四月に「東京市区改正条例」が改正・公布された。市域外にも事業が拡大され、同時に大阪・京都・名古屋・横浜・神戸にも条例が準用されることになった。

しかし、この改正は新しい段階への端緒にすぎなかった。政府は、大都市の要望する、欧米の諸都市で行われているような都市計画法制の施行が必要であると考えていたが、新制度の成立には時間がかかると考え、「東京市区改正」を「とりあえず」五大都市に準用することとし、一九一八年（大正七年）四月に改正法を公布したのであった。[8]

準用法等の議会審議の中で、水野錬太郎内務次官は、「東京市区改正条例……ハ非常ニ旧イ法律デアリ……都市ノ計画法……経営法」へと「内務省ニ於テモ根本的改正ヲシタイト考ヘテ居リ……案ガ出来テ居」ると述べており、内務省はすでに抜本的改正の意向を持っていることがわかる。[9]

内務省は、一九一八年（大正七年）一月から三月にかけて、市区改正の枠組みから都市計画へと政策転換をはかることになる。その背景には、制定準備に必要な都市計画概念の導入と都市計画をもとめる運動があった。

まず、都市計画という用語からみておこう。

日本に「都市計画」という用語がもたらされたのは、一九一〇年（明治四三年）にロンドンで行われた世界最初の都市計画（town planning）国際会議への招待であるという。当時、イギリスでは、一八九八年（明治三一年）にハワード著『明日』、そして一九〇二年（明治三五年）に改訂版『明日の田園都市』が出版され、一九〇九年（明治四二年）にはイギリス最初の都市計画法である住宅・都市計画法が制定されたところであった。[10]

日本に田園都市論を紹介した最初の著作は、一九〇七年（明治四〇年）の内務省地方局有志編『田園都市』である。[11]これは、ハワードの著書ではなくセネット著『田園都市の理論と実際』（一九〇五年）を参考にしたものであった。本書編纂の主旨を、「名は単に『田園都市』といふも固より市政の問題、工場の生活のみに限らず、他の範たるべき良農村の事績をも、亦併せて之を叙せり。何となれば理想の都市、理想の農村如何を究はめ、最善の自治を行はんか為め」と記している。[12]つまり、本書は原著の翻訳ではなく、地方局の持論を展開したもので、「田園都市」という名のもとに地方行政の指針を示したものであった。

編著者とされる井上友一（当時地方局府県課長）が「田園都市」について農村的性格をもっと考えたように、内務省の田園都市論には、農村があり地方都市はあるが、大都市はなかった。当時、市区改正事業はすでに二〇年を経過していたが、これは土木局所管の首都東京での土木事業であり、内務省にとっては同省が取り組んでいた「地方改良運動」に比べてはるかに比重が軽かった。内務省の都市問題、都市政策への関心の高まりは、あと一〇年ほどを待たなければならなかった。[13]

日本では、一九一三年（大正二年）に関一（当時東京高商教授）によってtown planningに「都市計画」という訳語が作られたという。このほかにも、「市街計画」「都市改良」「都市設計」などの訳語が用いられ、当初訳語は安定しなかったが、一九一七年（大正六年）頃に「都市計画」の訳語が一般化した。しかし、都市計画の内容の理解には相違があり、建築業界では、都市計画は「設計技術」として理解され、内務省では「都市経営」として考えられていた。結果的には、内務省の「都市経営」路線の文脈に建築界の技術的知見が繰り込まれる方向で事態は進展し、「都市計画」概念は誕生した。(14)

「都市計画」という用語は、第一次世界大戦による急激な工業化・都市化によって大都市問題が顕著になり、都市問題・都市行政への世論の関心が高まった時期に定着していった。こうした新しい都市問題、社会問題に政府内で積極的に取り組んだのは内務省であった。なかでも地方行政を担当する地方局は、住民のコントロールだけでなく生活向上に強い関心をもち、内務省関係者は、早くから海外視察を通して都市計画を学んでいた。

つぎに、「東京市区改正」から都市計画法制への転換を促した運動についてみよう。

内務省の政策転換が短期間のうちに可能になったのは、第一に、都市計画調査会発足の直前まで内務大臣を務め、「都市計画の父」と呼ばれる後藤新平の見識と政治力、第二に、都市研究会や建築学会を含む四団体等の運動であったとされている。そして、これらの通説に加えて、大阪市の請願運動の重要性も指摘されている。(15)

まず、中心的な団体である都市研究会を取り上げよう。

都市研究会は、内務省の池田宏やジャーナリストの阿南常一らが一九一七年（大正六年）一〇月に結成した。会長には後藤新平（当時内務大臣兼鉄道院総裁）が就任した。後藤は亡くなる一九二九年（昭和四年）まで会長を務めた。阿南によれば、当初後藤は都市計画に消極的であった。最初の面会では、「外国では、都市計画はよいだろうが日本の実状を見ると、未だ都市計画の施行は早い」と断られた。その後二回訪問し、二回目に三時間余り都市計画の必要性を力説し協力を求めたところ、後藤は「よしそれではやろう」ということになったという[16]。

都市研究会は、会規則にあるように、「都市経営ニ関スル諸般ノ事項ヲ研究シ都市ノ改良発達ヲ促シ以テ公共ノ福利ヲ増進シ国家ノ進運ヲ扶翼スルヲ目的」とした。結成された都市研究会は都市計画法制定のための「ブレーン集団」となった。会長を後藤新平とし、池田宏、佐野利器、藤原俊雄、阿南常一、渡辺銕蔵、地方行政の領域からは関一、阪谷芳郎、建築の領域からは片岡安、内田祥三、笠原敏郎らが加わった。これらのメンバーは日本における都市計画の推進に努力した人々を網羅していた。都市研究会は、法制定のための基礎研究をはじめ、成果を会誌『都市研究』に発表する一方、池田は行政内で都市計画法の必要性を説き、佐野と片岡は学会と民間の代表者として外から都市計画法、市街地建築物法の二法の制定運動を政府と議会に対して行った[17]。

加えて指摘される大阪市の請願運動は、一九一七年（大正六年）四月から始まる大阪市街改良法制定の運動である[18]。

大阪市は、一九一七年（大正六年）四月に、都市改良計画調査会を設置し、市区改正問題に対する本格的な取組みを始めた。この調査会は、都市総体を構造的に把握し、計画的に自治体経営を進めようとする方向性をもち、内務省の都市計画調査会に先立つモデル委員会ともいえるものである。また、大阪市街改良法草案（以下大阪法案という）は、当時大阪市の助役であった関一が欧米近代都市計画の研究成果と大阪周辺の耕地整理の経験に基づき、区画整理・地帯収用・土地増価税・地区改良等の手法を導入しており、すでに、法律案・予算案・計画案がそろっていた。大阪法案は一九一八年（大正七年）一月頃に作成されたとみられ、まさに「東京市区改正条例」と都市計画法・市街地建築物法を結ぶ「ミッシング・リンク」であった[19]。この運動は、都市計画法制定の機運を醸成し、その内容を準備したのである。

これらの動きを受け、かねてより抜本的改正の意向をもっていた内務省は、準用法等とともに抜本的改正に着手することになるのである。

2　都市計画制度の成立過程と内容

都市計画の法制・行政の途を開いたのは内務大臣後藤新平であった。彼は、「東京市区改正条例」の大阪市への準用が問題となった時に、「単に大阪市に改正条例を準用するに止めず、日本の都市計画を樹立しなければならぬ」と力説し、都市計画調査費を追加予算として認めさせた[20]。

一九一八年（大正七年）五月、都市計画調査会官制が公布され、都市計画調査会は「内務大臣ノ監督ニ属シ都市ノ衛生、警察、経済、交通其ノ他都市計画上必要ナル事項ヲ調査審議ス」とされ、内務大臣を会長とし、委員二四名以内、幹事・書記から構成されることになった[21]。都市計画調査会は、内務省大臣官房に設置された都市計画課が所管した。都市計画課の組織は、課長の池田宏と、土木係長山田博愛技師、建築係長笠原敏郎技師、庶務係長吉村哲三事務官であった[22]。

都市計画調査会は、まず、都市計画に関する六つの調査要綱を定め、これに基づき、都市計画法および都市建築法（のちの市街地建築物法）を審議することになった[23]。

都市計画調査会は両法案の国会提出までに一二回の会合を開き、七月から一二月にかけて本委員会で四回、特別委員会で七回の審議を行った。法案についての審議が行われたのは一二月であった。同年九月に寺内内閣から原敬内閣に替わり、内務大臣には床次竹次郎が就任していた。法案審議にあたったのは、つぎの委員たちであった[24]。

会長　床次竹次郎
幹事　池田宏、吉村哲三
委員　小橋一太、石丸重美、馬場三郎、堀田貢、栃内曾次郎、緒方正規、岡喜七郎、渡辺銕蔵、川村竹治、
片岡安、神野勝之助、添田敬一郎、中西清一、中島鋭治、矢橋賢吉、藤原俊雄、藤山雷太、近藤虎五郎、
佐野利器、南弘、関一、杉山四五郎

両法の原案は特別委員と都市計画課が協働して作成し、両法案特別委員会で修正され、一二月に法案が本委員会で可決された。翌年三月に、都市計画法および市街地建築物法が帝国議会で可決・成立し、一九一九年（大正八年）四月に公布された。施行は、都市計画法が一九二〇年（大正九年）一月、市街地建築物法が同年一二月であった。

都市計画法は、第一条で「本法ニ於テ都市計画ト称スルハ交通、衛生、保安、経済等ニ関シ永久ニ公共ノ安寧ヲ維持シ又ハ福利ヲ増進スル為ノ重要施設ノ計画ニシテ市ノ区域内ニ於テ又ハ其ノ区域外ニ亘リ執行スヘキモノヲ謂ウ」と都市問題を列挙した定義を掲げている。

後に都市計画課長となった飯沼一省は、都市計画法における都市計画の定義を「極めて抽象的な規定」であるとしている。その結果として、「都市計画とは何ぞやということに対する解答が明瞭でない」とする一方、「然しかかる規定の結果として、都市計画として決定し得べき事項に極めて弾力性があるという長所を看過することが出来ない」と、都市計画の抽象的規定による功罪の両面を指摘している。(25)

成立した都市計画法の主要な内容はつぎのとおりである。①都市を一つの有機的機構として計画しなければならないことを重視した。②都市計画や都市計画事業と相容れない私権を制限する制度を創設した。③住居・商業・工業など土地の用途を制限し、そこに建築される建築物の種類、高さ、敷地面積に一定の制限を加えることとした。④土地区画整理の制度を採用した。⑤超過収用制度を認めた。⑥工作物収用を認めた。⑦受益者負担制度を新設した[26]。

また、市街地建築物法の主要な内容はつぎのようにまとめられている。①住居・商業・工業の用途地域および防火地区・美観地区などの制度を設けた。②建築物は道路幅の境界線より突出することはできないとした（建築線制度）。③地域を定めて建築物の敷地面積とその建築面積との割合に一定の制限をおいた（面積地域）。④建築物の高さ制限や構造等に関する規定を設けた。⑤保安と衛生の見地から有害・危険な建築物の除去・改築などに必要な規定を設けた。市街地建築物法の執行は、警視庁や府県警察部が行い、各府県警察部には建築監督官等が配置され、いずれも内務省の指揮下にあった[27]。

両法の内容を、さらに具体的に、行政組織・技術・財政の三つの側面から検討しておこう。

まず、都市計画の行政組織についてみよう。

都市計画の決定権限は国が握っており、中央集権的な制度であった。都市計画委員会は内務大臣の監督の下に、中央と地方の両方に置かれた。都市計画地方委員会は「内務大臣ノ監督ニ属シ」（一九一九年都市計画委員会官制）、議案は内務大臣が提案し、その議案は内務省の官吏である都市計画地方委員会事務局職員が作成した。都市計画は「国家ノ事務」という考えは「東京市区改正」と同じで、基本的に「東京市区改正」の内容を引き継ぐものであった。しかも、この考え方は一九六八年（昭和四三年）の新都市計画法制定までの半世紀の間、基本的には変わらなかった。また、市街地建築物法についても全国統一基準を適用しており、中央集権的な制度であった。[28]

都市計画地方委員会事務局の職員は、府県庁にいるが身分的には内務省の官吏であった。その費用は府県が負担したが、彼らの身分は内務省に直属しており、職員相互間の連絡もきわめて密接であった。このような仕組みを通じて技術者の養成、技術基準の一律化などが進められ、都市計画官僚・技術者層が誕生した。彼らの多くは一九一七年（大正六年）に組織された都市研究会に参加し、都市研究会で都市計画法制度の内容や考え方を学び、都市計画担当者間の経験の交流を行った。[29]

このように、都市計画法は、国に権限を留保したまま地方委員会という仕組みによって自治体に権限を与え、事業団としての資格と負担を認めさせるという「中央操作網」を完成しており、「旧内務官僚の傑作というにふさわしい法制」と皮肉をこめて論評されている。[30]

また、当時法案の審議委員であった関一も、都市計画制度の中央集権的な性格について、「我国の都市計画は官治的」で、自治制度上からは「頗る不都合のものである」と述べている。しかし、関はこの都市計画法の制度化に賛成した。その理由について、関は、大阪市が「一条の道路を新設拡築するにも関係官庁が多数であつて、到底市の力では実施の見込がない」ため、「此時代に目前の急に応ずるには国の行政とした方が確に便利でもあり、実行性に富んで居」り、「此方法以外に焦眉の急務である誤謬訂正の案を見出し得なかった」からであるとしている。[31]

つぎに、都市計画にどのような新技術が導入されたかをみよう。

一九一九年（大正八年）の都市計画法・市街地建築物法で新しく制度化された都市計画技術には、土地区画整理、用途地域制と建築線制度などがある。

土地区画整理は、新しく市街地に開発される郊外地、都市基盤や居住環境が不十分な既成市街地などで、道路や公園を整備し、街区や宅地を整えるために行われる事業である。農地の整備手法から生まれた都市計画技術であった。

用途地域制は、市街地および将来市街地となるべき地域をいくつかの地域に区分し、その現状と将来像を考慮して、それぞれの地域で建築・土地利用規制を行うことによって土地利用を誘導していく制度である。地域に分けて規制するのでゾーニングといわれている。市街地建築物法により設けられた用途地域区分は住宅・商業・工業のわずか三種類であったが、いずれにも指定されない「未指定地域」が多くを占め、地域区分はあまり使われなかった。

建築線制度は、道路敷地の境界線をもって建築線とし、建築物の敷地は建築線に接していなければならないと定めたものである。つまり、道路（幅員二・七メートル以上）に接していない土地には建物を建てられないということである。建築線を決めておきさえすれば、道路への建築物の突出を制限することでしだいに道路網（の用地）が形成されていくため、「公費を投ぜずして実現する都市計画」とみなし使われることも多かったが、安あがりの都市計画は「計画性」の欠落したものとなった(32)。

さいごに、都市計画事業の財源についてみておこう。

都市計画制度制定の過程で最大の争点となったのは、都市計画の費用をどこにもとめるかであった。都市計画は「不急の事業」と考えられており、大蔵省の強い反対により、草創期の日本の都市計画は事業実施の手段に不自由することになった。

内務省大臣官房都市計画課『都市計画調査委員会議事速記録』（一九一八年七月八日―一二月二四日）は、当初都市計画法原案にあった特別税（第七条）、制限外賦課（第八条）、国庫補助（第一〇条）などの都市計画財源の規定が、両法案の審議の中でつぎつぎと削除されていく経緯を明らかにしている。成立した都市計画法の財源にかんする規定は、第八条の特別税と第九条の国有地下付のみである[33]。

都市計画法の第八条特別税に関する規定をみよう。都市計画調査委員会における法案審議過程の原案では、特別税は土地増価税、改良税、間地税、戦時利得税附加税の四つからなっていたが、成文では、以下のとおりである。

「第八条　公共団体ハ第四条又ハ第六条ノ費用ニ充ツル為左ノ特別税ヲ賦課スルコトヲ得但シ府県費ヲ市ニ分賦スル場合ニ於テ市カ営業税、雑種税又ハ家屋税ヲ賦課スルトキハ主務大臣ノ許可ヲ受ケ其ノ税率ヲ定ムヘシ

一　地租割　地租百分ノ十二半以内

一　国税営業税割　国税営業税百分ノ十七以内

一　営業税、雑種税又ハ家屋税　各府県税十分ノ四以内

一　其ノ他勅令ヲ以テ定ムルモノ」

特別税の規定は第八条として残るには残ったが、当初の規定とはまったく異なる内容となっている。この修正案を提案した委員会事務局の池田宏は、「大蔵省ノ方ノ御意見デ、財務ノ方デ、ドウシテモ市区改正条例デ許シテ居ル程度ノモノニ止メテ呉レナケレバ同意出来ナイ」というので、特別税の規定を変更したが、「是ハ市区改正条例其ノ儘デス」と説明した。確かに、池田の言うとおり「東京市区改正条例」と酷似する内容となっている。

また、原案には「内務大臣ノ特ニ指定スル都市計画事業ニ対シテハ国庫ヨリ其ノ費用ノ三分ノ一以上三分ノ二以内ヲ補助ス」という国庫補助規定（第一〇条）があった。都市計画調査委員会の特別委員会では、大蔵省次官神野勝之助が国庫補助の全面削除という方針に固執した。事務局は抵抗し、国庫補助は削除にはならなかったが、原案は「国庫ヨリ其ノ費用ノ一部ヲ補助スルコトヲ得」へ修正された。しかし、その後の経緯は明らかではないが、成立した都市計画法には国庫補助の規定に関する条文は見あたらない。国庫補助は、特別税（第八条）の四項として

残された「其ノ他勅令ヲ以テ定ムルモノ」という規定に、希望をつなぐこととなった。しかし、その後この勅令が発動されることはなかった(34)。

都市計画法制定の当初から、都市計画事業に対する国庫補助が認められなかったことは致命的であった。国の補助がなく、また、特別税が設定されなければ、都市計画法制の成立にもかかわらず、現実の問題として都市計画は単なる「画餅」にすぎないものとなった(35)。

3　内務官僚と都市計画

都市計画法の制定過程には、都市計画を生み、育て、見守ったひとりの内務官僚がいた。すでに何度か登場している池田宏である。都市計画法制の制定は「都市計画の父」といわれる後藤新平の周辺の専門家によって行われたが、その中心となったのが池田である。池田は初代の都市計画課長として法案作成にあたった。その後、池田は後藤新平に従って官途を上ることになる。後藤が東京市長に選出されると、池田は同市助役として「八億円計画」ともいわれる「東京市政要綱」を立案し、関東大震災後の後藤復興院総裁の下では計画局長となり、帝都復興計画に取り組んだ。ここでは、池田に着目して、都市計画法の成立過程をみよう(36)。

池田宏（一八八一―一九三九年）は、一九〇五年（明治三八年）に内務省に入省する。地方局勤務となり奈良県・神奈川県・三重県の事務官を経て、一九一一年（明治四四年）に本省にもどり、土木局道路課長に就任する。当時、内務省は道路法の法制化を試みたが廃案となり、道路法制定が課題となっていた。万国道路会議（ロンドン）への出席と欧米諸国の視察のため、池田は一九一三年（大正二年）四月から約一年間海外出張をする。帰国後は、一九一五年（大正四年）一月から土木局港湾課長と同局道路課長を兼任し、欧米出張で得た知識を携えて、一九一四年（大正三年）九月からは東京市区改正委員会の幹事を務めていた。

関係者として「東京市区改正」の現場をみてきた池田は、「芳川伯の考へた計画の約三分の二は其儘になつて居る結果として、……今日我々は怠慢の刑罰として非常な重い犠牲を払つて迄是等の未成の仕事を片付けなければならぬと云ふ運命災厄に遭つて居るのであります」と嘆き、「先見の明を以て都市の統一ある計画を立て……成るべく速に実行すると云ふことが如何に大切なことであるかと云ふことが能く了解することが出来る」と都市計画の必要性を説いた(37)。

また、池田は、一九一六年（大正五年）頃から、日本における都市計画の必要性を痛感し、数人のメンバーとともに研究を進めていた。一九一七年（大正六年）一〇月、正式に後藤新平を会長とする「都市研究会」を発足させ、池田はその幹事となった。翌一九一八年（大正七年）四月には会誌である『都市公論』を創刊し、池田は阿南常一と二人で編集を行った。池田の著した雑誌論文一八八本のうちの七八本（約四割）が『都市公論』に掲載された。都市研究会は池田の活動の拠点であった。

池田は、『都市公論』の創刊時を回顧し、「一番初め都市研究会が『都市公論』を出し掛けた際には、是はモウ例の三文雑誌で三号迄続くか何うかと云ふ風に疑はれ、又是は何か為にする所があつて遣つて居るものだらうと洵に世の中から冷眼視され」と書いている。しかし、発足五年後の一九二二年（大正一一年）には、都市研究会の会員数は一五〇〇人を超えていた(38)。

一九一八年（大正七年）二月に入り、追加予算の提出は締め切られた後であるにもかかわらず、池田は内務大臣後藤から都市計画調査費の臨時費を要求するように命じられた。命を受け調査提案をすると、両院を通過した。

「当時官僚の徒は皆之を奇跡なりと評した」と池田は証言している。

同年二月には、都市計画臨時調査費が予算として認められ、五月に、内務省大臣官房に都市計画課が創設され、池田はその初代課長となった。

池田は後藤について、「我国の都市に革新の幕を開くの重要なる結果を齎らした都市行政上意義頗る大きかつた予算案が仮令少額なりしにせよ瞬く間に鮮かに成立した所以のものはいふまでもなく全然伯爵の力に負ふ所のもので、伯爵の功業は永く我都市生活の大恩人として其の徳を頌せらるべきである」と記している[39]。

ただし、内務大臣後藤は都市計画のためのレールを敷いたが、一九一八年（大正七年）の四月には外務大臣に転出しており、都市計画法の審議にはかかわっていない。

都市計画臨時調査費に基づいて、内務省に都市計画調査会が設けられ、都市計画のための法律制定の論議が始まることになった。都市計画課からは課長の池田と係長の吉村哲三が参加し、幹事を務めることとなった。法案起草には特別委員があたることとなったが、原案は池田を中心とする都市計画課で作成された[40]。

このようにして、池田は都市計画法案を起草し、都市計画の概念を定式化し、立法化にこぎつけた。池田は、東京市区改正委員会の幹事として都市計画の現場におり、都市計画の必要性をもっとも深く認識していた人物であった。

ところで、当時池田は都市計画をどのようなものと考えていたのであろうか。

日本において都市計画法の制定を促すようになったのは、都市そのものの存在が明らかに認識されるようになり、「従来の官治行政と自治の制度を以てしては、都市の公需に応ずる能はざるを痛感する」に至ったためであると池田は考えていた。

そして、都市に対しては、たとえば「一匹の魚を料理するに、多数の者が、勝手に包丁を使ふ」ように、実演するようであっては都市の有機的存在を全うすることはできない。このようなことのないように、「都市といふ存在を確認して、之が存在を完ふする為めに、公共事務の種別に従て夫々の責任のある行政庁が、各々其の分を担当して、其の力の綜合する所克く都市其の者の健全なる発達を導く」ように仕向けて行かなければならないということが認識されるようになった。この必要に応じて、一切の問題を解決する契機として工夫されたのが都市計画法およびこれと一体を成す市街地建築物法の法制であると述べている[41]。

そして、成立した都市計画法および市街地建築物法を池田自身は高く評価し、「法制としては、上述欧米諸国の粋を蒐め、快刀直に我に欠けたるところを刺し、大体に於て垂死（筆者注：ほとんど死にそうな状態）の我都市生活に対する頓服薬なりといふを憚らぬ」と述べている[42]。

しかし、池田の都市計画については、官治主義と政治性の欠如が指摘される。まず、池田は、その経歴が示すように、自ら都市づくりの現場責任者として従事しなかったため、その思想は官治的傾向が抜け切らず、中央官庁レベルでの政策発想が濃厚である。また、池田は、政党の介入に対する心理的な拒否反応を示しており、政治的駆け引きを嫌った。そこには、利害が激しくぶつかる都市づくりが政治をぬきにして展開できると予測した官僚の甘さと驕りがあった。こうした池田に対しては、「都市計画という近代技術手法を扱いながら、その精神はあくまでも非近代的であった。その意味で典型的な和魂洋才の牧民官であった」と手厳しい評価がなされている[43]。

内務官僚が出世をするには、「開明性」と「非専門性」が必要とされる。「開明性」とは「欧米先進諸国に関する知識をもとに『世界の大勢』を把握し、わが国の歩むべき方向をさし示すことであり、とくに時代に先がけて各種問題を先取りしていこうという姿勢」である。一方、「非専門性」とは「特定分野のスペシャリストになる代りに、内政全般を見渡すことのできるジェネラリストになるべきである」という考えであるとされる。内務官僚の場合は、知事・局長・次官等を経て貴族院の勅撰議員となることが最高の出世コースとされてきた。

この点からみると、神奈川県知事を最後に退官した池田の内務官僚としてのキャリアは、「輝かしい出世の例とはいいがたい」という評価になろう。池田は、欧米の進んだ仕組みを積極的に日本に導入しようという「開明的」な態度を持ち続けた開明的官僚ではあったが、政治家的官僚ではなく、都市計画という特定領域の専門的官僚であった。官僚としては、学者肌がわざわいしたとの評もあるが、このことが、むしろ彼の名を都市計画の歴史に刻みつけることになった。(44)

おわりに

こうして、内務省は、池田らの努力によって都市計画の立法化にこぎつけた。最後に、成立後の都市計画法と都市計画事業をみておこう。

都市計画法は一九二〇年（大正九年）に施行され、東京・大阪・京都・神戸・横浜・名古屋の六大都市が法の適用を受けた。六大都市には都市計画地方委員会が設置され、都市計画法にもとづく都市空間の創出が開始された。法施行二年後の一九二二年（大正一一年）五月に、内務省都市計画局は『都市計画要鑑』（第一巻）を編集・発行し、都市計画法適用都市の都市計画と都市計画事業の概況を報告している。

当時内務省都市計画局長であった山縣治郎は『都市計画要鑑』（第一巻）の緒言の中で、発行の目的を「各都市相互ニ切磋研鑽スルノ料ニ供シ」、わが国「都市ノ改造ニ資センガ為ナリ」と記している。そして、当時の都市計画について、「今日ノ通弊ハ制度完備シテ実行ノ成績之ニ伴ハザルニアリ。机上ノ計画速ニ成リテ地上ノ執行遅々トシテ進マザルニ在リ」と述べ、計画はできたが、進展しない都市計画事業の現状を憂いている。(45)

しかし、一九二三年(大正一二年)に関東大震災が発生し、その復興にあたっては都市計画法をこえる対応が必要とされ、急遽「特別都市計画法」が制定された。復興のための予算は当初五億円が計上されたが、最終的には八億円の支出となった。一九二四年(大正一三年)から三〇年(昭和五年)までの復興事業は日本国内における初の大々的な都市計画事業となった。震災後の帝都復興のビジョンは、かつて後藤新平が東京市長時代の一九二一年(大正一〇年)に発表した「東京市政要綱」(いわゆる八億円計画)が下敷きとなっており、帝都復興事業の実施は、都市計画とはどのようなものかを世間一般に実体験として認識させることになった。(46) 皮肉な結果ではあるが、日本における都市改良は、都市計画⇃都市計画事業という関係ではなく、天災・大火災・震災・戦災の衝撃によって可能となったのである。(47)

その後、都市計画法は、一九二三年(大正一二年)から札幌市をはじめとして二五の都市にも適用され、一九三三年(昭和八年)には全国の市に適用されるとともに、町村にも適用可能となった。大都市中心の計画としてスタートした都市計画は、複数の市町村を含む都市計画へと変化した。(48)

都市計画課長を務めた飯沼一省は、都市計画法制審議が開始された一九一八年(大正七年)という年は、「日本の都市計画史上一時期を画する年であった」としながらも、当時の都市計画について以下のように記している。

「国は大正八年に都市計画法という法律は制定した。しかし、これをほんとうに活用しようという熱意がなかった。むしろ都市計画という意味がわからなかったのかもしれない。そこで日本には、都市計画法はあれども都市計画なしという状態であった。そして太平洋戦争へ突入して行った。……旧都市計画法は五〇年の寿命を保ったわけだけれども、その前半というものは厄介物視されての三〇年であった。世間がほんとうに都市計画の必要に気がついたのは、昭和二〇年の終戦後であるといってよかろう」[49]。

飯沼はその理由を三点あげている。第一に、「都市計画に対する世間の眼は冷たかった」と言う。その原因はどこにあるのであろうか。第二に、政府が地方自治を勧奨し、その振興を強調している時に、中央集権的色彩の濃厚な都市計画法の如きは時代に逆行する悪法であると、内務省地方局などの省内部局においても、都市計画法自体が難解であること。第三に、内務省土木局としては、道路、河川、運河、上下水道等、それぞれに法制が備わり、われわれが仕事をしているのに、都市計画局などという局を別におく必要はあるのかという非難であった。

第二と第三は、主として内務省内の理由である。省内での都市計画は「あたかも小姑どもにこづきまわされる新嫁の如き」境遇であり、省外においても、前節までに指摘したように、都市計画不急不要論に立つ大蔵省との財源をめぐる対立があり、加えて、地主として土地の所有権を侵害されるのを避けたい地主層の反対もあり、「まさに四面楚歌であった」と飯沼はいう[50]。

内務省の都市計画行政は、飯沼が指摘するように、戦前期を通じて必ずしも高い評価が与えられなかった。しかし、都市計画法は半世紀にわたり日本の都市計画の基本的枠組みであり続けた。

内務省は一九四七年（昭和二二年）に廃止となったが、都市計画法にかわる新しい都市計画法が公布されたのは一九六八年（昭和四三年）であった。一九一九年（大正八年）に制定された都市計画法は、震災復興、戦災復興、そして戦後の高度経済成長期の都市計画を処理してきたことになる。なぜ大正期に成立した都市計画法が五〇年もの間、時代の激変にもかかわらず、根本的な改正をうけることなく、存続し得たのであろうか。

その理由について、新都市計画法の立案推進にあたった建設省担当者は、新しい問題に対しては都市計画法を母法とし、いわゆる「ぶらさがり法」として新しい法律を制定し都市計画の法体系を作り上げ処理してきたことと、都市計画法の規定が解釈上の弾力性に富んでいるために、運用面に相当の幅をもたせることができるので、「行政庁主義」ともいえる機動的な執行体制と相俟って、それぞれの時代の要請によく対応し得たからであると、述べている。都市計画法における中央集権的体制は、自治の考え方に反するとの批判があるが、実際の運用においては、例規や通牒による「弾力的運用」によってその強みを発揮してきたというのである。[51]

一方、空間設計・規制という技術面に着眼すれば、都市計画法および市街化建築物法は画期的な立法であった。「当時都市計画と言ふ用語さへも耳新しく、世人は一般に之を明解しなかつた」[52]といわれる時代に、欧米近代都市計画に触発されたとはいえ、一九一九年（大正八年）という早い段階で後進国・日本が都市計画法および市街化建築物法の体系を作り上げたことは、世界的にみても特筆されなければならない。とくに、都市計画法制の内容は、区画整理・土地利用規制等の導入にみられるように計画技術の多様化の面では成果をあげ、現代日本の都市計画に大きな遺産を残したと高く評価されている。[53]

しかし、こうした計画技術も、事業実施においては、行政機構内部の支持も、また現実の政治的基盤である地主層の支持も得られず、都市計画は机上の計画のままとなった。そして、計画と事業の分断は、日本の都市計画の基本的特質となっていったのである。

（1）　大霞会編『内務省史』（以下『内務省史』と略記する）第三巻、地方財政協会、一九七〇年、一八一―一八四ページ。

（2）石田頼房『日本近現代都市計画の展開──一八六八─二〇〇三』自治体研究社、二〇〇四年、一─六ページ。
（3）『内務省史』第三巻、一八四─二〇九ページ。
（4）渡辺俊一『「都市計画」の誕生──国際比較からみた日本近代都市計画』柏書房、一九九三年、二七二─二七八ページ。
（5）柴田徳衛『現代都市論』東京大学出版会、一九六七年、八五ページ。高木鉦作「都市計画法（法体制再編期）」鵜飼信成・福島正夫・川島武宜・辻清明編『講座日本近代法発達史』第九巻、勁草書房、一九五八年、一四〇ページ。
（6）御厨貴『首都計画の政治──形成期明治国家の実像』山川出版社、一九八四年。なお、明治二二年一月から大正七年末までの三〇年間の東京市区改正事業の達成率は道路で約四割で、予算の制約から差し迫った課題に限定されていた（渡辺、前掲書、一三ページ）。
（7）高木、前掲論文、一四〇─一四一ページ。
（8）『内務省史』第三巻、一九二ページ。
（9）渡辺、前掲書、一六一─一六三ページ。
（10）同右、六一─七七ページ。
（11）安田辰馬「地方局有志編纂『田園都市』」大霞会編『続内務省外史』地方財政協会、一九八七年、八─九ページ。
（12）内務省地方局有志編『田園都市』博文館、一九〇八年（版数の明示なし）、六─七ページ。
（13）渡辺、前掲書、五一─五二ページ。
（14）同右、七九─九七ページ。
（15）芝村篤樹「巨大都市の形成──市区改正から都市計画へ」成田龍一編『近代日本の軌跡9　都市と民衆』吉川弘文館、一九九三年、一五四─一五七ページ。
（16）阿南常一「都市計画茶話」（二）『新都市』第三二巻第三号、一九五七年、二七─二八ページ。
（17）強い社会意識を持って大正期に台頭した内務省の革新的若手官僚と、彼らと考えを一にする外部の学者やジャーナリストたちのグループは「社会政策派」と呼ばれる。その中心となったのは池田宏である（藤森照信『日本の近代建築（下）――大正・昭和篇』岩波書店、一九九三年、一三六―一三九ページ）。

(18) 芝村、前掲論文、一五七―一七三ページ。

(19) 渡辺、前掲書、一五一―一六一ページ。

(20) 鶴見祐輔『後藤新平』第三巻、勁草書房、一九六六年、六八三ページ。

(21) 渡辺、前掲書、一三六ページ。

(22) 福本英三・渡辺俊一・定行恭宏『都市計画のパイオニア』都市計画協会、一九八六年、一六七ページ。

(23) 市街地建築物法は当初（都市）建築法と呼ばれていた（渡辺、前掲書、一三六―一三七ページ）。都市計画調査会のように、特定の政治課題を達成するために、政策決定の公式の制度的な場として「委員会・審議会」という組織を設置する試みは、首都計画に関する「審査会」（一八七四年（明治七年））の設置が嚆矢とされる（御厨、前掲書、一二ページ）。

(24) 赤木須留喜「都市計画の計画性」東京都立大学都市研究会編『都市構造と都市計画』東京大学出版会、一九六八年、五二三ページ。

(25) 飯沼一省『都市計画』常盤書房、一九三四年、六七―六九ページ。

(26)『内務省史』第三巻、一九四ページ。

(27) 同右、一一五―一一六、一九五ページ。地方によっては、大阪府建築取締規則（一九〇九年（明治四二年））や兵庫県建築取締規則（一九一二年（明治四五年））など、建築条例が制定されていた。しかし、東京では、一九〇六年（明治三九年）に東京市建築条例案の作成を建築学会に委嘱し、東京市建築条例の成案は得られていたが、実施にはいたっていなかった。

(28)『内務省史』第二巻、五八四ページ。飯沼は「殊に都市計画の一部門をなせる極めて重要なる建築警察の如きは、全く国の行政に留保せられて、市の如きは全然関知する所ではない」と述べている（飯沼、前掲書、一〇七ページ）。

(29)　石田、前掲書、九五―九六ページ。都市計画地方委員会事務局職員は、一九二二年では一四六人、一九三四年では三二三人となり、技術者の増加が目立つ。かれらの待遇は、当初道府県所属とされたが、政府より俸給を受けない場合は、法律の解釈上、官吏恩給法等の恩典を受けられないことが明らかとなり、従事者間に危惧不安の念を生じ、「都市計画調査の挫折を来たす虞あり」とされ、文官判任以上の者の受ける俸給は政府より受けるとみなす法改正が行われた（内務省都市計画局『都市計画要鑑』第一巻、柏書房、一九八八年（初出、一九二一年）、二五ページ）。

(30)　高寄昇三『都市経営思想の系譜』勁草書房、一九九〇年、三五二―三五三ページ。

(31)　関一『都市政策の理論と実際』（地方自治古典叢書1）学陽書房、一九八八年（初出、三省堂、一九三六年）、一二三―一二四ページ。

(32)　石田、前掲書、九六―一一五ページ。区画整理・地帯収用・土地増価税・地区改良等の手法を導入したとされる関は、「市街地区劃整理制度及地域的土地収用制度は大正六（一九一七）年の旧稿である。……本論文中に主張した新制度が我が国にも採用せられた。著者の主張が斯様に迅速に実現したことは愉快に堪へぬ所である」と書いている（関一『住宅問題と都市計画』弘文堂書房、一九二三年、三ページ）。

(33)　赤木、前掲論文、五一七―五三三ページ。渡辺、前掲書、一三五―一四九ページ。

(34)　赤木、同右、五三一―五三二ページ。

(35)　池田宏『改訂　都市経営論』（地方自治古典叢書4）学陽書房、一九八八年、一八七ページ（初出、都市研究会、一九二二年）。この中で池田は「市民は画餅を眺めつつ今回の災禍に罹った事は実に皮肉と謂はねばならぬ」と記している。

(36)　福本ほか、前掲書、一四一―二二八ページにより、以下記述する。

(37)　池田宏『現代都市の要求』都市研究会、一九一九年、九一ページ。

(38)　池田宏「誤解と貧乏と」『都市公論』第五巻第七号、都市研究会、一九二二年、五三ページ。

(39)　池田宏「我国都市行政の恩人としての後藤伯爵を憶ふ」『都市問題』第八巻第五号、一九二九年、一一二―一一三ページ。
(40) 渡辺、前掲書、一三九ページ。
(41) 池田宏「都市の由来と都市計画」『都市公論』第一四巻第一一号、都市研究会、一九三一年、二―一七ページ。
(42) 池田『改訂　都市経営論』一八六ページ。
(43) 高寄、前掲書、三三八―三四四ページ。
(44) 福本ほか、前掲書、二一七ページ。渡辺、前掲書、一八三―一八四ページ。なお、都市計画法の立案にあたった池田が、都市計画の実際面では、地方行政官として京都府知事を務めた時に、形式論・法文解釈論を守り官僚的姿勢をとったことが制度を円満に育てることの障害となったとの指摘がある（石田頼房『日本近代都市計画史研究』柏書房、一九八七年、一八七―一九八ページ）。
(45) 内務省都市計画局、前掲書、五―七ページ。
(46) 越沢明『東京の都市計画』岩波新書、一九九一年、八四ページ。
(47) 赤木、前掲論文、五三八ページ。
(48) 『内務省史』第三巻、一九四―一九五、一九八―二〇〇ページ。
(49) 飯沼一省「都市計画法制定」大霞会編『続内務省外史』三ページ。飯沼一省は、内務官僚で、一九二三―一九二八年都市計画課に勤務し、一九三一―一九三四年都市計画課長を務めた。
(50) 同右、二―三ページ。福本ほか、前掲書、二三三―二三五ページ。
(51) 大塩洋一郎『都市計画法の要点』住宅新報社、一九七一年、一八―二一ページ。
(52) 関、前掲書、一二四ページ。
(53) 渡辺、前掲書、二五一、一六四ページ。

5章　母子概念の形成過程
階級とジェンダーの接合

樽川典子

はじめに

わが国の戦前期における社会政策の展開過程において、母子概念が法的に形成された画期となるのは、一九三七年（昭和一二年）、母子保護法が制定、公布された過程にもとめることができよう。戦時体制にむかいつつある時期に成立したゆえに、この法律が構想された意図もその文脈でとらえられがちであるが[1]、法規範における母子概念は、そのときに突然あらわれたわけではない。母子保護法に結実していく法案、法案要綱や建議案にまで範囲をひろげて観察すると、その形成の前史はさまざまに構想することができる。

構想にかかわった主なアクター群の一つは、軍事救護法の施行を機として社会政策への転換を志向した内務官僚たちである。田子一民は、内務省に救護課が設置された経緯について、つぎのように回顧している。

一九一六年（大正五年）一〇月、寺内内閣が成立し、後藤新平が内務大臣に就任した。それ以前からのことであったが、日清戦争、日露戦争の傷病兵（そのころは廃兵といった）にたいする国家の待遇が劣悪で、かれらから生活困窮者が続出していた。民間の在郷軍人会、鐘紡社長の武藤山治、それに傷病兵自身がその待遇改善を、政府、議会、世論に訴えていた。首相はこれを放置しつづけるべきではないとかんがえて、内相に善処せよと命じた。その結果、一七年（大正六年）七月二〇日「軍事救護法」が公布され、八月二五日から施行された。

「もともと救護課は軍人遺家族や傷病兵の救護を目的として新設されたのであったが、わたしはこれをきっかけとして、一般の社会福祉のみならず、更に進んで労働、保険の方面にまで、その政策を発展させようと考えた。（中略）顧みれば、日本の社会政策の始まった一つの大きなきっかけは、傷病兵の直訴であったといえよう」[(2)]。救護課から社会課への改称を提案した田子たちは、一般福祉の対象として廃疾者、児童、寡婦、老衰者に注目した制度を構想するようになる。

第二のアクター群は、社会運動家たちである。母子概念の形成過程にかかわる社会運動は、執筆と論争、政治活動、消費者活動など広い範囲におよぶ活動をつうじて、女性の権利獲得や家庭の社会的な地位の確立をもとめた。それは一九一八年（大正七年）から一九一九年（大正八年）にかけて、与謝野晶子、平塚らいてふ、山田わか、山川菊栄などのあいだでおこなわれた母性保護論争を端緒とする、思想運動とみなすこともできる。その後の母性保護思想の展開は、市民運動と無産運動のそれぞれでおこなわれ、両者が合流した母性保護法制定促進聯盟による運動の結実として母子保護法が制定されたとかんがえられる[(3)]。いっぽう、じっさいに運動に従事した金子しげりは、「大正一五年、婦女新聞社内に『母子扶助法制定促進会』なるものが設けられた。之が本邦母子扶助法制定運動の濫觴であらう」とのべ、社会民衆婦人同盟による運動の台頭までを運動の前身とみなす。そのうえで、第五回全日本婦選大会における母子扶助法の即時制定の議決にもとづいて一九三四年（昭和九年）九月に結成された、母性保護法制定促進婦人聯盟の諸活動にしぼって運動をまとめている。そこで描かれるものは、さまざまな婦人団体が互いに対抗、協同しあいながら、いっぽうで内務官僚と接触し、たほうで議会工作をおこなう制度要求運動である。[4]

ここで注目する運動主体は、後者の制度要求運動にかかわった人びとである。その活動は、婦選運動の一環としてその実現に取り組んだ。したがって、この運動は、公的領域への参加をもとめつづけることをつうじて、家族生活を政治化し、社会的なものに浮上させていくという性格もあわせてもっていた。

母子概念の形成過程は、恤救規則から救貧法への転換を模索していた官僚たちにとっては、家族の慣行をふくめて隣保相扶を重視する保守派に配慮しつつ、救済に値する母子像を明示してゆく営みであり、運動主体にとっては、家父長制にたいする挑戦の試みであったといえる。

1　権利主体の中心・周辺——田子一民「母子扶助法の制定」

救護課の初代課長になった田子一民は、のち外遊のために休職したが、帰国して同課の三代目の課長をつとめ、社会課の初代課長、社会局が設置されると同局第一課長、一九二一年（大正一〇年）七月一日、社会局長心得、翌二二年（大正一一年）七月一日、社会局長に就任している。[5]

救護課の設置が確定した当初、軍人遺家族や傷病兵の救護をめぐって二つの拮抗する考え方があったという。後藤内相が代表するビスマルクの社会政策に共鳴しつつ、社会行政、労働行政を位置づけようという考え方がいっぽうにあり、省内の主流官僚たちには、社会行政、労働行政を軽視する傾向や、なかには社会主義思想と関係づけて危険視する考え方もあった。積極的に初代救護課長に就任した田子は行政官として野心をもち、母子扶助法の作成にとりくむ。

彼が救護課長であった一九一九年（大正八年）一〇月二九日、政府は救護事業調査会に諮問した「児童保護ニ関スル件」のなかで、母子扶助にかんする要項を参考に掲げた。同年一二月二三日、同調査会は「児童保護ニ関スル施設要項」を決議・答申した(6)。このなかで「母子扶助法案」が提示されているが、これが法案レベルにせよ、母子概念が登場した最初の例である。この法案は、当時の社会事情に適さない、また、経費が確保できないなどの理由で立法にいたらなかった。その主要部分を示しておく(7)。

「大正八年母子扶助法案

第一条　十四歳未満ノ嫡出子ヲ有スル寡婦ニシテ貧困ノ為之ヲ扶養スルコト能ハサル者ハ本法ニ依リ扶助ス

第二条　左ノ各号ノ一ニ該当スル母ハ寡婦ト準シ前条ニ依リ之ヲ扶助ス

一　自己ノ行為ニ依ラスシテ裁判上ノ離婚ヲナシタル者

二　自己ノ責ニ帰スヘキ事由ニ依ラスシテ婚姻ノ取消アリタル者

三　配偶者ノ在監中ナル者

四　配偶者ニ遺棄セラレタル者

五　配偶者ノ行衛不明ナル者

六　配偶者カ心身ノ故障等ニ依リ労務ニ就クコト能ハサル者

第三条　前二条ニ該当スル者ト雖モ子ノ養護及教育ニ適サザル者ニ対シテハ本法ノ扶助ヲ為サス

第四条　扶助ノ種類ハ生業扶助及扶助金ノ給与トス

第五条　扶助ノ方法並ニ程度ニ関シ必要ナル事項ハ命令ヲ以テ之ヲ定ム
第六条　地方長官ハ扶助ヲ受ケタル者ニ対シ子ノ養護及教育ニ関シ必要ナル命令ヲ為スコトヲ得
前項地方長官ノ命令ニ違背シタルトキハ扶助ヲ停止シ又廃止スルコトヲ得
（以下略）」

法案は調査会にかけられたが、不首尾におわり、その結果に不満であった田子は、論文「母子扶助法の制定」にその構想をまとめ、雑誌『太陽』に発表した。当時の新しい救貧法の思想、母子扶助法の思想の形成をしるうえで主要な議論を要約しておこう。(8)

労働問題は、労働時間、賃金、労働組合、労働争議などの問題であるが、いずれも労働者の権利の自覚と権利の主張である。これは、社会、人類の進歩の観点からみると、おおむね進歩であり、発達である。これにたいして、世のなかには、権利の持ち主でありながら、世人がそうとみなさず、自らの権利を団結の力によって主張することができない人びとがいる。「無告の窮民」「唖者、盲者、不具廃疾者」または「寡婦、多数の子をもって居る親、老衰者」「世の識者、為政者は（中略）無権の如く思はれている権利者を認めて、之を適当に保成して行かなければならぬと思ふ」。

こうして、労働運動を労働者の権利とみる時代の思潮を受容する田子は、その流れから排除されている貧困者として寡婦と子ども、親と多子、老人、廃疾者に区分した。これらのなかで、とりわけ寡婦と子どもに注目して扶助の必要があると述べる。

「今日の我国の状態に對して、家庭生活の益々困難に赴いて居り、而も妻が獨立する資産も能力も欠いて居るのに、之を保護する施設がない。余は婦人労働の生活を以て、家庭生活の原則に對する例外と考へて居るものであるが、この例外も生活難からと、産業上の理由からとにより止むを得ず行われるもので、余は之を以て止むを得ざる悪事と認める。（中略）子どもの親たる場合に於て幾多の悲惨事を惹起する。のみならず、寡婦とか、これに類する婦人が、一面労働に従事し、一面子女の教育を行ふに至っては惨事又惨事といわなければならぬ」。

「寡婦又は寡婦に類する人自身は漸次貧困になり行くは勿論、この境遇にある母を親とせる子供の不幸は多言を要しない所である。余はこの點から、妻の保護の點よりも、子の保護の點よりも、又家族制度の點よりも母子扶助の法を制定したいものと考へる」。

母子扶助で想定される主要な対象は無権利状態の寡婦であるが、田子は、さらにその周辺部に位置づけられている例を、寡婦に類するものとしてふくめている。それらは「夫在監中の者の妻」、「夫が精神病者たる者の妻」、「夫が老衰廃疾等に因り労働不能の者の妻」、「夫と離婚した妻」、「夫が三ヵ月以上行方不明の者の妻」、「其の他」など、夫が存在してもその役割がはたせない状況にあるばあいである。また戸籍上の妻とその子にのみ限定せず、内縁の妻とその子どもつまり私生児もふくめるべきだと主張している。彼女らを排除することは「何等責任をもたない子供にまで苦痛を与へることになって、決して妥当でない」。内縁関係や私生児などは、徳道に抵触する問題ではあるが、それは教育にまかせ、扶助は別の原理でおこなうべきであるという。

さいごに、田子は、母子扶助を制度化することにたいする反対意見を整理して、それへの反批判を展開する。まず第一に、母子扶助は、家族制度、とくに子の親にたいする孝道を破壊する。母子扶助によって、子は親の子ではなく国家の子になってしまうという批判が想定できる。これにたいして田子は、親の愛は、扶養費がどこから来るかによって変わらないという。第二は、母子扶助は隣保相扶の旧慣と民法が規定する親族の扶助義務を弱くするという批判である。しかし、都市化の時代に隣保扶助の美風のみが解決策にならない。また、民法上の扶養義務者には扶養の能力があるなら当然その義務をはたさせるべきだという。想定された批判の第三に、母子扶助は婦人の独立心を害し、堕落にみちびくというものがあった。田子は、イギリス救貧法の弊害などにその実例がみられるが、法を運用する組織と法の規定のやりかた次第でそれは予防することができると述べる。

男子普通選挙権も労働権も保障していないこの時代の日本において、公民権をもつ人びと、とりわけ事業主の一般的な認識にもとづけば、労働運動への参加自体が秩序を破壊する問題となり、それへの参加者は排除したい周辺的な存在である。また、彼が構想した母子扶助法は、慣習としての家族制度、民法の扶養義務規定や隣保相扶の慣習を遵守するべきだとかんがえる人びとの価値観と対立するものであった。彼は、家族制度の法規範が実態に適応しない部分が多いことや、産業化にともない地域共同体の相互扶助が機能しないという現実を十分に認識する。いずれにしても、新しい社会の秩序を模索して、そのための政策の原理を社会連帯と呼んだ。

田子は、貧困や母子について以上のような価値意識をもち、母子扶助法案を構想していた。同時代の内務官僚たちのなかでも、とくに社会政策に関心が深く、きわだって開明的であったといえよう。その由来をかんがえるとき、彼のライフコースが、いくつかの示唆をあたえてくれる。

田子は、一八八一年（明治一四年）、旧南部藩の藩士であった田子勘治、カネ夫妻の四人目の子どもとして誕生した。くわしくは述べないが、明治維新において、南部藩は官軍に占領され、盛岡城は没収され、白石地方に国替えがおこなわれ、多額の復帰金の献金を強制された。同藩の財政は窮乏化し、藩士たちの四〇〇〇人ちかくが禄をはなれ、失業したが、田子勘治もそのひとりであった。彼は、一度は農村部の開墾事業に参加して生計をたてようとしたが、成功せず、盛岡に引き上げてきた。その直後に、田子一民は誕生している。当時、田子家の暮らし向きは貧窮のきわみにあり、母親は質屋通いをくりかえしていた。質草は刀剣、軸物、茶器などであった。同家の食物はきわめて簡素で、衣服は清潔であったが、つぎはぎだらけであった。田子は貧困のなかで成長した。父親は、息子のまえで、ときどき官僚政治の横暴をいきどおり、自由民権論に共鳴することがあった(9)。

田子が一二歳のときに、父親は死亡した。その直後、彼は高等小学校二年で、授業料滞納により中退させられている。かれは呉服商の商店に丁稚奉公に出された。向学心がさかんで、夜、床についてから石油ランプで『大学』を読んでいたが、主人は火の用心のためそれを禁じた。田子は、活版印刷所にうつって文選小僧となり、その仕事ぶりが評価されて、給料を上げてもらい、自活し、中学に通うことができ、母親にいくらかの金銭的援助をすることもできるようになった。後年の自伝は、田子少年が貧困のさなかにあって、逃げ出さず、進路を切り開いてゆくいきさつをくわしく描いている。彼はその生き方をつうじて、貧困を認識した。のちに内務官僚として救貧政策にとりくむさいの原動力となる原体験はここにあった。一九〇四年（明治三七年）第二高等学校を卒業し、一九〇八（明治四一年）東京帝国大学政治学科を卒業する。その学費は県費によったが、そのための制度も、田子が県に独力ではたらきかけてつくった(10)。

田子は、内務官僚として母子扶助法案の原案作成に打ちこんだり、衆議院議員になってからは婦人選挙権獲得運動に同情的であったが、それは「女性尊重論者」であったからと自己規定している。その背景には、およそ二つの理由があった。第一に、母は未亡人として一二歳の彼を、養育も教育も十分しかねていたこと。第二に、姉は初産のとき過重の労働を課せられ、全家族が外出中だったので、何等の世話もされず、一人で長女を産み、自らはそのまま死亡した。彼はこのことに、大きなショックをうけ、幼心に「女は不幸なものだ」という印象を、強くきざみつけられたという。「それが原因になって、女性を尊重しなければならないと考えるようになった(11)」。

上述のように、田子は婦人選挙権獲得運動を支持していた。それにかんする考え方は「政治における婦人の発見

――婦人に参政権を与えよ」でみることができる。この論文は、田子自身が刊行していた月刊誌『第一線』に、大正末期から昭和初期にかけて連載されたもので、母子扶助法案の原案作成と論理的にたがいに支えあう作業としてみることができよう。「古来、わが国の婦人は服従道徳以外には、何ものも与えられていなかった」と田子は語り出し、貝原益軒は『女大学』をかき、「女性奴隷論者」であったという。明治維新によって女性解放がはじまった。田子は、男女はあくまで平等だと主張し、とくに明治三〇年代からの平塚明子（らいてふ）たちの青踏社の運動、大正九年からの平塚と市川房枝を中心とした「新婦人協会」の運動に注目する。大正一三年「婦人参政権獲得同盟」が発足し、久布白落実、市川、奥むめおなどが「婦人運動の第一歩として、婦人が選挙権を得ることが最も緊急なりと深刻に考えられたことは意義があることと思う」「筆者は早期の婦選実施を叫ぶものである」と結論づけている。[12]

2　救貧政策構想――「母子扶助法要綱」と「児童扶助法案要綱」

一九二一年（大正一〇年）、内務省社会局は、新しい救貧政策をもとめる組織的動きをみせる。その一端は、「五十年前の救恤制度《ママ》は／今の社会に適応せぬ／内務省の編み出した救貧政策／何れ具体案が出来よう」という見出しで報じた同年八月一八日の『東京日日新聞』にうかがえる。[13]

これは、内務省社会局がリークして観測気球をあげたものらしいが、社会局が世にしめそうとしたことは、新しい救貧政策を抜本的に構想するべきだという判断と姿勢であった。五〇年前、明治初年につくられた恤救制度は、時代にあわなくなっているからである。給付金額の総額はあまりに少額で、給付される対象となる人びとはあまりに少ないが、社会生活の変化によって扶養する者がいない貧民は激増しつつある。新しい救貧政策は、子どもや障害者を分類して、それぞれに適切な処遇をあたえ、さらに、救貧制度の形成にとどまらず、失業保険など防貧制度までを積極的に構築しなければならない、という。

この調査研究の実務にたずさわった一人が、東京府救護課嘱託、栃木県地方改良主事をへて、一九二一年（大正一〇年）一月に社会局の嘱託に任用された小島幸治である。(14) 小島は、二六年（大正一五年）四月に退職するまでの五年間に、新たに構想すべき救貧法にかんする六点の研究成果を発表しており、そのうち最初のものは内務省社会局『救貧法問題　第一輯』として刊行されている。これは、同時代のイギリスにおける救貧法問題の研究をふまえて、日本における救貧法改革の二つの根本原則として「団体的責任の原則」と「身体的必要による分類の原則」を説いたものである。前者でいう団体とは公私の団体である。近代社会においては分業の傾向が進み、各成員の能力は一面的になり、ほかの仕事をやらせると能率が著しく低下し、社会の損失はまぬかれがたい。旧社会では家族がおこなっていた教育、衛生、救貧などを、近代以降は団体が専門的設備と技術をもって担当することが緊要である。後者は、労働不能の原因を除去することを前提に、その直接的原因によって幼弱、老衰、疾病、心身の障害、労働低能（失業）に分類し、それぞれ適切な方法で処遇する原則である。彼らは、できるかぎりの文化を享受することができるようにされるべきであり、貧窮という同一結果を条件として、救貧法という同一法規のもとで同一行政庁によって救助されるべきではない。(15)

この論文と、貧困者を寡婦と子、親と多子、老人、廃疾者に区分して整理したうえで母子扶助法を提案した田子の構想をつきあわせてみると、両者は、新しい救貧制度についての認識を共有していたことがわかる。小島はその一般的な原則とそれにもとづく救貧政策の全体をしめし、田子は実現の必要性と可能性がより大きいカテゴリーに注目して構想した。また、小島は、各分類ごとに必要な処遇の方針をあげているが、幼少者については「別ニ児童保護法案ノ準備中ナルヲ以テ今少許ラク之ヲ論セス」とことわるにとどめた。田子をはじめ内務省社会局は、「母子扶助法」を児童保護の一環として、はじめに着手されるべき貧困政策と位置づけていた。それは、貧困政策を軸として諸制度を体系的に創設しようとする新しい構想である。

この構想は、田子と小島が内務省を去ったのちにも継承されてゆく。一九二三年（大正一二年）一〇月から、彼の後任となるのが、三矢宮松、守屋栄夫である。守屋は二五年（大正一四年）七月から二八年（昭和三年）四月まで第二部長ついで社会部長であり、母子扶助法案とのかかわりが深い。

一九二六年（大正一五年）五月、守屋のもとで「母子扶助法要綱」がつくられ、同月三〇日の『読売新聞』は、これを紹介している。

「母子扶助法要綱

被扶助者の範囲

一、貧困の孤児及び孤児と看做すべきもの

（一）　孤児（十四歳未満）

（二）　孤児と看做すべきもの（十四歳未満）

（イ）　父母の所在不明の者

（ロ）　父母の入獄中の者

（ハ）　父母共に心身の故障其他の事由に因り養育著しく困難なる者

（ニ）　母死亡し又行方不明となり若しくは入獄中にして父心身の故障其他の事由に因り養育著しく困難なる者

二、貧困にして十四歳未満の子を養育する寡婦若しくは寡婦と看做すべき者
（一）貧困にして十四歳未満の子を自家庭にて養育する寡婦
（二）同上寡婦と看做すべき者
（イ）配偶者一年以上所在不明なる者
（ロ）離婚又は婚姻の取消ありたる後子の父が死したる母
（ハ）内縁の妻にして相手方一年以上所在不明となり又は死亡したる者
（ニ）夫在監中の者
（ホ）夫老衰、廃疾、病気の時
（ヘ）夫精神病院入院中
（ト）私生児の母[16]」

貧困対策を軸として諸制度を構築しようとする内務官僚たちの構想は、一九二六年（大正一五年）六月に設置された、社会事業調査会にたいする諮問でより明確になる。同年七月一五日に開催された第一回総会では、三つの諮問がおこなわれた。それらは諮問第一号「社会事業体系ニ関スル件」、諮問第二号「児童扶助制度ニ関スル件」、諮問第三号「不良住宅密集地区ノ改善ニ関スル件」である。第一号諮問については、これを担当する特別委員会において、体系化すべき社会事業を七つに分類して、救護、経済的保護施設、失業施設、児童保護事業、医療保護事業、社会感化事業、社会事業機関並経費の順で審議された[17]。社会局は各事業について体系案を作成しており、幹事である社会局部長富田愛次郎がこれを提出している。そのうち、児童保護事業にかんする体系案では、妊産婦保護、乳幼児保護、病弱児保護、貧困児童保護、少年職業指導並労働保護、児童虐待防止、不良児童保護、異常児童保護で

構成されていた[18]。第二号諮問はこの貧困児童保護のもっとも主要な制度にあたる。なお、富田は第一号諮問特別委員会で「本邦救貧制度概要」の説明をおこない、救貧制度の不備と新しい制度の必要性に関連して、私的な意見であるとことわって「人民相互扶助、隣保相扶の情誼に根本義をおいている恤救規則は、資本主義的経済組織のもとで貧民が増加する現状に適応しがたく」、「日本の家族制度はもはや漸次壊れてきた今日の状況において、隣保相扶をどれだけ信頼することができるか大いに疑はしい」とのべた[19]。

こうして調査会にたいする諮問とその議事経過をみると、田子や小島が分類した貧困者のカテゴリー、つまり幼弱、老衰、疾病、心身の障害、労働低能（失業）のうち、児童にきわめて高い地位があたえられていた。その理由について、第二号諮問の説明は、つぎのようにいう。「救貧防貧の社会施設は将來國民の中堅たるべき児童の保護より始むることを最も適切有効なりとす然るに我國児童保護の現状は極めて不備にして乳児死亡の高率國民保健の低下児童の不就學不良児童の増加など國力の消長に關し憂慮すべきものあり依て各種児童保護施設中最も緊要なりと認むる貧困児童救済の為児童扶助に關する法制を定めんとす[20]」。ただし、これにたいする疑念や異論もあった。答申にいたる議事経過の報告では、「児童扶助制度の導入の確立は、我國古來の美風たる隣保相扶の觀念を破壊するの惧れなきや、（中略）児童の扶助のみ制度を確立し、老人の救済を後にするは東洋の道徳に反するものにあらずや等の意見あり」とふれている[21]。

さて、社会局が準備した「児童扶助法案要綱」は、二、三の修正をおこなって総会で決議された。修正点の一つは、案ではふくまれていなかった内縁の妻を扶助の対象としてくわえたことである。その法案要綱はつぎのとおりであった。

「児童扶助法案要綱

一、十四歳未満の子を自己の家庭において養育する寡婦及びその十四歳未満の子又は十四歳未満の孤児に対して貧困のため生活すること能はざる者は本法によりこれを扶助すること

一、婦女左記の各号の一に相当するときは本法の適用に付いては之を寡婦と見なすこと

（一）夫の所在三ヶ月以上分明ならざるとき

（二）夫の入監したるとき

（三）夫疾病、不具廃疾又は老衰のため労働すること能はざるとき

（四）離婚又は婚姻の取消ありたる後子の父死亡し又は前各号の一に相当する事由生じたるとき

（五）内縁の妻にしてその夫死亡し又は第一号乃至第三号の一に相当する事由の生じたとき

一、棄児遺児又は迷児は本法の適用に付いては孤児と看なすこと

一、寡婦、虐待、不行跡その他の事由により養育を為すに適せざるときはこれを扶助せざること

一、本法による扶助は扶助を受くべき者の住所地市町村長これを為すべきこと、但し住所地分明ならざるときは現住地市町村長これをなすこと

一、本法の扶助に関する費用はその市町村の負担とすること

一、市町村長必要ありと認めたるときは本法により扶助を受くる児童を公私の育児所その他適当なる施設又は家庭に委託しその養育をなさしむを得ること

一、扶助の種類は現金給付、現品給付、及び医療とすること

一、市町村は児童保護委員を設置することを得ること

一、国庫及び都道府県は扶助に関する費用に対し左の割合により補助すること

国庫四分の二、都道府県四分の一

一、本法の扶助を受くる者は救恤規則により給与を受くるを得ざること

軍事救護法による救護を受くる者は本法により扶助を受くること得ざること」

なお、寺脇隆夫によれば、一九二六年（大正一五年）―二七年（昭和二年）にかけて社会事業家や内務官僚らによって、社会事業関係の誌上において救貧政策の構想をめぐる議論が活発におこなわれたという[22]。寺脇は貧困者の分類別に創設する救貧制度＝分化立法主義と単一法で対応する一般救貧法の創設という二つの立場を基準に議論を整理しているが、これをてがかりにすると、議論は、母子扶助法を児童保護や母の権利から評価するもの、児童の問題を貧困一般から分離して保護する方向の徹底を主張するもの、分化立法主義を理想としながらも実現可能性を考慮して恤救規則の改善を提案するもの、一般救貧法の創設を重視するものにわかれる。母子、児童、救貧という三つの問題が交差する地点で成立した「児童扶助法案要綱」と社会事業調査会の答申は、その後の母子保護、児童保護、救貧政策へといたるそれぞれの源流であった。また、答申をえた社会局は「児童扶助法案」を立案したが、議会への提案にはいたらずに終ったという。

3　〈母性〉と〈母子心中〉――福島四郎『婦女新聞』

内務省地方局救護課や社会局において母子扶助法や児童扶助法案要綱が構想されていた時期、母子概念や母性保護にかんする主張を発信していたおもな媒体の一つに、『婦女新聞』があった。福島四郎によって一九〇〇年（明治三三年）五月に創刊され、毎週日曜日に発行されていた『婦女新聞』の特徴は、女子中等教育が浸透してきたと

いう状況を反映して、中流階層や知識階層の女性たちをおもな対象としていたところにあった。思想的な立場がこととなる男女を執筆陣として活用し、母性保護論争の関係者では山田わか、与謝野晶子、平塚らいてふ、婦選獲得同盟の関係者では金子しげり、久布白落実、市川房枝、川崎夏子らが頻度の高い執筆者の一角をしめ、無産運動系では安部磯雄、奥むめお、山川菊栄らが執筆したほか、内務官僚で頻繁に執筆しているのが守屋栄夫であり、生江孝之の記事もみいだせる。(23)

母子概念に関連する福島のかんがえは、一九一七年(大正六年)から一九年(大正八年)の時期と、二六年(大正一五年)の二つの時期に、比較的まとまって掲載されている。(24)社会局が二つの構想を発表した時期にあたるのが後者であり、同紙は、一九二六年(大正一五年)四月第四日曜号において、福島の署名入り社説「全愛読者に御賛同を乞ふ――母子扶助法制定促進会設置に付」を掲載した。内務省社会局で守屋たちが「母子扶助法要綱」を作成中のときである。その号は、一六面で夫に逃げられた妻が三人の幼児を道連れに母子心中をしたというニュースを報じており、それに呼応するかたちで社説が発表されていた。社説は、親が子を扶養することができないときには、国家が子を扶養する責任を負うべきだといってから、つぎのように続ける。

「国家の仕事は種々あるでせうが、詮じつめれば『国民生活の安全幸福』といふことに帰着します。そして等しく国民といっても、自立生活し得るまでの体力の出来ていない子供の生活の安全に対しては、最も多く国家が責任を負はねばなりません。此のために、欧米諸国に於ては十数年前より寡婦年金法を制定し、幼児を抱いて生活の方法に窮してゐる寡婦に扶助年金を国庫から給与しております(中略)。

道理の上から言っても人情の上から言っても、悲惨事の続出する現状から見ても、此種の法律の制定は、今日の我国にも極めて急要で、又各婦人の母性愛が傍観してゐられない筈のものであると信じます。(中略)そこで今回社内に『母子扶助法制定促進会』なるものを設け、我愛読者各位と共に、此法律の制定を一日も早く実現せしむるため、微力を尽くすことに決心いたしました[25]」。

「母子扶助法要綱」「児童扶助法案要綱」が発表されて以降、福島は、彼がかんがえる母性保護の一部にすぎないけれども、それが制度化されることを基本的には評価した。ただし「母子扶助法」という名称を「児童扶助法」に改めたことについては、『婦女新聞』の同年八月第一日曜号で論説「母子扶助法の名称」を掲載し、この改称に反対を唱えている。

おそらく「扶助の対象が児童だから」という単純な理由から改称がおこなわれたのであろう。しかし、それでは、この法案の根本思想である〈母性〉保護の精神が忘れられてしまうのではないか。たしかに扶助の対象となるのは児童である。次世代の国民となる児童を扶助しようとするのである。しかし、児童保護は母性保護に立脚しなければ徹底しない[26]。

児童扶助法への名称の変更は、扶助の客体を婦人ではなく児童本位に立脚する構想へと変質して、同じように困窮する寡婦と子どもを扶助するにしても、母性が子どもに従属している関係を暗黙のうちに示すことになって、受けいれがたいものであった。

福島のいう〈母性〉保護は、二六年（大正一五年）一一月第二日曜号に掲載された「母性保護の範囲」にくわしい[27]。その詳細をあげるゆとりはないが、これによれば、〈母性〉とは、セクシュアリティ、女性性、生殖・育児をふくんだ「女子特有の性能」である。

田子に代表される内務官僚たちは、その仕事の必要性から母子の生活と関係を議論の守備範囲とし、以下の節でとりあげる婦人運動家の一部には、法律的、社会的な地位の平等化をもとめる根拠として〈母性〉という役割をあげる。これらに比べたとき、福島は〈母性〉をもっとも広い意味でもちいるひとりであり、多分にロマンティストであった。

ついでにいえば、〈母性〉は、さまざまな思想を投影することが可能なマジック・ワードとして機能していた。内務官僚たちは、家族制度が壊れ隣保相扶の旧慣を前提とした恤救規則は、時代の変化とりわけ都市化や生活様式の変化に適応できない状況にあるという認識をもち、またそれに対応しなければならない現実的な必要性もあって、救貧制度を構築してくことを指向していた。前節で紹介した「母子扶助法案要綱」と「児童扶助法案要綱」は、いずれも貧困対策を積極的に転換しようという文脈に位置づけられるものである。これにたいして、福島四郎や彼が関心と理解をよせた運動家たちは、女性の権利の獲得や保障をもとめ、男女の均等な関係性を構築しようとすることをめざした。いっぽうは階級のあいだに平等性を確保する制度を模索し、たほうはジェンダーの平等を制度化しようとする。母子の生活状況は、階級とジェンダーという二つの問題をむすびつけることによって、大衆レベルの問題として、広く世論に浸透してゆく契機となりうるものであった。

〈母性〉がもつこの二重性は、もっとも極限的には、いわゆる母子心中事件というかたちであらわれるが、〈母子心中の頻発〉は運動の手段としてしばしばつかわれた。

母子扶助法制定促進会の発足をつたえる『婦女新聞』も、その記事に呼応させ「母子扶助法制定の急要＝事例／麦畑の中に枕を並べて／幼き三姉妹の死／貧苦に迫り、夫は行方知れず――思ひあまった母親の凶行――己は鉄道自殺」という見出しで、一例を詳しくつたえている。[28] それによれば、埼玉県出身の佐久間かつ、茨城県出身の夫は、東京府下板橋町で暮らし、三度の食事もできかねる貧窮のどん底にあった。夫が家出してから、九歳、五歳、三歳の娘三人をかかえた母は、日雇い仕事にでることもできず、娘たちを殺害し、飛び込み自殺を選択してしまう。実家も貧困で、三児の遺体の引き取りさえできない状況である。これは例外的な出来事ではなく、それぞれの事情をかかえながら、困窮のはてに発生する類似の事件は、各地方でみられる。『婦女新聞』はその後、母子扶助法制定促進会にかんする記事を毎号つづけて掲載するなかで、そのように主張しつづけた。(29)

親が子どもを殺害したのち自死した事件は、一般紙も大きな関心をよせて、積極的に報道をおこなった。福島自身は母子心中と表現することをさけているが、この種の事件は、一般紙による報道をつうじて、〈母子心中〉という社会問題として措定されてゆく。その過程で重要な役割をはたした人びとが、新聞報道を資料とした調査研究をおこなった社会事業家たちである。たとえば中央社会事業協会・全日本方面委員連盟は、『東京朝日新聞』『東京日日新聞』『大阪朝日新聞』『大阪毎日新聞』において報道された事件数を数次にわたって調べ、その集大成と判断できる「新聞に現れた親子心中に関する調査」を発表している。(30)それによると、一九二七年（昭和二年）から三五年（昭和一〇年）六月までの約八年間で報道された親子心中の総件数は一七三五であった。その内訳のうち母子心中が一一二三、六四・七％をしめ、父子心中三六七、二一・二％、親子心中二四五、一四・一％であった。殺害された子どもは平均して一・六人になる。年次推移の統計は、母子心中数の著しい増加によって、親子心中の総件数も増大していることをしめしており、そのあいだに死亡した子ども数の総計は二七〇〇におよんだ。

この結果を重視した社会事業家たちは、母親たちの状況にも関心をよせながら、「道連れになった子ども」により多く注目して事件を問題視した。これが〈母子心中〉を媒介にして、母子にむけるもう一つのまなざしである。そうした考えをもった代表的なひとりが牧賢一であった。彼は、のちの時期になるが、母性保護は、男性・父性に隷属してきた児童と婦人の権利に関連する問題であるという認識をしめしたのち、緊急性の高い母子の生活問題に限定して、母子保護法を要求する正当性をつぎのように述べている。(31)

「甚だしく不当な差別の裡に於かれてゐる女性が、貧困にして孤立無援のうちに子供を抱えた場合に於いて其の困窮は言語に絶する。彼女は其の収入の途を閉ざされて而も何等の法律的社会的保護を受くる権利を与へられてゐない。（中略）救援を以て救はれ得るにも拘わらず、之を得るの途なくして悲しくも自ら亡びて行くのだ。殊に之が原因となり道連れにされて行く『子供』は何等の罪なく、而かも我等の國家社会を次代に於て背負うべき尊い命なのである。之すらを國家社会が助くることなくして傍観するとするのならば、果して國家社会は何人のために存在するのか、最も無智なる者にも深刻なる疑問を投げかけずにはいられないであらう。（後略）」。

牧は、福島のように母子を一体視しない。母親のおかれた悲惨な状況をみとめながら、母の不幸は子の不幸をひきおこすにしても、道連れにされた子どもは次代をになう別の存在とみなす。

社会問題としての〈母子心中〉では、子どもの殺害という行為ではなく、やむをえない選択を母親たちにしいる社会構造を問う。それと同時に、被害者である母親と子どもを、年齢＝能力によって序列化し、もっとも無智な存在として子どもを置いている。このロジックによって、母性保護と児童保護のあいだに生じうる利害の対立が回避され、社会事業家たちが母子保護法制定運動に合流することを可能にするとともに、児童の問題や保護に関心をよせる人びとをもひきつけることになった。

4　婦人運動家たちの文脈

大衆レベルにまでにおよぶ広い範囲の支持をえることを、もっとも必要としていたアクターは、婦人運動家たちである。彼女たちは、その組織化や要求運動の過程で、支持の調達のために、婦人、子ども、家族の問題をイシューとしてとりあげ、母性概念に接近してゆく。

まず、一九二四年（大正一三年）、婦人参政権獲得期成同盟会が結成され、翌二五年（大正一四年）に婦選獲得同盟と改称された。この組織は、既成団体及びその活動に一切触れず、参政権獲得を唯一の目的として、新しき個人として参加しうる団体を結成して、一般婦人の為に、一般婦人によって行われる婦人参政権獲得の一大運動を展開することをめざした。したがって要求は、①市町村における公民権の獲得、②参政権獲得、③政治結社の自由の獲得、にかぎられた。婦選獲得同盟はその宣言のなかで、要求の限定について、つぎのようにいう。「（選挙権の獲得によって、すべての問題が解決されるわけではないが）婦選はその問題の性質上、他の婦人問題例へば女子教育問題、法律上に於ける婦人の地位に関する問題、婦人労働問題、道徳上に於ける婦人の問題等を解決する為めの捷径であって、国家社会の幸福を増進させる手段である」[32]。種々の婦人問題を解決する手段として、選挙権の獲得をもとめていこうとする戦略のもとでは、婦人と子ども・家庭を政治的イシューとする必要性は少ない。また個別的、具体的な問題は、それを団体がとりあげるとき、思想的な対立や組織の分裂が生じやすいというリスクもあった。

おなじ時期、無産政党と無産婦人団体は、結成の準備がすすめられていた。婦人団体は、一部に全国的な組織化をめざす動きがあったが、最終的には各政党の下に婦人同盟として組みこまれていく。無産政党は、一九二二年（大正一一年）に日本共産党が結党されたが、総選挙直後に大弾圧をうけた。非共産党系の無産政党として社会民衆党、日本農民党、日本労働党、無産大衆党、労農党などが登場し、これにともない、二七年（昭和二年）に、関東婦人同盟、全国婦人同盟、社会婦人同盟、労働婦人同盟があいついで結成された。後二者は翌二八年（昭和三年）に合同して社会民衆婦人同盟となり、全国婦人同盟は二九年（昭和四年）に無産婦人同盟となった。

無産婦人運動の場合は、政党や婦人連盟が結成される過程において、政党があつかう婦人問題の範囲にかんする意見対立がきっかけとなって、子ども、家族が論点として浮上している。結成の準備にあたった政策研究会や日本労働評議会は、政党の使命を農民や労働者階級の問題に対応することにおき、無産階級の利害にかんするかぎり婦人問題をあつかう方針であった。したがって、政策綱領にとりあげた婦人問題に関連する事項は、一八歳以上の男女の選挙権をのぞけば、女子労働者保護として残業・深夜業・危険作業の禁止、有給の出産休暇にとどまった。

これに不満であった山川菊栄は、「『婦人の特殊要求』について」を発表して、六項目を追加するように主張した(33)。それらは、(1)婦人を社会的に隷属状態におく戸主制度と、女子を無能力者とするいっさいの法律の撤廃、(2)職業と教育の自由、(3)性と民族をとわない標準生活賃金を実施する、(4)男女、民族を問わず共通の賃金、俸給の原則を確立する、(5)乳児をもつ婦人に対する授乳時間を与え、結婚・妊娠・分娩による解雇を禁止する母性保護、(6)公娼制度の全廃、である。山川は、各階級の婦人がかかえる共通の特殊利害には、一部、無産階級的でない内容もふくまれるが、それにも配慮すべきであると主張する。そのより現実的な理由は、一般婦人の支持をえるためである。彼女によれば、農村の婦人や主婦は参政権の問題に関心がなく、婦人労働の保護も賃金労働者でない大部分の婦人を無産政党の政策にひきつけるだけの力はない。したがって、「封建的な家族制度の桎梏が婦人を圧伏し、その人身的自由と社会的活動とを妨げている点に注意しなければならない」と結論づけている(34)。

なお、戸主制度と女子を無能力者とする法律は、婦人の地位を確定しているだけでなく、思想、規範あるいは習慣とつよく関連しながら男女の行動、人間関係に影響しているという認識が、山川にみいだせる。それは、市民運動系の婦人運動家たちにもうかがえ、母子扶助法制定運動のありかたに投影している。「『婦人の特殊要求』について」は、その認識を比較的にまとまって整理しているので、あわせて要約して紹介しておこう。

「戸主制度は、歴史的にみれば武士社会で確立したものであって、老人たちが好んでいうような「我国固有の家族制度」の一部ではない。家長の専制的支配を認めたこの制度は、家督の相続等のために、家族の人身的自由と幸福を妨げる危険が多く、ことに婦人にとっては社会的隷属を完全に代表するものであって、しばしば最も苦痛な結果をもたらす。さらに戸主制度や法律上の不平等は、女子の隷属を社会原則として、多くの男女にそれを当然視する信念や慣習を指示している。これらによって、たとえば男女同一賃金をめざして変革を企てることさえしない。家庭において個人的自由をもたずに満足している女性は、工場でもそれ（男女の平等）を要求するはずがない。

さて、六項目の要求は反マルクス主義的であることを理由に否決されたが[35]、先述した各婦人同盟が発表した宣言・綱領をみるかぎり、山川の主張がほぼ全面的に受けいれられた。いちいちの紹介ははぶくが、婦人参政権の獲得、教育の男女平等化、婦人労働者保護法の制定、母性保護、消費者対策にあわせて、婦人にたいする法律上の差別の改廃などがかかげられている[36]。それぞれの綱領では母性保護という文言をもちいていないが、無料託児所・助産院の設置、産休制度や授乳時間の保障などの労働における母性の保護および母子扶助法が、無産婦人団体がかかげる母性保護の範囲といってよい。こうしてみるかぎり、それらが対象としている〈母性〉はおもに労働者階級の婦人のそれであって、最下層については、対応する施策として母子扶助法をおくにとどまり、周辺的な存在としてあつかわれていた。

いっぽう婦選獲得同盟は、一九三〇年（昭和五年）四月二八日に、第六回総会で採択された宣言を発表する。これは、第一回全日本婦選大会の翌日に採択されたものであり、おそらく婦選獲得同盟が婦人と子ども・家庭に関連することがらを公的に言及した、早い時期の一つであろう。日本婦選大会が開催された背景には、前年の第五七議会において、婦人公民権を過半数が賛成したにもかかわらず、時期尚早論で有名な望月圭介内務大臣が「凡ての婦人が要求しているのであればともかく、世論が熟していない」と主張し、政府案の提出がみおくられたという経緯があった[37]。それに対抗して、全国の同志を糾合して大デモンストレーションをおこなうことが企図されたのである。大会は、婦選獲得同盟の主催、日本婦人参政権協会、無産婦人同盟、ほか四団体の後援によって開催され、参政権・公民権・結社権を全日本婦人に一挙に付与すること、女子の政治教育の徹底を期すことを議決した。婦選獲得同盟の宣言は、これを補足するかたちで、なぜ婦人参政権を要求するのか、その理由をつぎの四つに集約した[38]。

「一、婦人及子供に不利なる法律制度を改廃しこれが福利を増進せんが為に。二、政治と台所の関係を密接ならしめ国民生活の安定を計ると共に其の自由幸福を増進せんが為に。三、選挙を革正し、政治を清浄、公正なる国民の政治となさんが為に。四、世界の平和を確保し、全人類の幸福を増進せんが為に。

然して一方、婦人参政権を獲得したる場合之が行使を完全ならしむる為、政治に対する婦人大衆の関心を喚起すると共に、政治に対する理解を広め、且つ深めるための努力せんとするものである。(後略)」。

第一理由の法制度については、民法のほかに、専門職への門戸開放や各種委員の選挙制度に関心がよせられていた。前者の例は婦人弁護士制度を制定する動きであり、後者は商工会議所法にもとづく議員選挙、所得税調査委員・家屋税賃貸価格調査委員の選挙の例がある。一定の資格をもつ婦人にかぎられるが、選挙権・被選挙権が付与されたことが評価、調査された[39]。彼女たちがこうした動きに関心をよせる理由は、婦人の社会的活躍やその能力をしめして、社会経験が乏しいとみる時期尚早論者を説得し反論する論拠とするためであり、また婦人の社会的地位も変化しつつあることを一般にしめすためであった。

また、理由二でいう台所とは、直接的には消費生活に関連することがらをさす。消費経済の浸透によって、都市生活者を中心としながら、婦人が担当する家事役割のなかで家計管理のしめる比重が増大し、家計を媒介として婦人は、市場経済、国家、社会と接合されるようになった。そうした状況にあって、婦人運動家たちは上述した大会の前年、一九二九年（昭和四年）に、緊縮財政をかかげる濱口内閣から、消費節約の協力を要請されている。全日本婦人経済大会に参加した彼女たちは、「経済の緊縮と婦人の力」を講演した安達謙蔵内務大臣に、婦人参政権の付与をもとめる決議案を提出した。それによれば、婦人は、消費経済という国家経済の重要な一部を掌るきわめて重要な地位にあるにもかかわらず、国家経済の決定などに参加できない状態におかれているため、消費節約は徹底できない。婦人が政治に参加すれば、「台所と政治を接近する」ことができ、真に国民生活にそくした政治になるだろう、という[40]。

婦選獲得同盟は、すべての婦人に参政権をもとめて不偏不党を原則としながら、たほうで、運動を展開してゆく必要性から婦人の地位や家計管理の役割に注目し、その主体性をうったえる。そこには、婦人の問題は自らの手で解決できるという合理的人間観があった。それゆえ、主体性を発揮できうる弁護士に代表されるエリート層、都市生活者や中流層の主婦に目をむけることになった。その結果、能力の乏しい人間は、教育と保護の対象つまり客体と措定されてゆきがちであり、母子扶助法の対象となる婦人は、この陣営でも周辺的な存在に位置づけられている。

第一回全日本婦選大会に前後して、婦人運動家たちは東京市の自治政治に関連する運動を開始した。それらは、東京市を相手としたために自治政にたいする運動とよばれたが、消費者運動と政治浄化運動のふたつに区分できる。前者についてふれておくと、瓦斯《ガス》値下（要求）運動、東京卸売市場単一組織（化）反対運動、塵芥処理問題の運動、増税反対運動などである。これらの運動は、「台所と政治」の関係つまり、婦人、子供と家庭の問題を社会一般の問題として提起した点で意義があった。婦人運動家たちは、こうした運動に着手したのちに、「母子扶助法」の制定をとりあげた。

その実現を要求する幅広い社会運動は、一九三四年（昭和九年）、第五回全日本婦選大会からはじまった。同大会は、回をかさねるごとに主催者、後援者がふえており、第五回のばあい、主催組織は婦選団体連合委員会に属する諸団体で、日本基督教婦人参政権協会、婦人参政同盟、社会大衆婦人同盟、婦選獲得同盟、国民婦人会、子供の村母様学校であった。用意された議題は（一）目下の状勢に於ける婦選獲得の促進方法の検討、（二）現下の教育問題に就いて婦人として母として考慮すべき点如何、（三）法律上の婦人の地位を高めこれを保護する方法如何、（四）婦人の立場よりみたる国家経済について、（五）国際平和の実現に対し最も有効な婦人の方法如何であった。「母子扶助法」は、議題（三）において、社会大衆婦人同盟が制定の要求を提案し、婦人を軽視する師範学校制度改正、婦人の教育行政への参加、婦人に不利なる現行民法の改正、産児制限の公認と堕胎法改正、娼妓取締規則撤廃などとともに決議された。[41]

社会大衆婦人同盟による提案には、「貧困母子の経済的扶助は当然国家が負うべきである」と主張して、独自の運動を展開していたという背景があった。一九三一年（昭和六年）三月には、第五九回議会で社会民衆党代議士・片山哲が衆議院にわが国で最初の「母子扶助法案」を提出した。法案の内容は、かいつまんでいえば、(1)子の年齢は一四歳未満とする、(2)夫が失業したばあいにも寡婦と同じようにあつかう、(3)扶助額は、一日、子どもひとりに一円、二人ならば一円七〇銭、そのあとひとり増すごとに五〇銭をくわえる、(4)病気のばあいは扶助額を増額する、などであった。社会民衆婦人同盟は、東京、八王子、埼玉、神奈川、静岡、岐阜、広島などの各地でデモをおこない、社会に訴えたが、会期終了まぢかのことであり、法案は上程されるにいたらなかった。[42]

第五回全日本婦選大会にもどろう。決議事項の実行は、前出の婦選団体聯合委員会にゆだねられ、同委員会は母子扶助法に関する懇談会を開催した。そこでは、内務省関係者として津田正夫、生江孝之、『婦女新聞』社長・福島四郎、中央社会事業協議会の高島巌、一般婦人がはじめて一堂に会した。[43] 一九三四年（昭和九年）九月二九日、母性保護法制定促進婦人聯盟が発会し、翌年二月母性保護聯盟と改称した。

なお、市川房枝は、婦選獲得同盟が母性保護法制定運動に着手したことを、機関誌に報告して、つぎのように説明している。[44]

「私共は昨年来、東京市政を対象に、塵芥問題、市場問題等を取上げ、一般婦人をして婦人と自治政との関係を明確に認識させると同時に、婦人の公民としての責務を実行に移して来た。母性保護運動は、この行き方を国政を対象として置き換えたに過ぎないものである。婦人参政権の要求はそれ自身が目的ではない。婦人並びに子供の、延ては社会全般の利益幸福を増進するための手段として参政権の必要を痛感し、これを要求してゐるものである」。

婦人運動家たちは、母子の問題について無関心ではないが、あつかうべき課題は多く、一部をのぞけばそれを積極的に位置づけてきたとはいえない。にもかかわらず、母子の問題を採択したのは、「台所と政治」を関係づける実践とおなじ、あるいはそれ以上の意義があったことになる。

5　母子一体の原則へ

母子保護法制定をもとめる運動は、「児童扶助法」構想の実現化が、「救護法」制定によって見送られたことが、重要なきっかけとなっておこった。

「児童扶助法」から「救護法」の制定までを確認しておくと、そこには、方針の転換があった。寺脇隆夫によれば、救貧立法の根本方針については、社会局のなかに、二つの対立する方針があったという。すなわち「要救護者ニ対スル積極的救助ヲ目的トスル単一的立法ヲナスコト」と「病者、老者及不具廃疾者、児童ノ三種ニ対シソレソレ分化的立法ヲナスコト」の対立である。後者を代表するのが「母子扶助法要綱」やその後身の「児童扶助法案要綱」であり、これにもとづく法案づくりが時間的に先行して、一九二六年（大正一五年）から二八年（昭和三年）にかけておこなわれ、見送られる。そうして、前者を代表する「救護法案」が浮かび上がる。一九二八年（昭和三年）二月二〇日におこなわれた総選挙の政友会は、民政党にたいして辛勝し、政友会が政権を維持しつづけたいという思惑があり、武藤山治らの実業同志会と提携することになって「政実協定」をむすんだ。そのなかに「扶養義務者なく一定の収入なくして生活しあたはざる老年者、不具、廃疾者および病者の救済を設くること」という一項があり、これが救護法の成立につながっていった。総選挙での政友会の民政党にたいする辛勝、政友会が政権を維持しつづけたいという思惑、それにもとづく「政実協定」、これら一連の事実のつながりが「救護法」を成立させたのである。(45)

母性保護をもとめ、子ども、家庭の問題提起をしてきた婦人運動家たちはこの「救護法」に二重の意味ではなはだしく失望した。

第一の失望は、対象の範囲における水準の低さである。「救護法」の対象は、第一条において、被救護者をしめしているが、母子の文言はそのカテゴリーからはずされ、第十二条において例外的に救護する母親を規定した。それらはつぎのとおりである。

「第一条　左ニ掲グル者貧困ノ為メ生活スルコト能ハザルトキハ本法ニ依リ之ヲ救護ス

一、六十五歳以上ノ老衰者／二、十三歳以下ノ幼者／三、妊産婦／四、不具廃疾、疾病傷痍其ノ他精神又ハ身体ノ障碍ニ因リ労務ヲ行フニ故障アル者

第十二条　幼者居住救護ヲ受クベキ場合ニ於テ市町村長其ノ哺育上必要アリト認ムルトキハ勅令ノ定ムル所ニ依リ幼者ト併セ其ノ母ノ救護ヲ為スコトヲ得」

妊産婦と母の救護については、「救護法施行令」においで詳細がつぎのようにさだめられた。

「第一条　救護法第一条第三号ノ妊産婦ヲ救護スベキ期間ハ分娩ノ日前七日以内、分娩ノ日以後二十一日以内トス

第二十二条　救護法第十二条ノ規定ニ依リ母ノ救護ヲ為スハ其ノ子一歳以下ナル場合ニ限ル」

これらの法令によれば、「救護法」が救済の対象とする母子は、①母親と一歳未満の子ども、②分娩日前の七日間と、分娩後の二一日間の母子、のいずれかで、貧困のため生活することができないもの、である。なお「施行令」のなかの「一歳以下」は数えの年齢であると解釈して、満年齢で「一歳未満」とみなした。①についていえば、配偶者のいない母親と子どもを救護の対象として規定するさい、子どもの年齢を一歳未満とすることで、その範囲をもっとも狭く限定してしまう。これによって、救済を必要とする母子のほとんどはその救済からもれてしまい、3節でとりあげた母子心中の事例、九つ、五つ、三つの三人娘をかかえた佐久間かつのばあいも、救済の対象とならない。「救護法」は、それまで構想されてきた各種の「母子扶助法」に比べると、貧困母子の救済のためきわめてわずかしか役にたたない。だからこそ、〈母子心中の頻発〉は、「母子保護法」の必要性といっそう強く関連づけられ、これ以降、くりかえし使用される。

第二は、分化的立法から単一的立法に転換したことへの不満である。山田わかは、これによって、〈母性〉が老衰者や不具廃疾と同列におかれてしまったと、つぎのような強い不満をのべた。

「母性保護乃至母子扶助は老衰者や不具廃疾と同一視すべきものではありません。老衰者や不具廃疾は純然た

る救護でありますけれども、母性保護は不良乃至悪人を未然に防ぎ、優良なる国民を創造していこうとするのでありますから、救護法の中にひっくるめることは当を得てゐません。一方は全然回収する見込みのない費用であるに反して、これは回収して余りがある。この方面の支出が多ければ多い程、不良乃至悪人を少なくし、優良なる国民を多くするのですから。(後略)[46]」。

母性主義者であった山田は、「救護法」が妊娠・出産・授乳には注目するが、子どもを健全に養育する社会的な役割はまったく無視しており、〈母性〉が貶められたと不満をいだいた。ほかの婦人運動家たちも、男女平等をもとめ、また婦選運動や実践的な活動をつうじて、変化を実感しはじめている。「救護法」の制定が本格化したとき、内務省地方局の若手官僚たちは、婦人公民権にかんする論文を発表して、市制町村制改正案の準備を示唆した[47]。いくつかの委員会の選挙制度で選挙権を男女に拡張したことは前節でのべたとおりである。こうした動きに比較したとき、子どもをかかえる母親を、事実上、救済の対象からはずした社会局の判断は、受けいれがたいものであったろう。社会局は、婦人の地位向上の方向性を受容しつつあった社会情勢にうとく、あるいはその情勢と「救護法」との関連性がないものとかんがえ、それにたいする配慮を完全に欠いていた。救貧制度は階級格差をうめようとする制度であり、婦人たちはジェンダーの平等を制度化しようとしていたことは、さきにふれた。これらが交差する〈母性〉の二重性を、「母子扶助法案」「児童扶助法案」を構想した田子一民や守屋栄夫たちは充分に認識していたが[48]、このときの社会局官僚はそうした認識をもたなかった、または排除していたといってよい。婦人運動家たちの準拠枠にしたがえば、きわめて差別的な法律を創出したことになる。

こうして、母子の救済という点においても、婦人の社会的地位という観点においても、「救護法」は、「母子扶助法」にくらべると後退したものであった。彼女たちは「その精神たるや、どこまでも窮民としての恤救にすぎないのである」と断定する。[49]「救護法」の出現は、最初の「母子扶助法案」の出現からここの時期までの経緯にそくしてみると、二重の意味でその流れから逸脱していた。

母性保護法制定促進婦人聯盟の運動は、そうした逸脱を是正しようとするものであり、彼女たちは、ふたとおりの逸脱をともに是正する野心にあふれていた。運動の目的、組織、方法などを検討した母子扶助法制定運動準備委員会では、あわせて独自の「母性保護法要綱案」を作成しているが、その過程において従来の「母子扶助法」の構想にはない、さまざまな意見がだされたらしい。確認できた範囲で、おもなものをあげておこう。(1)要求する法案の名称と目的については、会長に選出されることになる山田わかが「母子扶助法は恩恵的なり、宜しく母性保護法と称して母権を確立せよ」と主張した。また、「母子扶助法」では「児童扶助法案」とたてまえが同じで、「救護法」との重複をさける必要があり、広範囲の母性保護もふくめて「母性保護法」の制定をもとめるほうが望ましいという判断もあった。(2)対象となる子どもについては、就学年齢の範囲とし、公正子・私生子の区別はおこなわず、その母親たちも戸籍上の配偶関係にあったか内縁関係であったかという区別をしないことは、当然とみなされた。(3)総論としては親権における夫の優位、戸主権の掣肘まで企図されたが、いずれも民法の改正をともなう。そこで代替案として、能力がある扶養義務者が義務をおこたっている場合には、扶養の負担を義務化する条項と、幼児期は母親が子どもを養育できる幼児哺育権などを規定する試みがおこなわれた。(4)保護のために、保護の委員を設置し、その半数は婦人をもってあてることもかんがえられている。[50]

こうして、母子を救済するには、経済的に扶助する範囲を広く設定するとともに、婦人の地位向上、母権の保護が必要であるとかんがえ、「母性保護法」という名称で総合法の制定をめざすことになった。金子しげりは、「子は原則として母と共に在らしむべきである。あくまで子にとって絶対的に必要たる母の手を与えるために、母を経済生活に携わる負担を国家が護るべきである」という考えかたが関係者のあいだに強かったと報告した(51)。

しかし、三ヵ月ほどをへて、その方針は転換される。一九三四年（昭和九年）九月からの臨時議会にたいする運動をつうじて、総合法の実現が困難であることが判明したからである。そこで「母子扶助法」の制定、「家事調停法」の制定、母子ホームの急設助成、民法の改正、という四つに分割して建議、請願することになった。「家事調停法」は、家族紛争の処理機関の設置、母子ホームは母子救済の応急施設建設の助成、民法改正では協議離婚のさい一五歳未満の子どもの監護を母親がすること、認知手続きの簡素化などがその要求内容であった。聯盟の第一回代表者会議の議決によって母性保護は、これら四つの法制度で構成される体系をしめす概念になり、そのなかで「母子扶助法」は「母子の生活を保障する事によって、貧窮への転落乃至心中を防止すると同時に母をしてその膝下で教育をする事を目的する」(52)、防貧的な機能をあわせもつ施策として請願されることになった。

なお方針の転換には、聯盟結成の準備段階からかかわった民法学者・穂積重遠、社会民衆党代議士・片山哲、内務官僚・生江孝之たちの助言によるところが大きかった。とりわけ穂積は、臨時法制審議會の委員として民法親族編中改正要綱の作成に従事した経験をもち、片山は前節でふれたように「母子扶助法案」の提出者であったから、それぞれの経験にもとづいて可能性の高い情報を提供できる立場にあった。

新しい方針にもとづく議会運動は、三五年（昭和一〇年）の「母子心中の対策樹立に関する請願」からおこなわれ、同年一一月一七日、聯盟が作成した母子扶助・家事調停の二法案の原案が、内務大臣への建議の手続きがとられた。婦人運動団体としての母性保護聯盟が最終的に到達した思想的頂点として、内務大臣に建議した「母子扶助法案」を確認しておこう。


「母子扶助法案」

第一条　本法に於て子とは嫡出子、庶子、私生子及養子を謂ふ
第二条　左に掲ぐる者貧困の為生活すること能はざるときは本法に依り之を扶助す
一、十五歳未満の子を扶養する寡婦又は私生子の母にして其の財産または収入が母子の生活を保障し得ざるもの
二、離婚、別居または遺棄せられたる妻にして十五歳未満の子を養育し夫より扶助を受けざるもの
三、十五歳未満の子を養育する母にして子の父が左の各号の一に該当するもの
イ、疾病、不具廃疾、老衰又は心身衰弱の為其の家族を扶養し能はざるもの
ロ、刑務所に拘禁中のもの
ハ、三ヶ月以上所在不明のもの
ニ、失業せるもの
四、妊婦にして分娩の為扶助を要するもの
五、母の地位に代わりて子の養育を為すべき祖母、伯叔母、姉
第三条　子が十五歳に達したる場合に於ても、前条の規定に依り扶助を受くる者、病弱、不具又は心身衰弱の為労働不能なるときは子が十六歳に達するまで引続き扶助を受くることを得
第四条　扶助は金員の支給を以て之を行ふ扶助の種類、金額及支給方法は勅令を以て之を定む
第五条　扶助に要する費用は国庫の負担とす（後略）」。

この法案に「母子扶助法案理由書」がついた。その内容を要約しておこう。夫を失い幼児をかかえた母親は、生計維持と子女養育の二大重責を負い、悲惨な生活を送るものが少なくない。そのため他国に類例がない母子心中が

頻発している。現行救護法によって母子の救護がおこなわれているが、その対象が一三歳未満の子ども（孤児）と一歳未満の乳児を哺育中の母に限定しているので、幼い子どもをかかえて生活難にあえぐ多数の母親たちが救済の外に放置されている。一九三四年（昭和九年）、救護法により救済された母子の数は全国で九万五〇〇〇人、一九二六年（大正一五年）、内務省の調査によれば救護が必要とされた母子の数は一三万人、その後一〇年間でこれが数倍になっているだろう。また、救護法による救護金は一日一人二〇銭を超えず、この程度では、母子の栄養、保健、教養のための費用はまかなえず、単に生命をつなぐことさえ困難である。このため多くの母親は家計のため働くことになり、子の養育がおろそかになり、不良児が発生し、国家と社会の将来が深く心配されるのである。国民生活の安定と国家将来の発達を期する基本立法として、救貧法とは立場を異にする母子扶助法を制定することが必要である。[53]

6 「母子保護法」の成立

「母子保護法」は一九三七年（昭和一二年）三月三〇日、制定・公布された。それが施行されるのは、一九三八年（昭和一三年）一月一日からである。それにわずかにさきだって、一九三七年（昭和一二年）一二月三日に「母子保護法施行令」が、また翌一二月四日に「母子保護法施行規則」が制定されている。前二者の主要部分を紹介しておこう。

「母子保護法

第一条　十三歳以下ノ子ヲ擁スル母貧困ノ為生活スルコト能ハズ又ハ其ノ子ヲ養育スルコト能ハザルトキハ本

法ニ依リ之ヲ扶助ス但シ母ニ配偶者（届出ヲ為サザルモ事実上婚姻関係ト同様ノ事情ニ在ル者ヲ含ム以下同ジ）アル場合ハ此ノ限リニ在ラズ

母ニ配偶者アル場合ト雖モ其ノ者ガ左ノ各号ノ一ニ該当スルトキハ前項ノ規定ノ適用ニ付キ母ハ配偶者ナキモノト看做ス

一　精神又ハ身体ノ障碍ニ因リ労務ヲ行フコト能ハザルトキ

二　行方不明ナルトキ

三　法令ニ因リ拘禁セラレタルトキ

四　母子ヲ遺棄シタルトキ

第二条　本法ノ適用ニ付テハ十三歳以下ノ孫ヲ擁スル祖母ニシテ命令ノ定ムルモノハ十三歳以下ノ子ヲ擁スル母ト看做シ其ノ孫ハ其ノ子ト看做ス

第三条　第一条ノ規定ニ依リ扶助ヲ受クベキ場合ト雖モ母ガ性行其ノ他ノ事由ニ因リ子ヲ養育スルニ適セザルトキハ之ヲ扶助セズ

第四条　第一条ノ規定ニ依リ扶助ヲ受クベキ場合ト雖モ母ノ扶養義務者及其ノ子ノ扶養義務者共ニ扶養ヲ為スコト得ルトキハ之ヲ扶養セズ但シ急迫ノ事情アル場合ニ於テハ此ノ限ニ在ラズ

第五条　扶助ハ母ノ居住地ノ市町村長之ヲ行フ

方面委員令ニ依ル方面委員ハ命令ノ定ムル所ニ依リ扶助事務ニ関シ市町村長ヲ補佐ス

第六条　扶助ノ種類ハ生活扶助、養育扶助、生業扶助及医療トス

扶助ハ母ノ生活及子ノ養育ニ必要ナル限度ニ於テ之ヲ行フ

扶助ハ母ノ居宅ニ於テ之ヲ行フ但シ市町村長必要アリト認ムルトキハ居宅以外ノ場所ニテモ之ヲ行フコトヲ得

（中略）

第七条　市町村長ハ扶助ヲ受クル母ニ対シ其ノ子ノ養育上必要ナル注意ヲ与フルコトヲ得

（中略）

第十条　扶助ヲ受クル母左ニ掲グル事由ノ一ニ該当スルトキハ市町村長ハ扶助ヲ為サザルコトヲ得

一　本法ニ基キテ発スル命令ノ規定ニ依ル処分ニ従ハザルトキ

二　故ナク扶助ニ関スル調査ヲ拒ミタルトキ

三　第七条ノ規定ニ依ル市町村長ノ注意ニ従ハザルトキ（後略）[54]」。

母性保護聯盟が建議した「母子扶助法案」と、制定された「母子保護法」を比較対照して、四点に整理して両者の異同を確認しておこう。

第一に、「母子保護法」は第四条において、母と子の扶養義務者が扶養することができるときには、法による扶助をおこなわないとさだめている。この規定は、建議の法案にはみあたらず、社会局が、「救護法」の前例にならってこれをくわえたものである。その後の議会での審議の過程をみると、それは、議会対策としてもっとも必要な配慮であったことがわかる。保守的な議員たちは「母子保護法」が母子の遺棄を奨励することになるのではないか、「民法」の扶養の義務の順番がないがしろにされるのではないかと、いいたてた。衆議院の委員会議事録から典型的な反対発言をあげておく。

斉藤委員「（前略）就キマシテハ二三質問シタイ所ハ、此第一条第二項及第四項ノ例外ニ付テ、第一ニ御尋致シタイト思フ（中略）『行方不明ナルトキ』又ハ『母子ヲ遺棄シタルトキ』斯ウ云フ茲ニ例外ガ設ケラレテ居ルノデアリマス、私思ヒマスルノニ、(中略)『母子ヲ遺棄シタルトキ』是ハ確カニ父タル者ニ私ハ多クノ場合ニ於テ、悪意ガアルヤウニ思フ、又第二ノ『行方不明ナルトキ』是ハドウモ分ラヌノデアリマスケレドモ恐ラクハヤハリ悪意ヲ伴フ場合ガアリ得ルノデハナイカト思フ、此母子ヲ遺棄シタル者ニ悪意ノアッタ場合ニ、此保護法ヲ活用致シマスコトハ、ドウモ母子ヲ遺棄スルコトヲ反面ニ於テ奨励スルヤウナコトニナリハシナイカ、随テ私ハ思想善導上、却テ弊害ガ発生スルノデハナイカト思フノデアリマス、此ノ点ニ付テドウ云フ風ニ御考エニナッテ居ルカ、(中略)ソレカラモウ一ツハ此ノ第一条第一項ニ於キマシテハ『母貧困ノ為生活スルコト能ハズ』云々トアリマス、我国ノ家族制度ニ於キマシテハヤハリ扶養ノ義務ハ御承知ノ通リ、民法ニ一々規定サレテ居ルノデアリマスカラ、父ガ行方不明デアリマシテモ、或ハ祖父ガ行方不明デアリマシテモ、ソレゾレ扶養ノ義務者ノ順序ガ決ッテ居ルノデアリマス、其順序ヲドウサレルノデアルカ、サウ云フコトニ拘ラズ此法ガ発動致スノデアリマスカドウカ[55]」。

この質問にたいする政府委員の回答は、要約していえば、つぎのとおりであった。「母子保護法」は最小限度の貧民の救済であるので、それがあるからといって、母子にたいする父の人情、夫の人情がなくなるということは、まずないのではないか。風俗を害することは、まずないのではないか。また、「民法」による扶養義務者がいて扶養能力があるならば、その義務者に扶養させる。それができなくなったとき、はじめて、この法により公費で保護をする。

内務省社会局が、「日本の家族制度がしだいに壊れてきた今日の状況では、隣保相扶は信頼しがたくなった」という認識を前提にして救貧政策を構想してきたいきさつを考慮すれば、「救護法」「母子保護法」は、家族の慣行にたいする挑戦であった。しかし、それへの抵抗は、きわめて大きかったらしく、内務官僚・山崎巌は、法律の制定・公布直後に発表した論文「母子保護」において、つぎのように記述している。

「家族制度の發達したる我邦に於いては、一層慎重に取り扱ふ必要がある。この點に付いては母子保護法に於いても救護法と同じく我が民法の扶養義務を認めたのは言ふ迄もなく、人倫の情誼と道徳の観念を基礎として、我国古来の美風たる家族制度を維持せんとする趣旨である」(56)。

第二に、これも家族道徳に抵触することがあらかじめ予想されていた、対象とする子どもの定義にかんしてである。より挑戦的であったのは、建議の「母子扶助法案」で、冒頭に「子とは嫡出子庶子、私生子及養子を謂ふ」と定義して、庶子、私生児の差別を否定する。制定された「母子保護法」では、そのような表現はとられなかったが、「民法」でいう「子」の観念をつかっており、そのことを、山崎は、つぎのように述べた。

「而して茲に子と謂ふのは民法上の子の観念にして嫡出子たると私生子たると区別せざることは勿論である。尤も私生子に対して国家の扶助を与ふることに付いては議論も相当ないではないが、(一)本法が児童保護を主要なる目的とする以上、単に私生子なるが故に之を差別するは適当ならざること、(二)私生子は種々の点より見て環境が不利であり、其の結果は死亡率、犯罪率、不良児統計等に著しき高率を示す状況なるを以て、之に対し差別待遇を為すは適当にあらざること、(三)従来救護法等の社会立法に於ても私生児は之を区別せず一律に保護することとしたること、等の理由に依り本法は私生子の母も扶助の範囲に加ふることとしたのである」(57)。

この処置によって、事実上、建議とおなじ範囲をさすことになった。また、子どもの出自によって保護をうける母親に区別をするべきでないという、母性保護聯盟の主張もかなえられている。

第三は、子どもの年齢であるが、これは母性保護聯盟が一五歳以下を基準に、病弱で就労ができない子どものばあいには一六歳までをつよく主張し、妥協できる下限を一四歳としてきた。小学校令、工場労働者最低年齢法、船員法最低年齢法、感化法、刑法などはいずれも一四歳を、おとなと子どもを区分する年齢にしているからである。これを反映した建議の「法案」は「子」の年齢を一五歳未満と規定したが、「母子保護法」では子の年齢は一三歳以下となった。その根拠は、「救護法」が第一条で対象の四つのカテゴリーのひとつを「十三歳以下の幼者」と規定していることにある。婦人運動家たちは、当然これにいたく失望したが、大蔵省は一三歳を六歳にまで引きさげて予算の削減をしようとして、内務省が譲歩しなかった経緯もあって、そのことについては評価した。[58]

第四として、配偶者がいない母に準じてあつかわれる範囲では二点に差異がみいだせる。

その一つは、「子の父」が失業しているばあいで、建議の「法案」はそうした母子を救済の対象に入れた。つまり「母子扶助法」に失業対策の性格をもたせようとした。ここでは、一九三一年（昭和六年）に社会大衆党が議会提出した「母子扶助法案」に失業対策の性格をもたせようとした「母子扶助法案」の考えかたが、そのまま踏襲されている。そのかぎりでは、失業問題は労働問題の代表部分であり、失業対策は労働政策、社会政策の基軸部分として、無産運動系の婦人運動家たちの意向が、つよく反映されているとかんがえられる。ただし、この法律に防貧機能を期待した母性保護聯盟には、個人的な原因と社会的原因による貧困対策の違いをしらずに、父が失業している場合、母子の扶助を当然視する空気も少なからずあったようである。制定された「母子保護法」は、この失業問題のとりあつかいを明示的に拒否した。前出の山崎論文からその理由を述べた部分を引用する。

「本法は夫（内縁関係を含む）の死亡、離婚、労働不能、行方不明、拘禁の事由に依り又は夫が其の母子を遺棄したるに依り母が自ら子の養育と家計維持に当たらなければならぬ場合に之を扶助するのであって、可成夫の責任観念を重んじ家族制度の本旨に添ふこととしたのである。夫の失業の場合之を如何に取扱ふべきか問題である。本法は、（一）失業者の範囲不明確にして濫救の弊に陥り易きこと、（二）他の少額所得者との均衡を失すること、(三)夫の家族扶養の責任を薄弱ならしむること、(四)失業救済は之を目的とする他の機関に依るべきものなること、等の理由に依り之を除外することとしたのである」[59]。

いまひとつは、妊娠中のばあいである。建議の法案は、貧困のため生活することができない「妊婦にして分娩の為扶助を要するもの」を対象のひとつにあげているが、「母子保護法」では妊婦は対象から除外されている。これについて説明した文献はみたことがないが、推測するに「救護法」が被救護者のなかに「妊産婦」を入れているので、そこから「母子保護法」にうつす必要はないと判断したのではないか。

さいごに、建議の法案にふくまれない欠格条項が、「母子保護法」には含まれている。「第三条　第一条ノ規定ニ依リ扶助ヲ受クベキ場合ト雖モ母ガ性行其ノ他ノ事由ニ因リ子ヲ養育スルニ適サザルトキハ之ヲ扶助セズ」。山崎は前出論文で、「母子保護法」は母親に子の養育を十分におこなわせるのが目的であるので、母の性格行状が不良であったり、精神身体に障害があったりしたときには、扶助からの除外は当然であるという。また、もし母がこの規定によって扶助から除外されたときには、子は「救護法」によって必要に応じて救護されるという[60]。

なお、「母子保護法」の金銭給付水準は、「母子保護法施行令」十二条において「一世帯ニ付一日一円」を原則とすると規定されている。これは「救護法」のそれと等しく、母性保護聯盟が切望した防貧機能は、実現しなかった。

以上のように「母子保護法」は、「救護法」に準拠して設計されたことがみてとれる。対象となる母子家庭にかぎっていえば、「救護法」が母と一歳未満の子の母子家庭であるのにたいして、「母子保護法」は、母と一三歳以下の子の母子家庭に範囲を拡張したところに大きな違いがあった。内務省社会局官僚にとって、その立法作業は、母子を一体として保護して、母親による子女の養育をまっとうさせることを目的に、「救護法」で欠落した部分をおぎなうものであった。

表1　母子保護の対象案の推移

	保護対象		子			母						父				
	孤児	母と子	嫡出子	私生子	年齢	貧困	寡婦	離婚	遺棄	妊婦	欠格条項	精神病	労働不能	在監中	行方不明	失業
1919年　母子扶助法案		○	○	×	14歳未満	○	○	○	○		○		○	○	○	
1920年　田子「母子扶助法の制定」	△	○	○	○	学齢終期	○	○	○	○			○	○	○	○	△
1926年　母子扶助法要綱	○	○*	○	○	14歳未満	○	○	○				○	○	○	○	
児童扶助法案要綱	○	○	○	○	14歳未満	○	○	○			○		○	○	○	
1929年　救護法	○	○	○	○	1歳未満**	○			○							
1935年　母性保護聯盟 母子扶助法案	△	○	○	○	15歳未満	○	○	○	○	○			○	○	○	○
1937年　母子保護法	△	○	○	○	13歳以下	○	○		○	△	○		○	○	○	△

注：1）○印：対象として肯定的に言及されているもの
　　2）×印：対象として否定されているもの
　　3）△印：他法，他施策の対象とされているもの
　　4）　*印：子のみが対象とつたえられたことがあった
　　5）**印：孤児は13歳以下

いっぽう、母性保護聯盟にとっては、「救護法」に準拠したゆえに、善良な母子が「救護法」でいう窮民の待遇をうけることに大きな不満が残った。また、妊娠・出産・授乳に限定されていた〈母性〉が、「一三歳までの養育」に拡大されたことを評価しつつも、妊婦が対象から除外されるという大きな欠点があった。これは、妊娠・出産・授乳と子の養育という一連の行為でなりたつ〈母性〉は分断されてしまったことを意味するからである。聯盟の幹部のひとりは「だから婦人にも立法に参加させて貰はなくては困る」といった[61]。

おわりに

一九一九年（大正八年）一〇月二九日の「母子扶助法案」の発表から、一九三七年（昭和一二年）三月三〇日の「母子保護法」制定・公布までのあいだ、母子保護の法案、法案の覚書、法（案）要綱、法などがどのように作成されて、あるいはその制定にどのような意義があるかにかんする議論を追ってきた。

まず法案、法についてであるが、とりあげられた法案、法などは七つあった。それらをつうじて、母子保護の対象の規定がどのように推移し

てきたかを整理したのが、表1である。この表は、全体として、「母子保護法」が着想されてから成立にいたるまでの前史の経過とみなすこともできる。この表の全体をながめて気がつかれることを二、三指摘しておきたい。

母子保護の対象の主要な規定は、一九一九年の「母子扶助法案」と二〇年の田子の「母子扶助法の制定」で、ほぼ出つくしている。両者のもっとも大きな相違点は、保護の対象となる子を、前者は嫡出子のみに限定したが、後者は嫡出子と私生子の双方としたことである。この相違点を重視するならば、母子保護の対象の範囲は、一九二〇年の田子論文でほぼ確定し、それが法として実現されるまでに一七年かかったのだといってもよい。「母子保護法」を支える思想的基盤の形成において、田子はその先駆者として位置づけられよう。

さらに、この前史の全体の流れを展望すると、母子保護の観点からみるかぎり、「救護法」の後退ぶりが目立っている。ほかの法案、法などはいずれも貧困母子を対象として、子の年齢は小学校生徒の学齢の終わりくらいまでにめくばりをしていた。それらにたいして、「救護法」は、子を一歳未満の子と限定した。「母子保護法」は、「恤救規則」と比較すれば、相対的に前進した側面をもっと評価できるが、それにあわせて、「救護法」を「母子保護法」に比較してみると、相対的に低水準であるといわざるをえない。分化主義的立法ではカテゴリーごとの属性におうじておこなわれる配慮が一般法では軽視されやすく、対象者は貧困カテゴリーに収斂されがちである。婦人運動家たちが反発した点は、ここにあった。

また、保護の範囲とそれをめぐる内務官僚と運動家たちの議論の流れをみると、それは戸主の権限や家族制度を抑制しながら、家族の新しい秩序を創出していく営みであったといえる。内務官僚たちは、戸主の権限・責任にもとづく家族・親族の扶養や、家連合による相互扶助という、伝統的な家族慣行に依存していた隣保相扶から脱却して、より自立的な救貧対策を創出しようとして「母子保護法」の成立にいたった。婦人運動家たちは、戸主を頂点として成立している序列とそれにもとづく家族の関係を問題として民法の改正を求めたが、「母子保護法」の制定でより重視したのは夫婦と親子の関係である。そのうえで、母子の保護や、妻と離別した夫、妻を遺棄した夫たちには、子どもの扶養を義務化せよともとめた。そこには、母性の保護が強調されるほどに、あわせて父親の扶養義務が強化されて浮かびあがってくる構図がみてとれる。同様のことは、欠格条項についてもあてはまり、母の性行状が不良な例や精神身体に障害があるばあい保護の対象としないという規定には、母親として望ましいふるまいの想定がある。扶助は、母親らしさの規範をつたえる媒体としても機能しうるものであったといえよう。いずれにしても、議会における保守派のつよい反発は、戸主、父、夫の権威を抑制しようとする両者の動きへの抵抗であり、醇風美俗はその意味でも強調された。

「母子保護法」は、その成立時期に注目すると、家族的国家観を支える制度や総力戦を支える国家装置とみなすことも可能である。じっさい、この後、同法が施行される過程で、子どもの養育は崇高な天職であるという考えかたによって、母子はその一体性がより強調されたり、天皇の仁慈にこたえる方法と結びつけられもした。しかし、「母子保護法」が成立するまでの一七年間をみるかぎり、そこでかわされた議論には、平等化を志向するというデモクラシーの色彩がつよく反映されている。それは、婦人運動家たちと内務官僚たちのいずれにもいえる。

以下で引用する資料のうち、戦前期に発表され、戦後、「資料集」として再刊されたものは、現代仮名遣いに改められているばあいには、そのまま引用した。ただし、団体などの固有名詞は当時の表記にしたがっている。

（1）　たとえば、鹿野政直「ファシズム下の婦人運動——婦選獲得同盟の場合」家永三郎教授東京教育大学退官記念論集刊行委員会編『近代日本の国家と思想』三省堂、一九七九年、上野千鶴子『ナショナリズムとジェンダー』青土社、一九九八年。
(2)「田子一民」編纂委員会『田子一民』熊谷辰治郎、一九七〇年、一九四―一五〇ページ。
(3)今井小の実『社会福祉思想としての母性保護論争――〝差異〟をめぐる運動史』ドメス出版、二〇〇五年。
(4)金子(山高)しげり「母性保護法制定促進婦人連盟史」『社会事業』第二〇巻第一号、一九三七年、六二―六四ページ(再録:一番ヶ瀬康子編『日本婦人問題資料集成6　保健・福祉』ドメス出版、一九七八年、二九四―三〇一ページ)。
(5)「田子一民年譜」「田子一民」編纂委員会、前掲、六三八―六四二ページ。
(6)厚生省五十年史編集委員会編『厚生省五十年史(記述編)』厚生問題研究会、一九八八年、二七三ページ。
(7)山崎巌「母性保護」河出孝雄編集代表『家族制度全集　史論篇3　親子』河出書房、一九三七年、二一六―二一七ページ。
(8)田子一民「母子扶助法の制定」『太陽』第二六巻第五号、東京博文館、一九二〇年、四三―五四ページ。
(9)「田子一民」編纂委員会、前掲、六―七、一五―一六、二七―二八ページ。
(10)同右、四二―四四、四七―五〇、六五、七三ページ。
(11)同右、六九―七〇ページ。
(12)田子一民「政治における婦人の発見――婦人に参政権を与えよ」「田子一民」編纂委員会、前掲、四三九―四六〇ページ。
(13)『東京日日新聞』一九二二年八月一八日。
(14)寺脇隆夫『救護法の成立と施行状況の研究』ドメス出版、二〇〇七年、四四―四八ページ。
(15)内務省社会局『救貧法問題　第一輯』一九二三年(再録:寺脇隆夫編『救護法成立・施行関係資料集成』ドメス出版、二〇〇七年、五六―六〇ページ)。
(16)『読売新聞』一九二六年五月三〇日。

実施に伴う経費は、以下のように規定されている、と報じた。

一、国と地方との扶助費分担比率

(イ)国庫は総経費の四分の二

(ロ)当該府県庁は総経費の四分の一

(ハ)当該市町村は総経費の四分の一

二、国庫負担一ヶ年分総額、六九四万八〇〇〇円。

(17)内務省社会局「社会事業調査会報告(第二回)」一九三二年(再録：社会福祉調査研究会編『戦前期社会事業史料集成　第17巻』日本図書センター、一九八五年、九一一一七ページ)。

(18)同右、三二―五二ページ。

(19)同右、五五―五六ページ。

(20)同右、五七ページ。

(21)内務省社会局「本法救貧制度概要」(社会事業体系特別委員会幹事報告)一九二六年(再録：寺脇隆夫編、前掲、一四二―一四四ページ)。

(22)寺脇隆夫、前掲、七二―七六ページ。

(23)友野清文「『婦女新聞』執筆者一覧」『婦女新聞』を読む会編『『婦女新聞』と女性の近代』不二出版、一九九七年、八九―九四ページ。

(24)婦女新聞社『婦女新聞』(再録：『婦人会三十五年』不二出版、一九八四年、一六一―一七八ページ)。

(25)婦女新聞社『婦女新聞』一九二六年四月二五日号一面。

(26)同右、一九二六年八月一日号。

(27)同右、一九二六年一一月一四日号。

(28)同右、一九二六年四月二五日号。

(29) 同右、一九二六年八月二二日号。
(30) 中央社会事業協会・全日本方面委員聯盟「最近の二ヵ年に於ける親子心中調査(自昭和七年七月至昭和九年六月)」一九三四年に収録。一番ヶ瀬康子編、前掲、二七〇―二七二ページ。心中の主な原因は生活困難二六・五%、家庭不和一八・六%、精神異常一七・二%、自己又は配偶者の病弱一〇・八%、配偶者の家出・離婚・死別三・九%、子女の死亡・病弱・不具三・六%であった。このほかに「最近四ヵ年における親子心中数(昭和五年七月より九年六月まで)」(山高しげり『母子福祉四十年』翔文社、一九七七年、一八ページ)がある。
(31) 牧賢一「母性保護制定の問題」『社会事業研究』第二二巻第一〇号、大阪社会事業聯盟、一九三四年(再録:一番ヶ瀬康子編、前掲、二八二―二八六ページ)。
(32)「婦選運動獲得同盟宣言・規約」市川房枝編『婦人問題資料集成2 政治』ドメス出版、一九七七年、二五四ページ。
(33) 山川菊榮「『婦人の特殊要求』について」『婦人運動』第四巻第一号、二号、一九二六年(再録:鈴木裕子編『山川菊栄女性解放論集2』岩波書店、一九八四年、一一七―一二〇、一三七―一四一ページ)。なお、この論考は、一九二五年一〇月五日から一六日まで『報知新聞』に「無産政党と婦人の要求」という題で連載されたものを、改題して『婦人運動』に掲載された。
(34) 山川は第一の理由として、社会主義への発展段階をふまえたうえでの判断であり、「封建的残存物を撤廃して社会を徹底的にブルジョア化することが社会主義への道のために必要なことであるとする以上は、特に婦人の生活と密接に関連したデモクラシーの要求もまた社会主義への道のために必要なことである」という。
(35) 山川菊栄『女二代の記』日本評論新社、一九五六年、二八八ページ。
(36) 以下のものを参照した。「関東婦人同盟宣言・綱領」一九二七年、「社会民衆婦人同盟宣言・綱領・政策」一九二八年、「無産婦人同盟宣言・綱領・制約」一九二九年(再録:市川房枝編、前掲、二八二―二八四ページ)。
(37) 久布白落美「全日本婦選大会を成功させよ」『婦選』第四巻第四号、一九三〇年(再録:市川房枝編、前掲、一九七七年、三三五ページ)。
(38) 「婦選獲得同盟第六回総会で採択された宣言」市川房枝編、前掲、三四一ページ。
(39) 婦選獲得同盟調「東京商工会議所議員有権者中ノ婦人の職業別」『婦選』第三巻第四号、一九二九年(再録:市川房枝編、前掲、三一〇―三一一ページ)。
(40) 「婦人参政権に関する決議案」『婦選』第三巻第一〇号、一九二九年(再録:市川房枝編、前掲、三二一ページ)。
(41) 「第五回全日本婦選大会の議題と決議」『婦選』第八巻第三号、一九三四年(再録:市川房枝編、前掲、四三一―四三二ページ)。
(42) 金子しげり、前掲(再録:一番ヶ瀬康子編、前掲、二九五ページ)。
(43) 「母性保護法制定運動起る――婦選・社会事業・一般婦人団体合流して」『婦選』第八巻第八号、一九三四年(再録:鈴木裕子編『日本女性運動資料集成4　生活・労働I』不二出版、一九九四年、七六六ページ)。
(44) 市川房枝「婦選と母性保護法制定運動」『婦選』第八巻第九号、一九三四年(再録:市川房枝編、前掲、四七四―四七五ページ)。
(45) 寺脇隆夫、前掲、一〇三―一二一ページ。
(46) 山田わか「母性保護の過去及び現在」『婦人と新社会』パンフレット第一一号、一九二九年(再録:一番ヶ瀬康子編、前掲、二六八ページ)。
(47) 遠藤惠子「内務官僚と婦人公民権案」『母子研究』第二〇号、社会福祉法人真正会社会福祉研究所、二〇〇〇年、八一―九四ページ。
(48) 守屋は「婦女新聞」が主催した研究会に出席し、児童扶助法の趣旨を説明したのち、座談の場で、母性一般の保護は法律のみでは実現しないとのべ、貧困な母子の救済と部分的には重複するが、他の対策の必要性を示唆している。また、「人形の家」の主人公ノラを例にしながら、婦人が児童委員として参加することによって、社会と家族の関係を認識できるだろうと、質問に答えている。「母子扶助法制定促進会懇談会の記」(再録:鈴木裕子編、前掲、七四三―七四六ページ)。

(49) 金子しげり「母性保護法制定運動について」『児童保護』第六巻第九号、一九三四年(再録:山高しげり『わが幸はわが手で』ドメス出版、一九八二年、一三ページ)。

(50) このいきさつについて充分に整理した資料はみあたらないため、以下を参考にしてピックアップした。「母性保護法制定運動起る——婦選・社会事業・一般婦人団体合流して」(再録:鈴木裕子編、前掲、七六六ページ)、金子しげり「再び母性保護法制定運動について」『児童保護』第六巻第一二号、一九三四年(再録:山高しげり、前掲、二一—二九ページ)。

(51) 金子しげり、前掲、一一—一九ページ。

(52) 母性保護法制定促進聯盟「第一回代表者会議における決議並各請願」『母性保護聯盟会報』第三号、一九三三年(再録:市川房枝編、前掲、四八二—四八三ページ)。

(53) 金子しげり、前掲(再録:一番ヶ瀬康子編、前掲、二九五ページ)。

(54) 「母子保護法」市川房枝編、前掲、四八八—四八九ページ。

(55) 「母子保護法案審議過程〈抜粋〉」『第七十回帝国議会衆議院軍事救護法中改正外一件委員会議録(速記)』第五回、一九三七年(再録:一番ヶ瀬康子編、前掲、三〇二—三〇六ページ)。

(56) 山崎巌、前掲、二二九—二三〇ページ。

(57) 同右、二二六—二二七ページ。

(58) 小栗将江(浅賀ふさ)「母子保護法に就いて」『女性展望』第一一巻第四号、一九三七年(再録:市川房枝編、前掲、四九三—四九四ページ)。

(59) 山崎巌、前掲、二二七—二二八ページ。

(60) 同右、二二八ページ。

(61) 小栗将江、前掲、四九四ページ。

6章　内務省の映画検閲

副田義也

はじめに

わが国で最初に映画が上映されたのは、一八九六年（明治二九年）神戸においてである。初期映画用映写機の一種であると説明されているキネスコープがつかわれた。それから一〇年あまりが日本映画史の前史時代で、その間に、一九〇三年（明治三六年）東京の浅草で最初の常設映画館が開業され、一九〇七年（明治四〇年）には大阪で最初の常設館が開業されている。映画は大衆娯楽の主要なひとつとして、その地位を確立していった。(1)当時、映画は活動写真と呼ばれていた。

日本の映画史研究の第一人者、佐藤忠男は、戦前期の日本における時代劇の歴史をつぎのように時期区分して、それぞれの主要特色を説明している。

第一期、草創時代、一九〇九年（明治四二年）から一九二三年（大正一二年）まで。この時代を代表する人物は、監督ではマキノ省三、スターでは尾上松之助である。主要な作品の内容は、英雄、豪傑、忍者などの武勇伝であった。

第二期、反逆の時代、一九二三年（大正一二年）から一九三二年（昭和七年）まで。この時代を代表する人物は、監督としては伊藤大輔、マキノ正博、スターでは坂東妻三郎、大河内伝次郎、月形龍之介、市川右太衛門、長谷川一夫、片岡千恵蔵など。この時代の典型的な作品傾向は反逆的ニヒリズム時代劇であり、そこにはアメリカ活劇映画と日本の大衆文学、大衆演劇の影響があった。政治の世界では左翼運動がさかんであったが、その影響は映画人たちに直接とどくことはなかった。

第三期、自由主義時代、一九三二年（昭和七年）から一九四〇年（昭和一五年）まで。この時代を代表する監督は、伊丹万作、山中貞雄、衣笠貞之助、稲垣浩などである。かれらの作風を特徴づけたのは、ユーモア、ペーソス、知的な皮肉、詩情であった。まえの時代のように反逆精神やニヒリズムはむきだしにされず、あえていえば自由主義の主張がゆとりをもって語られていた。

第四期、軍国主義時代、一九四〇年（昭和一五年）から一九四五年（昭和二〇年）まで。時代劇は歴史映画でなければならないといわれ、時代考証が厳密におこなわれるという進歩はあったが、反抗的あるいは逃避的気分は消えて、個人は歴史の流れにおける自己の役割を肯定せよというメッセージが一貫することになった。現代劇の領域では、この時代、いわゆる戦意昂揚映画、軍隊と戦争を賛美する映画が多くつくられた(2)。

内務省は、これらの映画作品の製作過程に検閲という方法で権力的に介入した。その検閲がもとづいておこなわれた法的根拠は、一九二五年（大正一四年）に制定・公布された「活動写真『フィルム』検閲規則」と一九三九年

（昭和一四年）に制定・公布された「映画法」である。前者は「フィルム検閲手続き」を下位規則としてもち、後者は「映画法施行令」「映画法施行規則」「手続様式」を下位規則としてもった。なお、後者の制定にともない、前者は廃止されている。(3)

二つの法律のそれぞれの制定の時期をみると、「活動写真『フィルム』検閲規則」は、佐藤がいう第二期、反逆の時代の冒頭で制定されて、その第二期とつぎの第三期、自由主義時代のほぼ全体までを規制している。「映画法」は、その第三期の末尾に制定されて、第四期、軍国主義時代を規制している。両法は、いずれも、検閲によって個別の映画作品における表現の自由を侵害する悪法以外のなにものでもなかった。くわえて「映画法」は、統制経済の一環として、国家権力が映画産業を政策的に統制することをも意図していた。以下、そのあたりを多少具体的に検討する。

なお、本論に入るにさきだち、検閲という言葉が両義的に文献のなかでつかわれていることについて、おぼつかない覚書をしておきたい。まず、検閲の辞書風の定義がある。『広辞苑』（岩波書店、第二版、一九七三年）によれば、検閲はつぎのように定義されている。「①調べあらためること。②信書や出版物・映画などの内容を強権的に検査すること。思想統制の手段とされる。日本国憲法はこれを禁止」。これは検閲の常識的な理解のしかたでもあろう。佐藤の前出の著作でもこの用法が一般的である。ところが、内務省の映画検閲にかんする資料をよんでゆくと、検閲が、上述の意味でつかわれているほかに、上映の許可の意味でつかわれているばあいがあるのに気付く。たとえば「フィルム検閲手続き」のなかには、フィルムの内容が全体として穏当でないばあいには「検閲ヲ拒否」するべきであるといって、この検閲は「上映の許可」の意味である。そのばあいには、辞書・常識でいう検閲は査閲といいかえられている。筆者は社会学の研究者であって、法学の非専門家である。検閲のこの両義性について、気付いてみても、さらに踏みこんだ説明をする能力に欠ける。以下では、この両義性に注意をはらいつつ叙述することを心掛け、いずれ法の専門家の教示をえたい。

1 「活動写真『フィルム』検閲規則」による検閲

内務省が映画検閲に直接乗り出すのは、一九二五年（大正一四年）のことである。すなわち、同年五月二六日、内務省令第一〇号により、「活動写真『フィルム』検閲規則」を制定・公布し、これが七月一日から施行され、同省による映画検閲がはじまったのであった(4)。内務省による他分野の検閲としては、一八九三年（明治二六年）からの「出版法」による文書・図画の検閲、一九〇九年（明治四二年）からの「新聞紙法」による新聞の検閲があった。映画の検閲は、出版のそれに三二年おくれ、新聞のそれに一六年おくれてはじまったのである。

もっとも、政治権力による映画検閲は、地方庁の事務の形式でそれ以前からおこなわれていた。そのさきがけは、一九一七年（大正六年）警視庁が警視庁令第一二号として、「活動写真興行取締規則」を制定・公布して、はじめたものである。その後、各府県庁もこれにならった。『内務省史』第二巻は、この方法には不利・不便があり、その結果としての処分にも不合理な結果があったので、それらを解消するために、内務省自身が映画検閲をおこなうことになったという説明のしかたをとっている。方法の不利・不便の代表的なものは、映画を製作する業者としては、異なる地方で映画を上映するために、同一フィルムで数十回にわたって検閲をうけねばならず、その都度、わずらわしい手続きをくり返し、無駄な時間と費用をつかわねばならなかった。官庁側でも、全体としてみれば、同一フィルムを重複して検閲することにより、無駄な時間と労力がつかわれていた。しかも、結果としての処分では、ある地方で禁止もしくは制限されたフィルムが、別の土地では無制限に公開されるという不合理が生じていた。内務省が映画検閲を統一的におこない、各地方はこの決定に服するということで、これらの弊害は解消することになった。[5]

さて、内務省は映画検閲を具体的にどのようにおこなったか。まず、その検閲の法的根拠となった、前出の「活動写真『フィルム』検閲規則」を抄録して、そのアウト・ラインを描いておこう。

「第一条　活動写真ノ『フィルム』ハ本令ニ依リ検閲ヲ経タルモノニ非レハ多衆ノ観覧ニ供スル為之ヲ映写スルコトヲ得ス

第二条　『フィルム』ノ検閲ヲ受ケムトスル者ハ左ノ事項ヲ具シ説明台本二部ヲ添ヘ内務大臣ニ申請スヘシ

一　申請者ノ住所及氏名（後略）

二　『フィルム』ノ題名（外国製ノモノハ原名及訳名）、製作者、巻数及メートル数

（中略）

第三条　検閲官庁ハ前条ノ規定ニ依リ検閲ノ申請ノアリタル『フィルム』ニシテ公安、風俗又ハ保健上障害ナシト認ムルトキハ『フィルム』ニ検閲済ノ検印ヲ押捺シ説明台本ニ其ノ旨ヲ記入ス（後略）

（中略）

第六条　検閲官庁其ノ検閲ヲ為シタル『フィルム』ニシテ第三条ニ掲クル障害アルニ至リタリト認ムルトキハ其ノ映写ヲ禁止又ハ制限スルコトヲ得」

当時は無声映画時代の末期であったから、検閲の対象とされるのは、映画のフィルムと説明台本である（アメリカのトーキー映画の公開は一九二九年（昭和四年）のことであった）。検閲されるべき事項は、公安、風俗、保健

上支障がないかどうかである。それらのいずれかの支障があったばあい、そのフィルムの映写は禁止または制限されることになる。この処分のうち、禁止は自明であるが、制限とはなにを意味するか。これは「フィルム検閲手続き」という下位規則をみなければならない。この「検閲手続き」は、前出の「検閲規則」の施行令にあたるものである。その「第三　検閲執務の内容」の「二　査閲」はつぎのとおりである。

「査閲ノ目的トスルトコロ凡ソ三アリ、申請書ニ記載セラレタル題名、製作者名、其ノ他ノ事項ヲ申請ニ係ル『フィルム』ニ付キ照合シ其ノ誤リナキヤヲ調査スルコト其ノ一ナリ、説明台本ノ内容カ『フィルム』ノ内容ト符一スルヤ否ヤ且其ノ用語ハ公安若クハ風俗上支障ナキヤヲ審査スルコト其ノ二ナリ、『フィルム』ノ内容カ公安、風俗若クハ保健上支障ナキヤヲ審査スルコト其ノ三ナリ、就中『フィルム』ノ内容ノ審査ハ査閲事務ノ中枢ヲ為シ、之カ当否如何ハ直ニ観衆及製作者ニ至大ノ影響ヲ与フルモノニシテ素ヨリ慎重事ニ当ラサルヘカラス、要ハ査閲ニ当リ公害ヲ未然ニ防止スルトトモニ、不当ノ負担ヲ科セサルコトニ在リ、随テ『フィルム』ノ内容全体トシテ穏当ナラス其ノ儘上映スヘカラサルモノハ当然之カ検閲ヲ拒否スヘキモ、其ノ内容ノ一部ニ支障アルニ過キスシテ、其ノ部分ヲ除去シ若クハ改作スルニ於テハ、全体トシテ敢テ支障ナキモノハ、該部分ノ切除若クハ改訂ノ上検閲ヲ為スノ方針ヲ採リ居レリ」

後半部でフィルムの内容の審査が査閲の事務の中枢であるという。この査閲と検閲という言葉の使いわけは、すでに述べたように、現代風にわかりやすくいえば、査閲が調査であり、検閲が許可であるということになろうか。だから、内容の全体に問題があれば、検閲を拒否する、つまり、上映の許可をあたえない、上映を禁止する。内容の一部に問題があれば、その部分を切除あるいは改訂して、上映の許可をあたえる。これが、さきに映写の制限といったものである。

内務省が映画検閲に乗り出した当時のその検閲の概況をデータにもとづき、みておこう。「活動写真フィルム検閲処分の内容（大正一四年七月―昭和元年一二月）」という資料がある。(6)初出は、内務省警保局『活動写真フィルム検閲年報』昭和二年刊においてである。これによると、検閲処分は「検閲済」「拒否」および「制限」の三つである。

「拒否」は上映禁止のことであるが、一九二五年（大正一四年）三件、二六年（昭和元年）三件、計六件であった。

「制限」は、改訂、土地的制限、切除にわかれる。土地的制限とは、ここで初出する用語であるが、ほかの資料から判断すると、その形態の少くともひとつは、内務省によって検閲済みとされたフィルムを、地方官庁が上映禁止にしたものである。たとえば、映画作品「明治義人　田中正造」は、内務省では検閲済みとされたが、栃木県が県下に田中が告発した足尾銅山があるので、「足尾銅山鉱毒事件に関係あり」という理由で上映禁止とした。

改訂は、一九二五年五件、二六年九件、計一四件であった。

また、土地的制限は、一九二五年七件、二六年八七件、計九四件であった。二六年の数字が急増したのは、いわゆる鬼熊事件(7)を映画化した作品を制限した例が多かったせいであるといわれる。

新しく申請された実体画(8)のみでみると、検閲件数は一九二五年後半で一八五五件、二六年三三一六件、計五一七一件、切除は、一九二五年後半で四三七件、二六年六八四件、計一一二一件である。件数からいえば、拒否と制限の全体のなかで、切除が圧倒的多数を占める。なお、この一年半で検閲をうけた総メートル数は五〇九万八八五五メートルにたいして、切除メートル数は四万一五九三・一三メートル、前者にたいする後者の割合は〇・八％、であった。

さいごに切除されたフィルムのメートル数を、日本映画、アメリカ映画、ヨーロッパ映画のそれぞれのばあいで、公安上の理由によるか、風俗上の理由によるかで区分して、百分率を算出したデータがある。すなわち、

日本映画、公安三三％、風俗六七％。

アメリカ映画、公安三九％、風俗六一％。

ヨーロッパ映画、公安四六％、風俗五四％。

このデータにつぎの説明がついている。

「風俗上ノ制限ノ斯クノ如ク多キハ亦『フィルム』ノ弊害ヲ云為セラルル反面ノ真理ヲ物語ルモノト見ラル可シ。映画ノ弊ニ付イテ喧シキハ主トシテ風俗上ノ点ニアレハナリ。検閲ノ効果ハ実ニ玆ニ表ハサルモノト云ウヘシ。右制限ノ内、公安上ノ制限中最モ多キハ争闘、犯罪ニ関スルモノナリ。争闘ハ主トシテ団体的争闘又ハ所謂『剣劇』ト称スルモノヲ指シ、犯罪ハ其手段方法等ヲ示スモノニシテ共ニ其誘発模倣ヲ助長スルモノニ就キテナス制限ナリ。風俗上ノ理由ニ基キテナス制限ハ淫蕩卑猥ナルモノヲ最トシ、残酷醜悪ノ感ヲ与フルモノ之ニ次ク。淫蕩卑猥ナルモノノ中ニハ、接吻抱擁裸形舞踏痴態性的暗示等アリ。其中熱情接吻抱擁ノ外性暗示ヲ表スモノ多シ」。

この文章は、内務省の映画検閲の最初期において、その作業に従事した内務官僚の価値意識を端的につたえている。映画の弊害としては、公安上の問題と風俗上の問題がある。さきに、「活動写真『フィルム』検閲規則」が、佐藤がいう第二期、反逆の時代の映画を規制するべく制定されたとみた。つまり、同法は映画の弊害として公安上の問題を第一義的にみていたと想定した。しかし、前出の文章の冒頭では、映画の弊害はまず、風俗上の問題であるといっている。法を制定した内務官僚たちとその法にもとづく取り締まりをおこなった内務官僚たちの価値意識

にズレがあったということだろうか。

公安上の問題としては、「団体的争闘」と「剣劇」といわれるもの、犯罪の手口などを教えるものなどがあがっている。この「団体的争闘」については、これ以上の説明がないが、民衆の組織的犯行、階級闘争を連想させる主題が警戒されたのだろう。風俗上の問題は「淫蕩卑猥ナルモノ」と「残酷醜悪ノ感ヲ与フルモノ」とされ、前者は「接吻抱擁裸形舞踏痴態性的暗示」などと例示されている。性的な意味をもつすべての行為・表現が無差別にあげられているようにみえる。性は無条件に悪であった。しかし、くわしくいうゆとりはないが、当時の日本社会の性風俗は、公娼制度をもち、男性がおこなう性的快楽の野放図な追求を容認していた。この現実と、映画検閲における「淫蕩卑猥ナルモノ」のきびしい否認はどのような関係にあったのだろうか。

2　「映画法」による検閲

一九三九年（昭和一四年）四月五日に公布された「映画法」は、それまでおこなわれてきた内務省の映画検閲をいっそう強化すると同時に、その検閲とは区別される新しい映画政策を樹立することをめざしていた。当時の用語では、前者が「映画警察」、後者は「映画国策」ともいわれていた。この新しい政策がうち出されるにいたる経過をくわしく述べることはできないが、その主要な動きとして、映画統制委員会の設立までの経過とその構成にふれておこう。内務省警保局『活動写真フィルム検閲年報』一九三四年版に「映画統制委員会関係記録」「映画統制委員会設立経過記録」という文書がある。(9) それらの内容を要約しとりまとめてみる。

発端は、一九三三年（昭和八年）二月八日に、岩瀬亮議員が衆議院に「映画国策樹立に関する建議」を提出したことにあった。その理由書ではつぎのように説かれていた。映画は、娯楽、宣伝、教化の手段として、近代科学の所産のうち民衆生活にもっとも大きい影響をおよぼしているものである。それであるのに、政府は、映画製作を営利のための民間企業にまかせて、わずかに映画警察をおこなうのみで「積極的ノ指導及統制ノ策」をとっていない。諸外国はその指導・統制の必要を痛感し、政府に映画にかんする専管機関を設置している(この外国としては主としてドイツ、イタリアがかんがえられていた)。わが国もその種の機関を設置し、映画にたいする指導・統制の政策を確立するべきである。この建議は衆議院で二月一三日に可決された。これをうけて内務省警保局は各国の映画国策にかんする資料の収集と研究に着手し、それを六月中に完成させた。これにもとづき、内務省、文部省、大蔵省の局長・課長クラスが協議をかさね、翌三四年(昭和九年)三月一三日、「映画統制委員会規定」が閣議決定された。

映画統制委員会は会長を内務大臣がつとめ、委員には内務次官、文部次官、内務省警保局長、社会局長官、文部省社会教育局長、大蔵省主税局長などが入った。その審議事項は、(1)各官庁における映画行政の連絡統制、(2)(省略)、(3)国産映画事業の指導統制と保護奨励、(4)教化映画にかんする事項、(5)映画検閲にかんする事項、(6)、(7)(省略)とされた。映画統制委員会は官民合同の団体、大日本映画協会の設立計画をつくり、同会は一九三五年(昭和一〇年)一一月八日設立されている。佐藤は、この設立が「映画の国家統制への第一歩」であったといっている。[10]

それでは、「映画法」の主要条文を紹介する。

「第一条　本法ハ国民文化ノ進展ニ資スル為映画ノ質的向上ヲ促シ映画事業ノ健全ナル発展ヲ図ルコトヲ目的トス

第二条　映画ノ製作又ハ映画ノ配給ノ業ヲ為サントスル者ハ命令ノ定ムル所ニ依リ主務大臣ノ許可ヲ受クベシ
（中略）
第九条　映画製作者主務大臣ノ指定スル種類ノ映画ヲ製作セントスルトキハ撮影開始前命令ノ定ムル事項ヲ主務大臣ニ届出ヅベシ届出ヲ為シタル事項ノ主タル部分ヲ変更シタルトキ亦同ジ
主務大臣ハ公安又ハ風俗上必要アリト認ムルトキハ前項ノ規定ニ依リ届出ヲ為シタル事項ノ変更ヲ命ズルコトヲ得
（中略）
第十四条　映画ハ命令ノ定ムル所ニ依リ行政官庁ノ検閲ヲ受ケ合格シタルモノニ非ザレバ公衆ノ観覧ニ供スル為之ヲ上映スルコトヲ得ズ
（中略）
第十八条　主務大臣ハ公益上特ニ必要アリト認ムルトキハ映画製作業者、映画配給業者又ハ映画興行者ニ対シ製作スベキ映画ノ種類若クハ数量ノ制限、映画ノ配給ノ調整、設備ノ改良又ハ不正競争ノ防止ニ関シ必要ナル事項ヲ命ジルコトヲ得
（後略）」

ここで示した法の範囲において、検閲の強化に直接かかわるのは、第九条と第一四条である。条文中で「命令」といわれているのは「映画法施行規則」のことである。第九条で撮影開始前に届出が義務づけられ、内務大臣が変更を命じることができるとされたものは、「命令」のなかで以下のように規定されている。

「第十五条　映画製作業者映画法第九条第一項前段ノ規定ニ依ル届出ヲ為サントスルトキハ撮影開始十日前左

ノ事項ヲ記載シタル届書ヲ内務大臣ニ提出スベシ
一 住所及氏名／二 映画ノ題名／三 原作者及脚色者／四 演出者及主タル演技者／五 映画ノ内容（脚本ニ依リ表示シ二部ヲ添付スベシ）／六 撮影開始及製作終了時期」

「五 映画ノ内容」に注目されたい。つまり、検閲は実質的に二度おこなわれることになったのである。撮影開始まえに脚本が検閲され、検閲官がそのなかに問題を発見すれば、その改訂や削除が命じられる。ついで撮影が終了すると、「映画法」第一四条にもとづき、もう一度、検閲がおこなわれる。その第一四条に関連する命令の条文を二つ引用する。

「第二十五条 映画法第十四条第一項ノ規定ニ依ル検閲ヲ受ケントスル者ハ左ノ事項ヲ記載シタル検閲申請書正副二通ヲ検閲ヲ受クベキ映画及台本三部（中略）ヲ添ヘ内務大臣ニ提出スベシ

（中略）

第二十七条 映画法第十四条第一項ノ規定ニ依リ検閲シタル映画ニシテ左ノ各号ノ一ニ該当スルトキハ之ヲ不合格トス

一 皇室ノ尊厳ヲ冒瀆シ又ハ帝国ノ威信ヲ損スル虞アルモノ／二 朝憲紊乱ノ思想ヲ鼓吹スル虞アルモノ／三 政治上、軍事上、外交上、経済上其ノ他公益上支障ノ虞アルモノ／四 善良ナル風俗ヲ紊リ国民道義ヲ頽廃セシムル虞アルモノ／五 国語ノ醇正ヲ著シク害スル虞アルモノ／六 製作技術著シク拙劣ナルモノ／（後略）」

二度の検閲の一度目の脚本のみによる検閲は、映画の現物がないので、検閲官の安易な思いつきによる変更命令が出されやすかったのではないか。

「映画法施行規則」第二七条の禁止事項のリストについては二点をいっておきたい。

第一に、このリストの一と二は検閲の実態とかなりかけはれており、「出版法」「新聞紙法」の禁止事項の規定と平仄をあわせた作文ではないか。たとえば、「出版法」にはつぎの条文がある。(11)

「第十九条　安寧秩序ヲ妨害シ又ハ風俗ヲ壊乱スルモノト認ムル文書図画ヲ出版シタルトキハ内務大臣ニ於テ其ノ発売頒布ヲ禁シ其ノ刻版印本ヲ差押フルコトヲ得

第二十六条　皇室ノ尊厳ヲ冒瀆シ、政体ヲ変壊シ又ハ国憲ヲ紊乱セムトスル文書図画ヲ出版シタルトキハ著作者、発行者、印刷者ヲ二ヶ月以上二年以下ノ軽禁錮ニ処シ二十円以上二百円以下ノ罰金ヲ附加ス」

出版物のばあい、プロレタリア文学やマルクス主義理論の文献などで、これらの禁止事項を犯した例が沢山あっただろう。しかし、映画のばあい、皇室の尊厳を冒瀆した事例などほとんどなかった。わずかに、一九二五年（大正一四年）、横光利一の「日輪」を原作として衣笠貞之助監督の映画がつくられたおりに、古代における豪族の政治ドラマが、右翼によって不敬罪で訴えられた事例があるくらいである。衣笠は、かれの自伝のなかでその顚末をつぎのようにかきとめている。

「なにしろ、卑弥呼が神功皇后かもしれないという説があった時代のことだから、それを映画にするのは不敬だとでもいうのであろう。屋根の様式が伊勢神宮に類似するのは皇室を冒瀆する、といったような抗議内容であった。矢おもてに立たされた牧野（省三）さんは、めんどうがって、即時上映中止ときめてけりをつけたが、その後も難点とおぼしいところをカットして上映したらしく、地方の常設館で見たことがあるという人もあった(12)」。

なお、朝憲とは朝廷でたてた法規あるいは国家統治の根本となる法規をいう。憲法、国憲は同義語である。朝憲紊乱とは政府の転覆など国家存立の基礎となっている制度を侵害することである。一九三九年以降の時代に、朝憲紊乱を主張する映画作品など発表されるはずもなかった。

第二に、そうなってくると、さきのリストで実質的に機能するのは三と四、つまり、公安上の問題か風俗上の問題かになる。ここから、「映画法」が制定されても、内務省の映画検閲の実体には変更がなかったという内務官僚たちの判断が出てくる。ただし、かれらも一九四〇年以降は検閲の態度はきびしさを増したとはいう(13)。そのあたりの状況については、次節以降でふれる。

なお、内務省の映画検閲に関連する二つの事項に簡単にふれておきたい。

ひとつは内閣情報局による映画検閲についてである。日本の国家権力は、二〇世紀に入る前後から検閲を機軸にした各マス・メディアの取り締まりという消極政策を展開してきたが、一九三〇年代後半に入って軍国主義・ファシズムをめざす統一的な情報宣伝の積極政策を採用する。これらの消極政策、積極政策を総合的に担当した最初の機関が、一九三六年(昭和一一年)に発足した内閣情報委員会であった。これが翌年、内閣情報部となり、四〇年(昭和一五年)には内閣情報局に昇格する。情報局では、映画の検閲は第四部第一課の業務のひとつであり、同課の課長は内務省警保局検閲課長の兼任であった。映画のみならず、出版、新聞などについても、それぞれの取り締まり権、処分権をめぐって内務省は情報局と権限争いをくり返したが、ゆずることはなかった(14)。

二つ目は、映画業界の整理統合についてである。さきに映画統制委員会の成立、活動から官民合同の大日本映画協会の形成までに言及した。また、映画検閲と区別される映画国策の必要が提唱されたのもみた。すでに抄録した「映画法」の第一条、第二条、第一八条などは、その政策の法的根拠を準備するものであった。政府は、一九四一年(昭和一六年)九月、大日本映画協会をつうじて、それまで一〇社あった映画製作会社を三社に整理統合し、配給業務は一本化して社団法人映画配給社に担当させた。この背景には、映画フィルムの原料である生フィルムの国内生産量の低下、輸入量の激減があった。この整理統合は「臨戦映画新体制への躍進——情報局の一大決意」と当時美化されて語られたが、その後の歴史的経過をみれば、日本の映画産業の激烈な凋落のはじまりであった。なお、一九四五年（昭和二〇年）、大日本映画協会は映画配給社と合併して社団法人映画公社となっている。(15)

3　映画検閲官の自画像

内務官僚たちは映画検閲官となり、検閲の業務をどのように遂行したか。また、敗戦後、「日本国憲法」が全面的に否定する検閲という仕事をどのように正当化していたか。その一端をつたえる珍しい文章がある。大霞会編『内務省史』第二巻「第四章　警察行政」のうちの「映画の検閲」である。同書第四巻の「後記」によると、この文章の筆者は柳井義男、その経歴は「大正六年入省、警保局事務官勤務、同関東州庁長官」と記されている。関東州とは遼東半島西南端にあった日本の租借地である。柳井は、『続内務省外史』にも「映画統一検閲の始まり」という短文を発表しており、その冒頭に、内務省の映画検閲において「初代検閲担当事務官」として任命され、それから三年あまりその仕事に従事したといっている。(16)

内務省がおこなった映画検閲と映画国策についての柳井の見解を、五点に区分して述べてみる。

第一、映画検閲と映画国策を正当化するにさいしては、「タテマエ」でしかないにしても、映画のあるべき姿が提示されねばならない。柳井はつぎのように説いた。映画は、一面において「人類の思想交通の用具」であり、他面において「芸術的作品の性格」をもっている。映画は、社会生活への貢献として高く評価されるべきである。映画の「究極の目的」は「社会生活の平安」である。(17)この平安を損ねるものが「公安または風俗上、あるいは保健上いかがわしい内容のもの」であり、これらが検閲の対象となる。以下、公安上の理由、風俗上の理由として「映画法施行規則」の第二七条の禁止条項がほぼそのまま、ときには、ややくわしくいいなおされて、並べられている。

第二、つぎに検閲の実体は「映画内容の審査」である。これは「検閲の全部」といってよいほど大事なことである。査閲当務者は冷静な態度で映画内容の判断を誤まらぬように心がけなければならない。映画の価値を判断するにあたっては、通例、四つの観点があげられる。すなわち、第一に製作技術、第二に娯楽価値、第三に教化価値、第四に道徳的効果である。柳井はこれらの四つの観点に英語読みのルビを一々つけている。アート・オブ・プロダクション、エンターテインメント・バリュー、インストラクチーブ・バリュー、モーラル・エフェクト[18]。一読、私は笑ってしまった。このルビのふりかたは、私が記憶するかぎり、『内務省史』全四巻の記述でほかに例がない。なにを気取っているのだろうか。内務省の映画検閲は、国際的に通用する価値基準にもとづいておこなわれていたとでもいいたいのか。

笑ってしまったのは、文体の滑稽さのせいばかりではない。文意も、こうあからさまにかかれると、ひどくおかしい。さきの四つの価値をだれが正しく識別するのか。それらを正しく評価することができるのは、神あるいは神のような存在であろう。練達の映画人でも、最初の二つの価値の測定で手一杯にちがいない。映画製作にまったく素人の内務官僚が、なにを根拠に、これらの四つの価値を評価することができるというのか。私に、柳井が、査閲当務者であったかれは神あるいは神のような存在であったと真面目にいう。神と映画製作の素人である内務官僚＝人間の落差が私を笑わせる。検閲官とはまず滑稽な存在である。

第三、しかし、柳井の「映画統一検閲の始まり」は、当時の検閲の実情をつたえる貴重な資料である。やや長文を引用する。

「いよいよ事務を開始するとなると、まず、第一に、どこでやるか場所を決めねばならぬ。その当時、大手町の内務省庁舎は震災後のバラック建てで、適当な部屋もなく、また建て増しをするような余地もなかった。そこで馬場先門内の仮庁舎、もちろん、バラック建ての警視庁の一角を拝借し、検閲事務所を建てることの承諾を得た。

つぎに、一番大事なことは、検閲陣容の整備の問題である。とくに検閲官をどうするか。だれにでもやれるものではない。一人前に養成するには、どうしても二、三年はかかる。それでは間に合わない。そこで、現に地方庁で検閲に当っている練達の士を内務省に転属させるのが、一番効率的であり、かつ業界にも迷惑をかけることがないから、その方針で、お膝下の警視庁にお願いしてきてもらうことにした。

（中略）

また、事務処理の方法であるが、ご承知のとおり、映画は日銭を稼ぐ商売であって、一日一刻を争う製品をストップして置くということはできない。出来上がった『フィルム』は、すぐ検閲に廻して、上映館に送らねばならぬ。したがって、検閲事務も敏速でなければならぬ。上司のハンコをもらうために何日もかかるということは絶対に許されぬ。そこで、書類の決裁方法は、すべて担当事務官の代決事項として、査閲官から書類が回れば、私のハンコだけで内務大臣の検閲処分が発効できるようにした。

さて、査閲のやりかたであるが、大体は、一本の写真は一人の査閲官の査閲で済ませるが、少し面倒な写真になると、二人もしくは三人の査閲官の合検ということで決めることにし、それでも決めかねる内容のもの、または上映を禁止すべきや否やというようなものについては、担当事務官を加えた総検で、合議の上決めるというように慎重を期したのである。また、制限方法も、映画の筋（ストーリー）や大筋（プロット）を壊さないように、各場面（シーン）や画面（カット）の一部切除ですむように心掛け、つまり映画の興行価値をそこなわないように配慮を加えながら審査したのである」[19]。

内務省の映画検閲にかんするその後の主要な変化としては、一九三三年（昭和八年）に内務省の新庁舎ができたとき、映画の映写設備をもった検閲室が設置された。ついで、同年、地方庁の興業主任官会議を招集して、検閲にかんする事後取り締まり、中央と地方の連絡などにかんする打ち合わせをおこなった。また、一九四〇年（昭和一五年）には、内閣情報局が設置されて、映画検閲には情報局員も加わるようになったが、内務省が権限を同局にゆずらなかったのは、さきに述べたとおりである。なお、この年一二月に警保局に機構改革があり、検閲室はそれまで警務課に属していたが、それ以後は、検閲課に属することになった[20]。

第四、「映画法」の制定、映画国策の形成を必然的にしたのは、日本映画が不振をきわめていたからだと、柳井は述べている。これは次節以降の分析とも関連が深いので、ここで確認しておきたい。映画は「光の芸術」などといわれるが、日本映画の製作の実際では「駄作品ばかりが続出する有様」であるという。現実には戦前期の日本映画には多くの秀作、佳作があった。この威丈高な全面否定論は真実ではない。しかし、内務官僚たちは「映画法」と映画国策のために、そう強弁するほかはなかった。かれらによると、日本映画が駄作品ばかりなのは、わが国の映画市場が狭小なためである。アメリカと比較すれば、まず、一本の作品の複製の数がアメリカでは二〇〇本におよぶのに、日本では一五本ていどである。アメリカでは一本建て興行で、一本の写真が数週間、ばあいによってはそれ以上長期にわたって上映される。日本では二本建て興行で、一週間ごとに写真をとりかえねばならない。続映される作品はきわめて少ない。映画製作には多額の資金と長い時間がかかるのに、銀行は金を貸さない、時間には追われる、資金の回収はおくれがちである、これでは作品は質より量に走りがちで、乱作の弊から脱しきれない[21]。

第五、前項の現状分析からみちびき出される結論はつぎのとおりである。映画作品の質的向上、映画産業の健全な発展を望むならば、民間企業の自由競争を放任しておくべきではない。国家が映画界に適切な指導と統制をおこなうことが必要である。「映画法」は、この必要に応じるものであったと、柳井はいう。「『映画法』は……悪法では決してない。法第一条に示すように立法者としては、映画をして真の国民娯楽として、なおまた国民芸術として、将来の国民文化の向上のために大いに寄与しようとする発想から、この立案に着手したことは間違いない。そのことは法制定当時のわが国映画界の実状を具さに調べれば容易に諒解されることで、立法措置によって恒久的に国としての映画政策を劃定することを意図したことは明瞭である[22]」。問題は内務官僚によって、そのための「指導と統制」が可能であったか、である。それでは「映画法」にもとづく映画検閲と映画国策のもとでなにがおこっていたか。

4　映画監督の検閲体験（一）

内務省の映画検閲は、それをうけた映画人にとってどのようなものであったか。小津安二郎が、一九三九年（昭和一四年）に「お茶漬の味」という作品をつくろうとして、検閲にはばまれて、はたさなかったさいの体験を紹介してみる。これが被検閲体験の代表例であるという自信はないが、小津が現在では世界的名声をえている映画監督であること、これは有名な事件であること、資料が比較的入手しやすいこと、などをかんがえて、一事例とする。

小津は、一九〇三年（明治三六年）に生れ、一九二三年（大正一二年）、松竹蒲田撮影所に撮影助手として入り、助監督をへて、一九二七年（昭和二年）、二四歳で監督になっている。翌年から多数の短篇、中篇のコメディを量産した。一九三二年（昭和七年）から三四年（昭和九年）にかけて、「大人の見る絵本　生れてはみたけれど」「出来ごころ」「浮草物語」で、『キネマ旬報』ベストテン一位に三年連続入選して、「ひとつの名声の絶頂期」に立った。小津が二九歳から三一歳のころである。かれは、その後も、毎年、秀作を発表しつづけたが、一九三七年（昭和一二年）九月に陸軍歩兵伍長として召集され、中国に送られ、各地で戦闘に従事した。一九三九年（昭和一四年）七月に中国から帰還し、召集は解除された。[23]

三九年（昭和一四年）一二月、小津は監督復帰第一作のために、池田忠雄と共同して、シナリオ「彼氏南京に行く」を執筆した。これが「お茶漬の味」と改題されて、翌四〇年（昭和一五年）一月から二月にかけて内務省の事前検閲をうけたが、全面改訂するべきだと申し渡され、小津はそれを受け入れず、シナリオ自体を撤回してしまった。[24]このシナリオは、『映画之友』四〇年三月号（二月三日発行）に発表されており、現在、われわれはそれを同誌バック・ナンバーでよむことができる。[25]私は、一読して名品だとおもい、これが映画化されなかったのを惜しんだ。荒筋のみ紹介する。

四人の女たちがいる。千鶴、綾子、和子、節子。彼女たちは同じ女学校の卒業生で、やや年長の千鶴が未亡人で、綾子と和子は「同期の友達で若い奥さま、いずれもお金持ちの夫人」とシナリオの冒頭で紹介されている。節子は三人の後輩で、彼女のみ未婚。ストーリーの展開のなかで、千鶴も節子も「お金持ち」階級に属することがあきらかになる。千鶴、綾子、和子は遊び仲間で、芝居見物、職業野球見物、競馬、鮨屋の立ち喰い、亭主にないしょの温泉旅行、ときどき節子をひきまわしている。

綾子の夫、戸田茂吉は、「もっそりした」男で、日頃から彼女に軽んじられている。鈍感、野暮、歯切れがよくない、仲間も、彼女が夫を気に入らないのをよく知っている。夫が汁かけ飯をザクザク喰うのも、安煙草のバットを吸うのも、三等列車に好んで乗るのも、綾子は身震いするほどいやなのだ。かれが、うっかり汁かけ飯を食べたとき、綾子は逆上してしまう。茂吉は、もうやらないと謝まり、インチメイトな、もっとプリミティブな遠慮やていさいのない気安い感じが好きなだけだよと言い訳をするが、彼女は聞く耳をもたない。綾子は、翌日、置き手紙をして、千鶴といっしょに京都に遊びにゆく。車中、静岡のさきで、綾子に、茂吉に召集令状がきたことを告げる電報がとどけられた。彼女はそれをみて、手がふるえる。落ちつこうとして、煙草を吸おうとするが、手がふるえて、マッチがつけられない。綾子は名古屋から東京にもどってきて、夜の一一時ごろ、自宅についた。急いで二階に上る。

「二階、茂吉の部屋。

綾子が上って来てみると、

茂吉はスタンドを枕元につけ、いびきをかいて眠っている。随分と快い、のびのびとした眠りである。

綾子は立ったまま見ている。そっと傍に座って夫の寝顔を見つめる。見つめて茂吉の大胆というか、ノウノウさというか、それに圧倒されて、身動きもできないでいる。彼女はやがて、そっと蒲団の上、夫の胸のあたりに頬をつける。つけながら、夫の顔を見ている。

茂吉はいびきがとまって目をあける。」

妻は夫にすなおに侘びをいった。それから二人はお茶漬を食べる。茂吉はにこにこして食べる。それをみながら、綾子は涙ぐむ。

「茂吉「どうしたんだい？――泣くことはないよ。悲しいことじゃないんだもの」

綾子「いいえ、そうじゃないの……悪かったわ」

と切なく顔をおおう。

「何が」

「今まで、あたし」

「どうして？」

「分からなかったの……（下むく）ごめんなさい」

と涙をふく。

「あんた仰有ったわね。インチメイトな、もっとプリミチブな、遠慮やていさいのない気易さ……分かったの、やっと今」

「（胸せまるのを笑って）もういいんだよ。そんなこと」

茂吉が出征したあとの後日談。女四人が集まって喋っている。

綾子が、お茶漬を食べたあと、泣いたことを告白する。

「和子「へえ、珍しいわね、あんた泣くなんて」

千鶴「ワア〳〵？　シク〳〵？」

綾子「はじめシク〳〵あとからワア〳〵あやまっちゃったのいろんなこと」

和子「そしたら？」

綾子「もう何も云うなっていうのよ。だけどあたし云いたかったの。いろんなこと。……云おうとしたら、いきなりもう何も云うなって口ふさがれちゃったの」

一同「へえ？」とけげんな顔。

綾子「ひょっと見たら、あの人目になみだ一ぱいためてんの。……いや、泣いちゃいや……男のくせに、戦争へゆくのが……って云ったら、バカ！　分からないのか俺の気持って、いきなり一つぴしゃっとやられちゃったの」

和子「どこ？」

と、和子は甚だ気になる。彼女も一発なぐられたいらしい。

綾子「ここ（と頬をさし）力一ぱい……そんなことじゃない、うれしいんだ。お前と一緒になって、今日がはじめて……今日ほどうれしいことはなかったんだ。――っていうの、……そう、あたしもばかだったわ、ごめんなさい、今日はじめて分かるなんて、もう遅いんじゃない、ってワア〳〵泣いてあやまっちゃったの」

両人「へえ――」

綾子「そうしたら胸がすっとして体が軽くなっちゃったの」

両人は顔見合わせ、げんなりする。」

型通りの評言しかできないが、男女の関係、夫婦の関係の機微をついて、間然することない結びの旨さである。

さきにいったように、内務省検閲当局は、このシナリオにたいして、内容の全面改訂を要求してきた。戦後になってから一九五二年（昭和二七年）、小津はこのときのいきさつを、『東京新聞』の記者に、「当時の検閲官から『目出度い出征にお茶づけとは何事か』としかられてイヤになってやめてしまった」と語った[26]。このエピソードは以後、伝説化して語りつがれるのだが、それまで一度も活字になっておらず、小津の創作という可能性もある[27]。

このシナリオの拒否にたいする検閲当局の正式見解とみなせるものに、つぎがある[28]。『東京新聞』は一九四三年（昭和一八年）八月、「演劇も弾丸たれ、生産階級の糧たれ」という題の座談会を連載した。出席者は、高田保、中野実、寺沢高信、菊田一夫の四人で、寺沢は警視庁興行係主事の地位にある警察官僚であった。

「本社　小津安二郎が『お茶漬の味』という映画を企画して事前検閲で駄目になりましたが、あれは有閑女性が良人の出征で改心するという筋で、結末は相当よいと思いましたが……。

寺沢　そうですが、然し、それはきっと、有閑女性の生活なり感情なりが強く出て、従ってそれが興味の中心に置かれ、そういう生活は非国家的であるから排撃されるべきだという否定が弱かったという点に難色があったのではないでしょうか。

高田　有閑女性の、あの生活には何か魅力があるからね。

寺沢　所謂米英的な生活感情なり生活形態というものは、たとえ場面が僅かであっても、今日猶相当魅力を与えます。過去に於ける米英的影響というものが、如何に根強いものであるか、これによってもわかりますが、これは徹底的に払拭しなければならないと思います。然し理屈で米英的生活はいけないと否定しても、その人物が登場し、その場面が演じられると、否定よりもその生活の方が強い印象を観客に与えてしまいます。ですから、此辺の取扱いについては十分な注意が必要だと思います」。

以上から二点をいっておきたい。

第一。内務省の映画検閲は、一九三九年（昭和一四年）、小津安二郎が「お茶漬の味」という作品を創り出すのを妨害した。さきに、その荒筋のみを紹介したが、そのシナリオの全体を通読してみると、それがもし映画作品となったら、どんなに素晴らしいものになったであろうと、われわれは想像力をかきたてられるのである。内務省の映画検閲は、この妨害によって、日本映画史を飾ったにちがいない秀作の誕生を流産におわらせ、世界の映画文化に損失をあたえたのである。小役人のおかした罪の大きさ。戦後、一九五二年（昭和二七年）、小津は「お茶漬の味」のシナリオを野田高梧との共同執筆で改稿し、それにもとづいた映画作品を監督、製作した。そこでは、茂吉の出征は商用での南米出張にかえられた。戦死のおそれがある出征だから、ストーリーが緊迫し、綾子の改心にもリアリティがあるのだが、それを商用出張にしたのでは、作品そのものが失敗作となってしまったのも無理はない。(29)私は、小津が最初のシナリオによって映画化をおこなうべきであったと、素人考えではあるがおもうのである。

第二。警視庁興行係主事の寺沢の説明をみると、内務省の映画検閲が警戒しているのは、作品の主題、思想のありかたよりは、そこに描かれる風俗、気分のありかたであることがよくわかる。いわゆる有閑マダムの行状が「米英的」であり、それが国民に魅力的に感じられるから危険だ、非国家的であると排撃するべきだという。彼女たちの行状が「米英的」であるという当時は自明であった判断は、その時代を子どもなりにでも経験した私の世代までしか理解することができないのではないか。この「米英的」は、贅沢、華美、開放と同義語である。そういえば、「贅沢は敵だ」という標語が当時あった。これを「贅沢は素敵だ」といいかえた反抗の言辞があった。寺沢も、「米英的生活」がいけないと否定しても、それが国民を惹きつけてしまうと、悲鳴をあげるように述べている。

5　映画監督の検閲体験（二）

もうひとつ、黒沢明の検閲体験にかんする証言を見てみよう。黒沢が小津とならんで世界的名声をえた映画監督であることはあらためていうまでもない。ただし、こちらは、小津のばあいのように、一作品にかんする体験を集中的にかいたものではなく、五、六篇の作品についてえた検閲体験の記述である。黒沢には『蝦蟇の油――自伝のようなもの』という六八歳のときに刊行された作品がある。そのなかで、かれは、敗戦前後の内務省の映画検閲において、かれ自身が見聞した内務官僚の言動をヴィヴィッドに記録している。そこから三例を紹介する。

黒沢は、一九一〇年（明治四三年）生れであるから、小津の七歳年下になる。一九三六年（昭和一一年）に、P・C・L撮影所に助監督として入所した。映画界入りは小津より一三年おくれている。山本嘉次郎監督のもとではたらき、シナリオ書き、フィルム編集、監督・演出術をたたきこまれた。一九四三年（昭和一八年）、監督に昇格、最初の作品「姿三四郎」をつくっている。監督作品が内務省の検閲をうけたのは、第三作「虎の尾を踏む男たち」（一九四五年、昭和二〇年）までである。

第一。監督に昇格する以前から、黒沢は、沢山のシナリオを書いたが、検閲官たちは、なにかにつけて「米英的である」ときめつけ、反論には、感情的になって権力をふるった。黒沢が、「サンパギタの花」というタイトルのシナリオを書いたことがある。そのなかで、日本人が同じ職場のフィリピン人の娘の誕生日を祝ってやるシーンがあった。検閲官はそのシーンが米英的であると決めつけ、黒沢を詰問した。黒沢は、誕生日を祝うのはいけないことですか、と訊きかえした。検閲官は、誕生日を祝うという行為は米英的な習慣だ、いまどき、そんな場面を描くのはもってのほかだ、といった。

「これは、検閲官のくせに、私の誘導尋問にひっかかったのである。この検閲官は、バースデイ・ケイキを問題にしていたのに、ついエスカレートして、誕生祝いそのものを否定してしまったのである。

そこで、私は、すかさず、云ってやった。

するど、天長節を祝うのもいけないのですか。天長節は、天皇の誕生日を祝う、日本の祝日ですが、あれも米英的な習慣で、もってのほかの行為なのでしょうか、と。

検閲官は、真蒼になった。

その結果、『サンパギタの花』は、却下され、葬られた」(30)。

次元の低い揚げ足のとりあいという印象は拭いがたい。ただし、そもそもの原因は、内務官僚の低次元の難癖にある。黒沢はそれに止むをえず、応戦したに過ぎない。芸術的素養をまったく欠いた小役人が、検閲に従事すれば、こういうことになるほかない。検閲はおこなわれるべきではない。

第二。黒沢が第一回監督作品「姿三四郎」を完成したときのことである。当時は、第一回作品は内務省による監督の試験の対象としてとりあつかわれていた。試験官は検閲官であるが、そこに数人の映画監督が立ち会うことになっていた。この制度については、『内務省史』のなかには言及はない。黒沢の自伝で、私はその存在をはじめて知った(31)。

黒沢の監督試験に立ち会う映画監督は、山本、小津、田坂具隆の三人が予定されていたが、山本は都合で出席することができなかった。かれは、まえもって黒沢を呼んで、小津がいるから大丈夫だと励ましてくれた。黒沢が検閲官と仲が悪いということは、人びとがよく知っていた。試験の日、黒沢が憂鬱な気分で内務省の廊下を歩いていると、給仕の少年たちが三四郎ごっこをしており、三四郎の得意技「山嵐」の真似をしていた。かれらは、すでに試写をみたらしかった。

黒沢は三時間ほど待たされた。そのあと、始まった試験もひどかった。

「横に長くテーブルが置かれ、その向うに検閲官がずらりと居並び、その末席に田坂さんと小津さん、その横に給仕が坐り、みんな、給仕まで、コーヒーを飲んでいた。

そして、その前に一つ置かれた椅子に、私は坐らされた。

まるで、被告である。

勿論、私にはコーヒーなんか出ない。

（中略）

それから、検閲官の論告がはじまった。

すべて、例によって、米英的であるという論旨であった。

（中略。画面で男と女が出会っただけで、米英的であるとぐだぐだいう。）

私は、ちゃんと聞いていると腹が立つから、窓の外を眺めて、なるたけ何も聞かないように心掛けていた。

それにしても、検閲官の執念深い、棘のある言葉には、我慢しかねた」。

黒沢は、躍り上がって、椅子を投げつけたい衝動にかられる。一瞬、機先を制して、小津が立ち上がり、いった。

「百点満点として、『姿三四郎』は百二十点だ！　黒沢君、おめでとう」

小津は、不服そうな検閲官を無視して、黒沢に歩みより、お祝いに一杯やろうとさそい、その場を切り抜けた。[32]

第三。「虎の尾を踏む男たち」の撮影中に、日本は無条件降伏をして、敗戦となった。この作品は、一九四五年（昭和二〇年）九月に完成している。そうして、黒沢は、この作品について異議があるといわれて、内務省の検閲官たちに呼び出された。かれは、その呼び出された月日を書いていない。歴史的事実として、四五年一〇月一三日に内務省警保局検閲課は、保安課や外事課といっしょに廃止されている。[33] したがって、二つのばあいが可能性としてはかんがえられる。ひとつは、一〇月一二日までの廃止される以前の検閲課に呼び出されたか、いまひとつは、一〇月一三日以降、GHQの検閲の下働きをするようになった検閲課の残党に呼び出されたか。武井昭夫はあとのケースをあったものとしてかんがえている。[34] 私も、それが事実であるとおもう。[35]

「……奴等（元検閲官）は、まだ威張るのをやめられず、高飛車に私を詰問した。

『この〝虎の尾――〟という作品は何事だ。日本の古典的芸能である歌舞伎の〝勧進帳〟の改悪であり、それを愚弄するものだ』

（中略）

この奴等の詰問に対して、私は次のように答えた。

『〝虎の尾――〟は、歌舞伎の〝勧進帳〟の改悪だ、と云われるが、私は、歌舞伎の〝勧進帳〟は、能の〝安宅〟の改悪だ、と思う。

また、歌舞伎を愚弄するものだ、と云われるが、私にはその意志はないし、どこがその愚弄に当るのか、さっぱり解らない。その点について、具体的に指摘してもらいたい』

検閲官一同、暫く黙っていたが、その一人が次のように云った。

『〝勧進帳〟にエノケンを出すこと自体、歌舞伎を愚弄するものだ』

私『それはおかしい。エノケンは立派な喜劇俳優です。それが出演しただけで、歌舞伎を愚弄した事になる、という言葉こそ、立派な喜劇俳優のエノケンを愚弄するものである。喜劇は悲劇に劣るのですか。喜劇俳優は悲劇俳優に劣るのですか。ドン・キホーテのお供にサンチョ・パンサという喜劇的な人物がついているが、義経主従にエノケンの強力という喜劇的な人物がついていて、何故、悪いのですか』[36]」。

書き写していて、黒沢の火を噴くような雄弁は痛快であるが、一方的にいいまかされる内務官僚たちが気の毒にもなってくる。五年後には、「羅生門」をつくって、ヴェニス映画祭を制し、グランプリを獲得する天才監督は、このとき三五歳であった。さきの科白のあと、黒沢がいかに小気味よく検閲官たちにとどめを刺したか。関心がある読者は、かれの自伝に直接あたられたい。検閲官たちは卑劣な報復をした。すなわち、GHQに讒言して、「虎の尾を踏む男たち」を上映禁止処分とさせたのである。GHQの映画部門の担当官がこの作品を実際にみて、上映禁止を解除したのは三年後のことであった(37)。

おわりに

戦前期の日本国家において、内務省は「役所のなかの役所」といわれた。現代風にいえば、「政府のなかの政府」か。そこではたらく内務官僚は、大蔵官僚と並んで官僚のなかの官僚として認められており、国家官僚のなかでもとくに有力な存在であった。相対的にみて、内務官僚には優秀な人材が多かった。内務省の通史をかいた私は、それをよく識っている。それにしては、この論文に登場する内務官僚たちはあまりにひどい、滑稽、卑小な存在でしかない。これはどういうことだろうか。仮説構成的にいえば、二つの説明がかんがえられる。

第一。映画検閲は、本文中でも述べたように、警保行政のなかで後発の領域であり、先行する領域に比較して、重要性がとぼしいとみられていたのではないか。そこに投入される人材も、内務官僚としては二流、三流の人びとであった。これをきちんと証明することは困難であるが、傍証を二、三ひろうならば、本文中では、柳井が、統一的な映画検閲の始まりにあたって、内務省には実務にあたる係官がいなかったので、地方庁(警視庁)ではたらいていた連中を引き抜いたといっている。また『内務省外史』の「内務属は語る」におさめられた松尾英敏の談話をみると、映画国策の実務は消防と警察の制服の変更や性具の取締りと並べられて、内務行政の傍流であったらしいと推察される。(38) それは、高等文官試験の合格者たちが才腕をふるう場ではなかったようである。これによって、内務省の映画検閲は、二流、三流の小役人が映画人いじめをする機会になりはてたのではないか。

それにたくらんでやった訳ではないが、論文の後半で映画監督の検閲体験を紹介しているが、そこで例とされたのが、小津安二郎と黒沢明である。かれらは当時すでに国内で優秀な監督として知られていたが、のちに世界的名声をえた。そのかれらが執筆したシナリオや監督した作品を、検閲官たちは、芸術作品の評価という観点からみればまったく見当違いの見方や一知半解の知識によって批判している。検閲官たちのひとりよがりの滑稽さ・卑小さの印象が増幅されざるをえない（黒沢は、「虎の尾を踏む男たち」にたいする元検閲官たちの罵倒ぶりを、私が紹介した以上にくわしく記録しているが、それを読んだとき、私は、その威丈高さに小林秀雄の亜流を感じた。元検閲官たちのなかには、文学青年くずれや映画青年くずれがいたのではないか。そのかれらの劣等感が、映画界にさっそうと登場した黒沢に向けられ、罵倒のはげしさになったという解釈はどうか。柳井が『内務省史』のなかで日本映画は駄作ばかりといいはっていたのも、この解釈によって説明可能である）。

第二。もうひとつ、映画検閲のみならず、検閲一般がもつ、それに従事するひとの人間性をそこね、かれを卑しくするという働きがある。こちらは、多少、原理的なところからかんがえてゆこう。「大日本帝国憲法」（旧憲法）は、「第二章　臣民権利義務」において、つぎのように規定した。「第二十九条　日本臣民ハ法律ノ範囲内ニ於テ言論著作印行集会及結社ノ自由ヲ有ス」。言論以下の自由を、現代風に表現の自由といいかえておこう。この条文の論理においては、表現の自由と法律の範囲内への制約という二つの力が対立している。その関係において、制約の力が強ければ強いほど、自由は弱くなり、極限的には消滅してしまう。この事情によって、「映画法」による検閲のもとで、小津の旧稿「お茶漬の味」も、黒沢の「サンパギタの花」も、映画化されることがなかった。この自由の圧殺は権力の犯罪である。これを認めて、「日本国憲法」（新憲法）は、「第三章　国民の権利及び義務」の第二一条で「集会、結社及び言論、出版その他一切の表現の自由は、これを保障する。／検閲は、これをしてはならない」と明示的に禁じた。

独裁権力のもとで、表現の自由にたいする検閲はつぎのようにしておこなわれる。(1)独裁権力は、その行為を正当化し、その行為に民衆の協力を動員し、その行為への批判を封じこむために、検閲をおこない、表現の自由をくり返し迫害・圧殺する。(2)その検閲の実務は、権力の手足となりきった特定の官僚制組織とそこに所属する検閲官たちによっておこなわれる。(3)検閲官たちは検閲の実務にしたがいながら、表現の自由の圧殺などが正当であり、正義であるという価値意識をもつにいたる。(4)この価値意識は、基本的人権から人間性一般、人間の生命までにたいする攻撃、破壊の衝動へと拡大する傾向がある。その結果、検閲官たちは程度の差こそあれ、非人間化し、その人間性を喪失したのであった。

（1）佐藤忠男『日本映画思想史』三一書房、一九七〇年、四五三―四五四ページ。
（2）同右、六七―七四ページ。
（3）「活動写真『フィルム』検閲規則」「フィルム検閲手続き」内川芳美編『現代史資料40　マス・メディア統制1』みすず書房、一九九一年、六―九ページ。「映画法」「映画法施行規則」内川編『現代史資料41　マス・メディア統制2』みすず書房、一九八五年、二三四―二三六、二五一―二五九ページ。なお、「映画法施行令」「手続様式」はつぎでみられる。不破祐俊『映画法解説』大日本映画協会、一九四一年、「附録」五、一五―二四ページ。
（4）大霞会編『内務省史』第二巻、地方財務協会、一九七〇年、七三八ページ。

（5）同右、七三七―七三八ページ。
（6）「活動写真フィルム検閲処分の内容」前掲『現代史資料40　マス・メディア統制1』二一一―二一八ページ。
（7）一九二六年（大正一五年）八月、千葉県の寒村でおこった殺人、傷害、放火事件。事件発生は最初は新聞で小さな記事で報じられたが、犯人が山中に逃れ、警察官を大動員した捜索の網の目を巧みに避けて逃亡をつづけていることがあきらかになるにつれ、読者の関心はたかまっていった。犯人は岩渕熊次郎（三四歳）通称・鬼熊、三男二女の子どもをもつ荷馬車引きであった。犯行の動機が、情婦をめぐる恋の遺恨と単純だっただけに、部外者は中立を守っていれば、危害をくわえられることはなかった。村を中心にして神出鬼没の鬼熊の動きに世論はわいた。しかし、捜索当局が遺恨の相手を千葉市に避難させると、あきらめた鬼熊は、自宅附近の先祖の墓所で、さし入れられた毒入りのにぎり飯を食べ、剃刀でのどを切って自殺した。その後、実兄、義兄、弁当を運んだ友人の消防団員などが犯人隠匿などの罪で処罰された（『昭和史事典――事件・世相・記録』講談社、一九八四年、四五ページ）。
（8）大正末期から昭和初期にかけて、活動写真フィルムの検閲にかんする公文書において、フィルムの種類は、「実体画」、「描画」、「混合画」に三分されていた。ただし、数量としては、実体画が大部分であった。大正一五年、昭和元年の一年間で、制限（改訂・土地的制限・および切除）の件数は、実体画一、七九八、描画五、混合画四、である。前掲「活動写真フィルム検閲処分の内容」二一四ページ。
（9）「映画統制委員会関係記録」「映画統制委員会設立経過記録」前掲『現代史資料40　マス・メディア統制1』二六一―二六七ページ。
（10）佐藤忠男、前掲書、四五九ページ。
（11）「出版法」編集代表・我妻栄『旧法令集』有斐閣、一九六八年、六五ページ。
（12）衣笠貞之助『わが映画の青春――日本映画史の一側面』中公新書、一九七七年、四四―四五ページ。
（13）前掲『内務省史』第二巻、七四四ページ。
（14）内川芳美「解題」前掲『現代史資料40　マス・メディア統制1』xxiii―xxxiページ。

(15) 前掲『内務省史』第二巻、七四四—七四五ページ。
(16) 柳井義男「映画統一検閲の始まり」大霞会編『続内務省外史』地方財務協会、一九八七年、四五ページ。
(17) 前掲『内務省史』第二巻、七三九、七四一ページ。
(18) 同右、七三九ページ。
(19) 前掲「映画統一検閲の始まり」四五—四七ページ。
(20) 前掲『内務省史』第二巻、七四四ページ。
(21) 同右、七四一—七四二ページ。
(22) 同右、七四五ページ。
(23)・(24) 佐藤忠男「小津安二郎年譜」『完本小津安二郎の芸術』朝日新聞社、二〇〇〇年、六一〇—六一七ページ。
(25) 池田忠雄・小津安二郎「シナリオ　お茶漬の味」映画世界社『映画之友』三月号、一九四〇年、一三六—一四八ページ。
(26) 田中真澄編『小津安二郎戦後語録集成——昭和二一(一九四六)年—昭和三八(一九六三)年』フィルムアート社、一九八九年、一一三ページ。
(27) 同右、四三七ページ。
(28) 「演劇も弾丸たれ・座談会・生産階級の糧たれ(八)」『東京新聞』一九四三年八月一九日。
(29) 前掲『完本小津安二郎の芸術』三八七—三八八ページ。
(30) 黒沢明『蝦蟇の油——自伝のようなもの』岩波現代文庫、二〇〇一年、二二七—二二八ページ。
(31) 同右、二五一ページ。
(32) 同右、二五一—二五三ページ。
(33) 「年表」大霞会編『内務省史』第四巻、地方財務協会、一九七一年、二〇七ページ。
(34) 武井昭夫『戦後史のなかの映画』スペース伽耶、二〇〇三年、一八ページ。

(35)　前掲『蝦蟇の油』二七一ページのつぎの文章に示唆をえている。「今や、検閲官連中には、とやかく云う権限はない」「さすがに、検閲官は内務省を引払って、別の場所に集っていたが」。
(36)　前掲『蝦蟇の油』二七二ページ。
(37)　同右、二七三ページ。
(38)　「内務属は語る」大霞会編『内務省外史』地方財務協会、一九七七年、二六三―二六四ページ。

7章 内務省の台湾統治
後藤新平による実践と批判

鍾 家 新

はじめに

日本は台湾を日清戦争の戦勝の結果として中国から割譲させた。台湾統治を管轄した日本の中央官庁は時期によって異なったが、内務省は一八九七―一九一〇年、一九一三―一九一七年、一九四二―一九四五年という三つの時期に管轄していた。内務省は内地行政だけではなく、〈海外〉の植民地経営も管轄していたのである。内務省の多くの官僚は台湾統治にかかわった。台湾統治を担当した日本の政治家のなかで、後藤新平は著名な内務省関係者の一人であり、台湾に赴任する前は内務省の衛生局長であった。後藤は赴任する以前の内務省による台湾統治策の欠陥を見抜き新しい諸政策を実施した。台湾統治を効果的に遂行できたのは、彼の行政的才能以外に、中国社会・中国文化・中国人の〈国民性〉に対する鋭い認識があったからである。本章は、後藤からみた日本にとっての台湾統治や植民地経営の位置づけ、日本の台湾統治の骨格になる新しい諸政策、台湾統治をめぐる彼の中国認識を中心に探究するものであり、そして、彼の台湾統治策が事実的にそれまでの内務省による台湾統治策への批判であったという認識を示したい。

1　拡張する日本にとっての台湾統治の位置づけ

(一)　日本の永久国土としての台湾

当時の世界において、列強の一国として認められるための重要な標識の一つは植民地の領有と経営であった。「脱亜入欧」は明治維新以降の日本の大国化の国家戦略であり、日本の近代化は列強の模倣から始まった。そして、欧米の社会制度、産業技術、生活様式だけを輸入・模倣するのではなく、植民地の領有もその重要な模倣対象となった。日清戦争以降、日本ははじめて台湾という植民地を領有することになった。台湾は日本の植民地かそうではないのかという位置づけに関して、日本政府も態度を決めかねていた。たとえば、一八九六年、当時外務次官兼台湾事務局委員であった原敬が「台湾問題二案」を提出したことはその一つの現れであった。

「甲　台湾ヲ殖民地即チ『コロニイ』ノ類ト見做スコト

乙　台湾ハ内地ト多少制度ヲ異ニスルモ之ヲ殖民地ノ類トハ見做サザルコト」(1)。

原は乙案を良いと薦めた。つぎの二つの主な根拠が挙げられていた。①地形的に日本に近く船舶による通航が頻繁であること。②欧州諸国の植民地統治での異人種支配と異なる。つまり、日本人と台湾の中国人とは同一人種であること(2)。結果的には、日本政府は「台湾総督府」の支配の下で台湾を永久の国土として植民地経営を行った。

原が主張した①は、それほど有力な根拠ではなかった。②は台湾の中国人と日本人との同化を主張するための人種思想の活用であった。日本の知識人などエリートたちは、植民地支配を正当化するため、台湾領有後、日本人の母を有した英雄・鄭成功の存在をもてはやし強調したり、朝鮮半島を占領してからは、「日鮮同祖論」を主張したりしていた。満州占領後は「日本人と中国人は同種同文」だと宣伝した。しかし、明治維新以降、日本人のアイデンティティの確立は、福沢諭吉などが提唱するような、朝鮮人・中国人との差別化によって進められてきた。「日鮮同祖論」も「同種同文論」も、植民地統治や同化政策を遂行するための戦略的な政治用語と外交辞令にすぎなかった。

(2)　日本帝国の「練習地」としての台湾

後藤が台湾民政長官として赴任した一八九八年頃、台湾統治は困難が余りに大きいから、台湾を一億円で売った方がいいという議論もあった(3)。買う国としてはフランスが噂されていた。しかし、これは日本政府のただのポーズであった。日本帝国の将来にとって、台湾の価値は勿論はるかに一億円を超えていたからである。台湾統治の位置づけは日本にとって国内政治であるのみならず、国際政治の問題でもあった。それは当時の台湾統治を実行した日本の政治家の中国認識にも深く関連していた。第二代台湾総督桂太郎のつぎの意見書の一部を見てみよう。

「清ノ老朽積弊ハ、永ク其版図ヲ維持シ能ワザルハ、列国ノ既ニ環視予想スル処、特ニ二、三ノ強国ハ、遼東還付ノ報酬トシテ、将ニ彼レガ財政ノ権力ヲ占得セント務メ、其政策着々視ルベキ者アリ。一朝清ニシテ事端ヲ開カンカ、強国ハ競テ彼レガ境土ニ割拠シ、以テ多年ノ欲望ヲ達セントス(4)」。

つまり、当時の中国は老朽化し、列強に分割されることはもう時間の問題だとみていた。後藤を抜擢した児玉源太郎も後藤もほぼ桂に近い中国認識をもっていた。

後藤からみれば、中国文明はインド文明と同様であり、その栄光は既に古い世界に属し、民族として勃興する力はもはや存在しない。ここまで衰えてきた中国が分裂して滅亡しないこと自体が世界の不思議な現象の一つである。その原因は何か。家族生活や迷信というものが根底にあり社会道徳を支配するまでに至っているがために国家が維持されているのである(5)。後藤は、衰亡の国運にある中国民族に対して、「抑々大和民族、日本民族は如何なる民族であるか。其の始める八大洲（日本国）を開拓し、統御すべき使命を帯びて、高天原より天下つたところの民族である。八十梟師もろもろの蝦夷共を風化し、遂に日本帝国を創建したる優強民族である」と自負した(6)。

そして割譲させた台湾はあくまでも日本帝国の植民地経営の練習地にすぎなかった。「台湾ハ内容ニ於テハ植民地、其実シカモ帝国唯一ノ植民地、否植民統治ノ練習地ナルベシ(7)」。日本の領土は台湾にとどまるのではなく、いつかは「南清」（南中国）と南洋諸島に日本勢力を拡大することになる。すなわち、台湾は日本帝国の領土拡大の踏み台と位置づけられた。その後の東アジアの歴史の展開をみると、日本政府は後藤の構想に近い国家戦略を進めることになった。

（3） 拓殖務省の設置に関する意見

後藤が赴任した当時の台湾総督府は内務省台湾課の管轄下にあった。彼からみればその行政管轄の仕組みは台湾統治にふさわしくないと考えられた。一九〇〇年一二月、台湾総督を兼任しながら陸相に就任した児玉は上京し、後藤の創案である「拓殖務省設置ノ意見」を伊藤博文首相に提出した。後藤は台湾統治の経験を踏まえて、統治を円滑に行うためには当時の内務省台湾課を廃止し、中央政府に植民地統治を管轄する「拓殖務省」を新設し、台湾総督は国務大臣も兼任するべきであるとつぎのように提案した。

「今此一省ヲ設置スルニ就テ、制度及ビ経費上ノ実際ヲ開陳センニ内務省ノ台湾課ヲ廃シテ之ヲ新設ノ省ニ移シ、今日外務省ノ管理ニ属スル移民其他植民事務ヲ之ニ併セ、且ツ帝国植民政策ノ主動地タル台湾ノ経営ニ就キテハ、台湾総督ヲシテ其責任ヲ全ウセシメンガ為メニ、台湾総督ヲシテ国務大臣ヲ兼摂セシメ、憲法上台湾経営上ノ責任ヲ負ワシムルト同時ニ、帝国一般ノ植民政策ヲシテ、台湾ノ経営ト背馳スルコトナカラシメンヲ期セザルベカラズ(8)」。

「拓殖務省設置ノ意見」で主張した設置の主な理由はつぎのとおりである。

①列強間の競争は苛烈なものであり、植民地経営の成否は国家の盛衰興亡に関わる大問題である。「帝国ノ国是ハ、一ノ台湾統治ヲ以テ満足スベキニアラズ(9)」。②現行制度では台湾統治の監督官は内務大臣であり、大日本帝国憲法における責任者も内務大臣である。台湾統治の部門は日本国内の府県行政を管轄する内務省の一隅に置かれ、その部門は小さすぎて台湾統治のためにあまりに非力である。③広大な権限をもつ台湾総督の行政に関する決断が内務大臣によって左右されている。台湾総督府が経営しようとした事業が内務省の同意を得られなかったり、経営している事業が内務省によって阻止されることがあった。官吏の起用に関してもそういうことがあった。④英国のインド行政官は優秀な官僚を起用した。これに対して、台湾に転出する官吏は劣等者と誤信されている。「現ニ監督官庁タル内務省ニ於テ、尚台湾官吏ハ尋常一様ノ人物ヲ以テ足レリトスルノ妄想ヲ懐ケルハ、思ワザルノ甚シキナリ。蓋シ此誤信妄想ハ実ニ台湾統治ヲ妨害スルノ一大病源ト謂ウベシ(10)」。結果的には、後藤の提案は実現されなかったが、前述した諸見解は彼の内務省への鋭い批判であった。

（4） 福建へ日本勢力を拡大する企て

台湾と廈門は距離的に近く人的交流も頻繁であった。台湾統治の様子は廈門など福建の人々の民心に影響する。台湾統治の成功かどうかは南中国で日本勢力を拡大することができるかどうかに直結し、他方、廈門など福建での日本勢力の浸透の深さ・評判も台湾統治の成否に影響する、と児玉源太郎と後藤などは考えていた。彼らは「北守南進」の日本の対中国家戦略に立って、廈門から南中国に日本の勢力を拡大していこうと計画していた。まず朝鮮半島で日本の勢力を拡大した手法を使って、台湾銀行廈門支店の設置や潮汕鉄道敷設権の獲得などの経済活動を通して福建・広東などでの勢力を伸ばそうと企てていた。しかし、後藤が台湾を去ってから、潮汕鉄道敷設の件も対岸経営の機関であった「三五公司」の事業（樟脳事業・植林事業など）も結果的には清国に取り戻された。

老朽化する清国は列強の植民地と半植民地になった。国力が沈下する清朝政府にとって「以夷制夷」（列強を使って列強を制する）という策しか残されていなかった。この策を使えば一列強のみが中国全土を植民地にすることは不可能だと考えたからである。「以夷制夷」という策は日中戦争の時期まで使われた。一九〇〇年から一九〇一年にかけての「北清事変」（義和団事件）のとき、後藤は事変を利用して廈門に出兵しようと企てていた。これは「廈門事件」と呼ばれた。当時の福建周辺などは英米の勢力範囲であり、廈門に出兵すれば必ず英米との利益衝突が起こるとみられていた。廈門に出兵する直前、日清戦争後の遼東半島割譲の件で三国列強からの干渉を経験した伊藤博文は、日英同盟を重んじ英米などとの衝突を避けるために後藤の廈門出兵の〈独走〉を食い止めた。

しかし、伊藤が暗殺されてから、中国などを占領していた現地日本軍司令官の〈独走〉を食い止める日本の中央政府の政治家がいなくなり、中央政府も現地日本軍司令官の〈独走〉を追認する事件が多くなった。

(5)　日本色と日本文明の顕示の必要

「植民的行政ノ成敗ハ、各国ノ競争スル処ニシテ、其成功ハ実ニ輓今ノ帝国主義発展ノ一大要タリ(11)」。台湾を日本の永久の領土にするための統治の遂行には忍耐力と長い時間が必要だと後藤は強調していた。植民地経営に当たっては、「更ニ一層必要ナルハ堅忍不抜数世間ニ亙ルモ退色ナキ耐忍力ナリ。英人ニ在リ、仏人ニ乏シ。植民地自営迄数十年ヲ要ス。英ハ植民ヲ重ヲ置キ、仏ハ之ヲ第二次ノ事トス。露ハ之ヲ百年ノ業トス。吾人之ヲ少クモ廿五年間ハ最急ノ務トシ、国是トセザルベカラズ(12)」。

台湾を日本の永久の領土にするには、日本軍の武力だけでは限度があり、日本色あるいは日本の先進性を台湾民衆に示す必要がある。高い漢文の教養を有しそれゆえ中国人の心理をよく理解した後藤も当然その必要性を分かっていた。同じ儒教文化圏にいる台湾民衆には日本文化の特色を極めて示しにくい。「人文の発達は未開国と文明国との等差のある程植民国としては、植民地を持つのに利益である。然るに日本人と支那人、此間に於ては非常な大差がない。又日本人と朝鮮人とも其通りであります(13)」。

台湾の民心を宥めるため、後藤は台湾の知識人に呼びかけ、漢詩を作ったりする「揚文会」を組織した。その会合の公的場面で、彼は語った。「支那は世界の旧国にして、文物の開けたるは吾が国よりも久し。大聖孔子の如きは、百代の師表にして、恵みを後世に垂る(14)」。これに対して、日本には万世一系の天皇家があることと、日本は海外の良い文化を取り入れる能力が高いと主張した。

彼と親交があった徳富蘇峰も同じ考え方をもっていた。「日本は支那に向かって、何等誇るべきものを持たなかった。何を以て支那と比較しても、日本は勝目がなかった。勝目どころではない。全く問題にはならなかった。然るに唯一つ支那になくして、日本に存在するものがあった。それは万世一系の皇室である(15)」。

一九〇〇年四月、福建訪問のとき、後藤は現地の清国高官・楊提督に日本文明の模倣を勧めた。「日本ノ文明ハ、即チ西洋各国ノ粋ヲ抜キ、是ヲ東洋ノ文物ニ応用シタルモノナルヲ以テ、就中兵備、警察制度ノ如キ、比較的費用ト労力省クヲ得ルノミナラズ、我東洋ノ民度風俗ニ適切ナルヲ以テ、貴国ノ如キ、我制度ニ模倣スルアラバ、所謂他力ニヨリ、文明ノ効果ヲ利用シ得ルモノニシテ、経済其他ノ点ヨリスルモ、至極適実ナルベシ(16)」。先進的な制度・技術の模倣は近代化の早道だと後藤は指摘した。その上、日本の武官の雇用も勧めたが、楊提督に社交辞令でかわされた。

後藤は鉄道の敷設、海港の構築、水道の整備、産業の発展などの可視的な成果を挙げることが台湾統治の上策だと考えていた。台湾民衆は中国のほかの民衆よりも、世界のほかの民衆よりも「幸福」かどうかが日本の国益にも繋がる。欧米の植民地統治は宗教を使って〈土人(17)〉の〈文明化〉をはかってきた。これに対して、日本は台湾で文明化のために利用できる宗教がないために、内地の医者を宣教師の代わりに利用すべきと主張した。特に重要なのは日本語の教育である。日本語の教育によって台湾人に対する日本人の優位性を確立することができ、威信を高めることに繋がると提案した。

2　中国の〈伝統文化〉と〈国民性〉を生かした台湾統治策

一九世紀後半以降、中国での日本研究と比較すると、日本での中国研究は量が多く質も高かった。日本人の意識では、清国はすでに裸の衰弱老人のような存在であった。しかし、それでも、それまでの内務官僚たちがつくった台湾統治に関するプランは机上の空論に過ぎないと後藤は感じ、新聞で台湾統治を論評する記者を「虱のような奴だ」と罵っていた(18)。彼は台湾統治を有効に遂行するため、中国の〈伝統文化〉と中国人の〈国民性〉に関する徹底調査を指示した。そしてその調査の結果を活用して多様で有効な台湾統治策をつぎつぎと考案した。清国の「以夷制夷」(列強を使って列強を制する)に対して、後藤は「以華制華」(中国文化・中国人を使って中国を制する）という方法を多く使った。以下、その妙計のいくつかをみてみよう。

（一）台湾の「阿房宮」と台湾の「皇帝」

一般に統治者は自分の才能の〈高さ〉、心の〈広大さ〉、血統の〈よさ〉などを民衆に分からせるために長い時間を必要とする。しかし、支配のために、民衆に自分の〈偉大さ〉を短い時間でみせつける必要もある。人類の歴史において国境・時期を超えて支配文化は、豪華さと高貴さを演出する粉飾文化である。古代秦の始皇帝から清の最後の皇帝までの宮殿、巡視する時の警備・馬車・轎《きょう》（人を乗せかついで運ぶ中国の伝統的な乗物）・服装など、民衆に見せるあらゆるものは豪華で高貴さを示すものであった。たとえ山賊でも皇帝になれば、「無知」の民衆に自分は高貴な人間だと見せることに腐心してきた。地方の王侯は皇帝の豪華さを超えないように神経を使ってきた。日本でも明治維新以降、天皇に関わる皇居、巡視する時の警備・馬車・轎・服装などはさらに一段と洗練された豪華さと高貴さを示すものとして工夫されていた。巡視するさい、天皇の豪華さと高貴さを日本国民に見せるための演出に内務官僚も多く貢献していた。

政治的支配と中国の「皇帝文化」の本質を見抜いた後藤が、時間がかかる台湾の近代化政策を実施する前に、台湾赴任の直後、まず着手したのは豪華な総督官邸の造営であった。台湾はもう清国の領土ではなく、清国の皇帝に気を使う必要は全くなかった。台湾は日本の植民地であるため天皇の宮城を超えない豪華ささえ示すことができればよかった。出来上がった総督官邸の豪華さは児玉や日本から来る人々を驚かせた。それは台湾の「阿房宮」（秦の始皇帝の宮殿）と呼ばれた。児玉は最初用意された豪華な総督室を「遠慮」し、民政長官室を使った。

台湾にきたある帝国議員は東京の大臣官邸を超えた民政長官室の豪華さに驚き、贅沢さを批判した。後藤は彼を高圧的な態度で押さえ込んだ。後藤はいう。「台湾総督は我国の南方経営の王座である。その官邸は善美を尽くすべきである。我輩は直属のオペラを設けたいと思ったのであるが、それは時節柄遠慮したのである。これくらいの官邸をかれこれ言うは、我が南方経営を解せぬものの言である[19]」。後藤はまたつぎのように正当化した。「言ふまでもなく歴史上清国官吏の尊大に依りて統治されたる。彼等に臨む。如何に威信を保つの必要なる乎。又新版図の経営に対し、各国は如何に尊大に建築其他の方法を講じつゝあるかを国民の承認するに至りしは、尤も喜ぶべき現象なりとす[20]」。

児玉が台湾を巡視するとき、勲章をたくさん着用し、北京から取り寄せた清国の「大官」（高官）が乗る轎に乗り、前後に騎兵隊を同行させた。まさに「台湾皇帝」の巡視の風采であった。これも後藤が演出したものであった。台湾民衆の生殺与奪の権限をもつ台湾総督は台湾の「土皇帝」（田舎の皇帝）のような存在であった。後藤が児玉、桂、伊藤など同時期の大政治家に好まれたのは、彼の抜群の行政的才腕以外に上司を歓ばせる才能もあったからである。

（2）　台湾の旧慣回復と旧慣調査

一八九八年、後藤が台湾民政局長として推薦されたとき、彼の才能を疑問視する人も周辺にいた。当時の井上馨蔵相はその一人であった。そのため、後藤は台湾統治の方針を事前に示すための「台湾統治救急案」を書き、伊藤首相・児玉第三師団長・井上蔵相に提出した。赴任後、後藤はその「救急案」を実施した。

その「救急案」のなかで、後藤はそれまでの内務省による台湾統治のやり方に関して主に二つの問題点を鋭く指摘した。(1)台湾の民情に鈍感であり、自治の良習を破壊した。科学的政策の効果を利用する勇気もない。そして〈土人〉の民心を一歩一歩失った。『水滸伝』の遺風がある地域の人民に日本内地においても行いにくい繁雑な新政を施行するのはそもそも誤りである。(2)台湾の日本人官吏は、経験のない書生、新聞記者、内地で排斥された者が多数を占めているので、〈土匪〉の反抗、外国人の苦情、〈土人〉の軽蔑を招くのは理由があることである。

そして、後藤は台湾統治に関して主につぎの七つの対策を提案した。①〈堡庄街社〉（郡市町村）等の旧来の自治制度を回復する。②生活全般を管理する広義の警察制度を確立する。③警官に最下級の裁判を行わせる制度を設ける。④外債を募る。⑤アヘンは少なくとも今後三、四〇年間台湾の有力な財源にする。⑥鉄道、築港、水道、下水等を敷設し、清国沿岸とつなぐ航路を拡張する。⑦外国新聞に台湾政策への賛成を表させ、これを漢字新聞、台湾新聞に翻訳させ、〈土人〉の教化に利用する。(21)

一流の政治家になるための条件としては善良さだけでは不充分であり、「悪」の要素が不可欠である。前述の後藤の諸策の中で、③、⑤、⑦は一流政治家になることができる「悪」の要素を十分に備えていることを示している。つまり、③警官に最下級の裁判を行わせる制度を設けることによって、警官がいつでもどこでも自分の「裁判」で〈土匪〉を殺すことができる。つまり、恐怖政治を強行する。⑤アヘンを少なくとも今後三、四〇年間台湾の有力な財源にすることの大前提は〈土人〉がアヘンを吸っても構わない。〈土人〉の健康を無視することである。当時の日本国内ではアヘンの使用を厳禁していたが。⑦外国新聞に台湾政策に賛成を表させ、これを漢字新聞、台湾新聞に翻訳させ、〈土人〉の教化に利用する策とは、世論を操作する巧妙な自作自演である。

後藤が日本の一般民衆のみならず、エリートたちにも魅力を感じさせてきたのは何故か。それは彼の二面性に由来していると考えられる。一方では経歴の奇抜さである――医者の才能、相馬事件での入獄、日清戦争の凱旋兵の検疫での大活躍、内務省衛生局長、台湾民政長官、満州鉄道の総裁、逓信大臣、二度の内務大臣、三度の鉄道院総裁、外務大臣、東京市長など、重職を華やかに歴任した。後藤の経歴は近代日本の政治家のなかでも稀な事例であった。彼の経歴は現実を冷徹に認識し各領域に適応できる天才的な行政上の才能をもっていることを示した。他方では、彼は『日本膨張論』で表明したように、皇室・日本民族の純血性、日本民族の優秀性、日本膨張の必然性を平気でいう原理主義的な気質も備えていた。後藤がもった相矛盾する気質が現在でも多くの日本人に不思議な魅力を感じさせている。

後藤の言語表現の二面性も彼の魅力を高めた。一方では、彼は複雑な問題を少数の要点をとらえて明快に分析する力をもっていた。将来の予測がつかない難問山積の台湾統治を「台湾統治救急案」でまとめる明快さはその代表例である。他方では、単純な事柄を科学的根拠があるように表現する力ももっていた。台湾統治に関して彼がいう「生物学の原則」はその代表例である。児玉が「生物学というのは何じゃ」と聞いた。後藤は答えた。「それは慣習を重んずる、俗に言えば、そういうわけなんだ。とにかくひらめの目をにわかに鯛のようにしろと言ったって、できるものじゃない。慣習を重んじなければならんというのは、生物学の原則から来ている」[22]。その「原則」は、後藤の座談会や論文などにおいても人々によって好んで頻繁に紹介されている。

後藤は旧慣制度に関する調査を徹底的に行わなければ、永久統治の法律制度の確立や有効な台湾統治策の制定が困難であると考えた。彼はいう。「社会の習慣とか制度とかいうものは、みな相当の理由があって、永い間の必要から生まれてきているものだ。その理由を弁えずにむやみに未開国に文明国の文化と制度とを実施しようとするのは、文明の逆政というものだ。そういうことをしてはいかん。だからわが輩は、台湾を統治するときに、まずこの島の旧慣制度をよく科学的に調査して、その民情に応ずるように政治をしたのだ。これを理解せんで、日本内地の法制をいきなり台湾に輸入実施しようとする奴らは、比良目の目をいきなり鯛の目に取り替えようとする奴らで、本当の政治ということのわからん奴らだ[23]」。

そして、一方では彼自身が機会があれば台湾の旧慣について直接的に聞き取りをした。他方では、一九〇〇年、京都大学の岡松参太郎に台湾旧慣制度に関する本格的な調査を委託した。岡松は台湾人に関する聞き取りから民間の契約書・清国の行政文書・法令まで広範囲の調査を行った。旧慣制度調査以外に、台湾総督府は土地調査と「戸口調査」（国勢調査）も行った。「戸口調査」では言語、住居、職業、アヘン吸飲の有無、家族関係など詳細なデータが集められ台湾統治に利用された。

（3）「保甲制度」と「笞杖刑」

後藤は台湾統治に当たって、欧米人の顧問よりも才能のある日本人と現地人の助言を取り入れようとした。後藤の台湾統治に関する彼自身の手による資料や他人がつくった資料において、彼自身と対等かそれ以上の「知己」として登場する人物は多かったが、しかし〈土人〉の「知己」は極めて少なかった。その理由は二つあると考えられる。(1)後藤自身が知略に富んだ人であったため、「知己」としてみとめてもよい〈土人〉が少なかった。(2)才能が高い〈土人〉の旧官僚・学者は民族心が強く簡単に異民族の権力者である台湾民政長官に協力しなかった。協力すれば周囲から軽蔑されるからである。

辜顕栄は後藤が重用した数少ない〈土人〉の「知己」の一人であった。しかし、彼は高い地位にいた旧官僚や著名な儒学者ではなく、投機的な商人であった。後藤の台湾統治策の多くは彼の進言を受けたものであった。その一つは「土匪」対策としての「保甲制度」の復活である。この制度の説明はのちに行う。第二次世界大戦後、辜顕栄は「漢奸」（民族の裏切り者）として告発された。「土匪」とは元々山賊を指し、道徳を欠いた強奪者の意味もあった。台湾統治期において、日本統治に同調しない抗日者たちは全部「土匪」と名づけられた。

後藤は日清戦争を通して台湾の中国人も死を恐れる人々だと見抜いていた。台湾統治の初期において台湾総督府は「土匪」と名づけられた抗日者たちに対して、徹底的な殲滅をはかった。「領有から一九〇二年までに、日本側の統計だけでも当時の台湾人口の一パーセントをこえる三万二千人が殺されている(24)」。

彼は抗日者たちに対して日本軍による鎮圧以外に、中国歴史上において早くから見られた招降策と住民の連帯責任による対応策を加えた。これらは中国の〈旧慣〉を研究した結果としての対策である。

後藤が述べた「社会の習慣とか制度とかいうものは、みな相当の理由があって、永い間の必要から生まれてきているものだ」という見方はそのとおりである。しかし、旧慣・旧制度が消えたのも「みな相当の理由があった」はずである。しかし、後藤はそういうことはかまわなかった。消えた旧慣習を改造して台湾統治に使った。その代表例は「保甲制度」である。その制度は元々北宋の宰相王安石から始まった自治組織・治安組織であった。清朝までその制度があったが、連座責任制であるためなかなか貫徹できず有名無実の制度であった。

一八九八年八月、台湾総督府は「保甲条例」を発布した。第一条では、「旧慣ヲ参酌シ」という表現を使い、中国の古い制度を生かしたことを強調した。第二条では、連座の責任をつぎのように強制した。「保ト甲ノ人民ヲシテ各連座ノ責任ヲ有セシメ其連座者ヲ罰金若ハ科料ニ処スルコトヲ得」。一〇戸は一甲とし、一〇甲は一保とする。武器を持つ壮丁団も組織された。壮丁団は人員の外への移動と区外者の出入りを監視し責任者に報告する。しかし、これは〈土人〉のみに適用された制度であり、内地人と外国人は保甲の編成の外部におかれた。「保甲条例」は中国の旧慣を生かした、アヘンに関連する連座責任の地域監視制度であった。問題が起こった地域での責任者はアヘン専売権の剝奪という経済的損失によって自分も罰せられる責任が課された。地域での責任者は自分のために必死で監視などを遂行せざるをえなかった。

しかし、後藤は一八九九年の拓殖大学における教師と学生向けの講演のなかで、「保甲条例」は「人口の調査」だと言い切り、内地での「保甲条例は人口の調査だ」というイメージをつくった。「保甲条例とは如何なるものであるかと言ひますと、あそこに於て台湾統治の基とするべき所の人口の調査と云ふものは、内地に於けるが如く警察官の力では出来ないのでございます。即ち保甲条例は総て五人組のやうなものが出来て、其力を仮りて、さうして調査をしなければ人口の事が分からぬ。是に由って始めて人口の事が定まる[25]」。

後藤は「保甲条例」、「土匪」の招降策、日本軍による重点攻撃によって、一九〇二年頃「土匪」問題を解決した。後藤が「土匪」問題を解決したことについての論述のなかで、鶴見祐輔『正伝・後藤新平』は「土匪」問題の解決を台湾内の問題とし、後藤新平の功績として強調し、国際状況特に清国の状況と関連して分析することがなかった。抗日者たちは期待していた外国からの支援を得ることができなかった。特に清国政府は崩壊の危機に陥り、台湾の抗日者たちを支援する余裕がなくなっていた。台湾の抗日者たちの清国に対する期待は裏切られた。「土匪」・「匪徒」と呼ばれた抗日者たちにとって、台湾が割譲されてから五年以上にわたる日本統治に対する抵抗は限界にきていた。後藤の「土匪」の招降策が成功したのは、こういう台湾以外の清国の国内事情を背景としていた。

後藤が中国の旧慣を参酌した台湾統治の方策として「保甲条例」以外に有名なのは、笞杖刑であった。後藤は台湾の中国人〈犯罪者〉に対して、文明国では残酷と見なされて使用されない笞杖刑を断行した。主な理由は三つあった。⑴台湾は低い文化の地域で、民度が低く、中国人も幼稚無知な人民に過ぎない。⑵中国では笞杖は有効な刑具としてみられ、笞杖刑の歴史が古い。まさに中国の〈伝統文化〉の一種である。日本でも徳川時代は笞杖刑が行われた。⑶一流の文明国である英国も東洋の植民地では笞杖刑を使用している。

(4) 台湾彩票と饗老典と揚文会

伝統的な中国文化には運命を信じる強烈な意識がある。運命による人生の偶然性を信じ飛躍を期待する。運命を信じる意識と関連して手相・人相・風水などさまざまな占いも盛んであった。そして、中国人は運を信じて苦労もせず一晩で金持ちになりたいという賭博を好む人々、と後藤たちはみていた。ポルトガルの植民地であったマカオでは賭博が公認されており、台湾の中国人はフィリピンやマカオなどから富籤を購入していた。

後藤は中国人の〈賭博癖〉を利用して清国本土や台湾、フィリピン、マカオなどに住む清国人から台湾統治のための資金を集める「台湾彩票」を考案した。「台湾彩票」とは要するに台湾総督府が管掌する官営賭博であった。一九〇一年二月、台湾総督府は日本の中央政府の許可を得るために、台湾総督府もしくは台湾総督が責任をもつ富籤に関する具体的な運営規則である「台湾富規則」を内務省に提出した。同時に提案の「理由書」も添付した。主な理由はつぎの通りである。

台湾は日本の新領土で鉄道・港湾・河川・用水路・教育衛生施設などの整備が行われている。そのための資金は租税収入やアヘン専売と公債募集などによって集めようとしている。しかし、まだ財政上の余裕がみられない。本土の清国人や台湾の住民は密かにマカオやマニラの富籤を買う習癖がある。富籤のうれゆきをみると、マカオやマニラの住民に売却したのはわずか二〇分の三に過ぎず、その七割以上を清国の人々が買った。「台湾彩票」でえた収益は地方費の補塡、廟社の保存、慈善衛生の実施などの資金とする(26)。

そして、内務省は「支那人種ヲ以テ住民トナセル台湾島ニ在ッテ、富ノ制度ヲ創定スルハ、敢テ差支エナカルベシ」という見地から、「台湾富規則制定ノ件」を閣議に提出し、認められた。一九〇六年、後藤が満鉄総裁として台湾を去る直前に「台湾彩票」が発行された。中国人だけが賭博心が強いとみられていたが、予想外に、日本人も賭博心が強かった。内地人は一時「台湾彩票」の七割を買った。「台湾彩票」の日本本土における売買は法的に禁じられていたが、内地で「台湾彩票」を公然と売りさばく者があり、しかも著名人も買っていた。そして、一九〇七年三月、日本の内地で「台湾彩票」を買った日本人に対する大検挙が行われ、発行してからわずか四ヵ月で中止された。多くの内地人が「台湾彩票」を買って内地の資金が台湾に吸い上げられるため、中止されたと考えられる。後藤はこの中止に対して非常に不満であったと伝えられる。

「台湾彩票」は後藤の中国人の〈国民性〉を利用した資金集めの台湾統治策の一つである。饗老典・揚文会も中国人エリートの〈心情〉を読みとった台湾統治策の一つである。

後藤は台湾の中国人が面子を大事にする人々と認識していた。中国の儒教文化では忠より孝が優先される。親孝行ができる人間は周りから尊敬される。年配の親・祖父母への尊敬はその家族成員を一番喜ばせる社交技法の一つである。後藤は台湾の中国人の民心を宥和するため饗老典を開催した。饗老典は児玉が招待者となり、上流・名家の老人を招き行う酒宴である。第一回は一八九八年七月台北で老人三一四人、付添人を含めると計七〇〇人余りを集めた。第二回は一八九九年四月彰化で、第三回は同年一一月台南で、第四回は一九〇〇年一二月鳳山で開催された。老人に対する「敬意」を表することで外来政権に対する中国人の反感を軽減させるのに役立った。多くの老人の出席は外来政権に対する「承認」の心情の表現にもなった。

台湾の一般の民心を宥めるためには、台湾在住の中国エリートの心を先に宥めることが有効であった。中国社会では「読書人」（儒者・知識人）は社会のエリートである。中国の王朝が交替するとき、社会を安定させるため、新政権は前王朝の「読書人」を官職や利益を伴う民間の地位に起用するなど宥和策を繰り返しとった。なぜならば権力や利益を預かる主流に排斥された「読書人」たちは、社会の不安を煽ったり「参謀」として反政府の勢力へ参加したりするという反社会的行動をとる「習性」があるからである。

後藤はつぎのように回顧した。「台湾に読書人と云ふものがある。是は日本で言へば士族のやうなもので、此徒が乱を起す時には亡国歌を唱へ出して諷します。其俗歌は所謂童謡であります。それを子供に教へて唄はせ、是れ天の声なりとして乱を起すと云ふ支那人のやり方で、此読書人を感化すると云ふことに付ても児玉総督は深く意を用ゐられたが、当時台湾の統治と云ふものは成功したにも拘らず時々隠謀が起る。第二第三の討伐威圧を要しない様致さねばならぬことは申すまでもないことであります[27]」。

日本は台湾で間接統治ではなく直接統治を行うため、清国時代の儒者を大量に起用することはしなかった。彼らを宥めるために後藤は揚文会の開催を行った。揚文会とは「読書人」を集め漢詩をつくる行事である。一九〇〇年三月、揚文会は七二人の「読書人」を集め台北で児玉、後藤などが主宰して開催された。児玉は朗読した祝辞のなかで本音では役に立たないと思っていた、虚栄心が強い「読書人」をつぎのように持ち上げた。「文教を振興せんことを念い、揚文会を挙行す。夫れ揚文の会たる、文人学士の捜羅して共に一堂に会し、之れを優待するの典を施し、敦風励学の儀を隆にして、其所長を展べしめ、以て文明の化を同賛せんことを望む[28]」。

これはよく工夫された台湾エリートの統治策であった。台湾総督府からの揚文会への招待は「読書人」にとってまさに「踏み絵」であった。拒否すると反日分子の疑いをかけられることになるので、招待に応じなければならない。しかし、参加すれば従順な「読書人」とみられ、ほかの不参加の「読書人」や民衆から軽蔑される。他方、後藤は台湾の中国人が貪欲だと見抜き、アヘン・塩の専売など「読書人」には富も与えるという「利益供与」策を実施した。

そして徹底的な弾圧の実施、利益の供与、虚栄心の利用によって、台湾の中国人を簡単に統治できることをみて、彼らを「哀れな人種」だと日本人は考えるようになった。

おわりに

後藤は日本膨張論者であり日本膨張の策略者・実践者でもあった。後藤による諸政策によって日本の台湾統治の骨格ができ、新しい局面が開かれた。台湾統治での後藤の業績と行政的な才能が日本の中央政府に認められ、一九〇六年、彼は中国東北部での日本勢力を拡大・浸透するための満州鉄道の初代総裁に任命された。

後藤と内務省との関係をみると、二つの側面がみられた。一つは、内務省で働いた経歴とえた人脈が彼の台湾統治策につよく影響していたことである。たとえば、内務省の衛生官上がりの彼は台湾の伝染病を根底から防ぐには上下水道の完備が不可欠だと考え、衛生局の技師時代に函館の水道設計で共同考案を行ったイギリス人バルトンを台湾の上下水道の技術指導者として推薦していた。同時に、衛生局時代の片腕として働いた高木友枝を台湾衛生行政の実質的な指導者にさせた。さらにつぎのような具体的な衛生対策もとった。伝染病予防規則や汽車検疫規則を発布し、港湾における検疫所を設置した。また、台湾の医師の子弟などに医学を修得させる台湾医学校を一八九九年に設立し、衛生行政を担う人材・衛生官を育てた。医学校から卒業生を出すまでには内地から一二〇名の医師を台湾全島に派遣し診療を行わせる「公医制度」を採用した。このように後藤は内務省での資源を生かして台湾における近代的な衛生制度の確立に力を注いだ。

もう一つは内務省への批判であった。前述したとおり、内務省という権力組織の仕組みを知り尽くした後藤は内務省につよく縛られた植民地経営の経験を踏まえ、「拓殖務省設置ノ意見」を創案した。そのなかで、植民地経営の監督機関だった内務省台湾課の限界を鋭く指摘し、内務省に組織の分権を試み、揺さぶりをかけていた。内務省関係者だった後藤のこの提案は日本の官僚文化からみれば極めて勇気のある反逆的な行動であった。彼は内務省の権益に固執せず、日本の国益全体から植民地経営を考えたのである。しかも、後藤が実践した台湾統治の新しい諸政策はそれまでの内務省による台湾統治では実施できず、したがって、それらは、事実上は内務省への批判でもあった。

後藤の台湾統治の手法をみても、内務省の枠内だけでは理解しきれないものであり、日本の近代化や大国化過程のなかで位置づけなければならないものである。後藤の台湾統治策と中国認識を通して、戦前日本の対中浸透策と日本帝国の膨張過程の深層をみることができ、それらはさらに探究する価値がある。

（1）原敬「台湾問題二案」伊藤博文編『台湾資料』原書房、一九六九年、三二ページ。
（2）同右、三二―三三ページ。
（3）後藤新平『日本植民政策一斑　日本膨張論』日本評論社、一九四四年、四七ページ。
（4）鶴見祐輔『正伝・後藤新平3　台湾時代』藤原書店、二〇〇五年、四九四ページ。
（5）後藤、前掲、五九―六〇ページ。

(6) 同右、二一二ページ。
(7) 鶴見、前掲、四五ページ。
(8) 同右、七二九ページ。
(9) 同右、七二八ページ。
(10) 同右、七二五ページ。
(11) 同右、四八ページ。
(12) 同右、四七ページ。
(13) 後藤、前掲、五七ページ。
(14) 鶴見、前掲、四五六ページ。
(15) 徳富猪一郎『国史より観たる皇室』藤巻先生喜寿祝賀会、一九五三年、一六ページ。
(16) 鶴見、前掲、五二〇ページ。
(17) 後藤などは台湾統治期において日清戦争で勝った日本人を〈文明人〉と自負し台湾に在住していた中国人を〈土人〉と呼び見下していた。本稿では、後藤の中国認識と言語感覚を伝えたいために、差別用語であった〈土人〉という言葉を借用しているが、筆者が使いたいわけではない。
(18) 鶴見、前掲、一〇三ページ。
(19) 同右、六一ページ。
(20) 後藤新平「台湾の将来」(一九〇〇年一月) 拓殖大学創立百年史編纂室編『後藤新平』拓殖大学、二〇〇一年、三七ページ。
(21) 鶴見祐輔『正伝・後藤新平2　衛生局長時代』藤原書店、二〇〇四年、六五〇―六五五ページ。
(22) 鶴見、前掲『正伝・後藤新平3　台湾時代』三八―三九ページ。
(23) 同右、四七七ページ。

(24) 小熊英二『〈日本人〉の境界』新曜社、一九九八年、一三六ページ。

(25) 後藤新平「台湾の実況」(一八九九年四月)拓殖大学創立百年史編纂室編『後藤新平』拓殖大学、二〇〇一年、一四ページ。

(26) 鶴見、前掲『正伝・後藤新平3　台湾時代』二七一ページ。

(27) 後藤、前掲、六九—七〇ページ。

(28) 鶴見、前掲『正伝・後藤新平3　台湾時代』四五二ページ。

8章　神社の統治、神社による統治

内務省と「国家神道」

赤江達也

はじめに

神社と近代国家の結びつきは、明治政府が神社を「国家の祭祀」として宣言したことにはじまる。国家の管理下にある神社は、宗教としての「宗派神道（教派神道）」とは区別され、「神社神道」と呼ばれた。そして、神社神道と国民国家が結びつく過程で、「国家神道」と呼ばれる社会的諸事実が生み出されていくことになる(1)。

本章では、内務省の神社行政という視角から「国家神道」について考えてみたい。「国家神道」という出来事のなかでも、「国家の統治と神社がどのように関係していたのか」という中範囲の問題を扱うこととする。

内務省は、神社にどう介入し、どのように管理していったのか。それによって、神社はどのような行政上の機能を帯び、いかなる社会的な作用をその周囲に及ぼしていったのか。こうした観点から、内務省と「国家神道」の関係を浮かび上がらせてみたい。その上で、「国家神道」において神社が占めていた位置を明らかにしたい。

1　神社の自然、行政の作為

(一)　創られた神社の「自然」

神社行政とは、いかなる分野なのか。まずは内務官僚による説明を見ておこう。

一九三四年（昭和九年）、「内務省神社局総務課長・内務書記官」の児玉九一を著者として、神社行政のハンドブックが刊行されている。(2)自治行政叢書の第一巻であり、内表紙に著者の肩書きが記され、奥付に「非売品」との記載があることなどから、この書物が、地方自治体のための官製ハンドブックであったことがわかる。

この『神社行政』は、神社を次のように定義している。神社とは「帝国の神祇を祭祀し、公の祭典を執行し、公衆参拝の用に供する設備であつて、神社明細帳に登録されたもの」である。(3)この定義は、「帝国の神祇」「公の祭典」「公衆参拝」「設備」「神社明細帳」という五つの要素を含んでおり、神社行政の管轄領域をきわめて簡潔に表現したものであるといえる。

ここで注目しておきたいのは、神社行政がその所管対象である神社を定義するにあたって、法律ではなく、「常識」や「社会通念」に依拠している点である。

「然るに斯く多数の神社を奉斎し常識上は神社に対し明確な観念を持ちながら法制上に於ては神社とは何ぞやと云ふ問題に付ては、何等之を明にして明文も無く、之が定義は一に従来の沿革、行政上の取扱等を参酌し、所謂社会通念に従つて決定し得るに過ぎない(4)」。

「神社とは何か」という問題については、「常識上」は「明確な観念」が存在しているが、「法制上」は神社の明文規定を欠いている。そこで、いわゆる「社会通念」に従って、先のように定義しようというのである。

この説明には、神社行政に独特の循環を見てとることができる。というのも、ここで持ち出される「常識」や「社会通念」は、神社行政が創り出そうとしているものにほかならないからである。たとえば、『神社行政』の冒頭は、こう書きはじめられる。

「我日本国民の発展の基礎を成す神社、我日本国民の生活の中心を成す神社、小は津々浦々に遍き鎮守の森から、大は神宮を始め橿原神宮、熱田神宮、明治神宮等の官幣大社に至るまで、其の総数実に十一万一千余の多きを算し、一町村平均十社と云ふ数字を示して居る」(5)。

ここで提示されているのは、国民の「発展の基礎」であり、「生活の中心」であるという神社の意義とともに、大小合わせて「十一万一千余」の神社が「一町村平均十社」の密度で広がっているという「数字」である。だが、後でみるように、一九〇〇年代に約二〇万はあった神社を「十一万一千余の多き」へと減少させたのは、内務省なのである。また、「大」の例として挙げられている明治神宮は、同神宮造営局（局長は神社局長が兼任）によって造営され、内務省神社局によって所管されている。つまり、「一町村平均十社」という神社の広がりは、内務省の作為によって整えられ、維持されているものなのである。

神社行政をめぐる言説を特徴づけているのは、こうして人為的に創り出され、維持されている神社のあり方を、「常識」や「社会通念」として正当化するという身振りにほかならない。神社行政という領域は、すなわち、その作為に満ちた行政領域や制度連関を「常識」や「社会通念」といった「自然さ」の言説によって正当化することで成り立っているのである。

（2） 神社行政の入り組んだ境界線

神社行政における不自然な「自然さ」として、神社行政を構成する主要な言説の一つである「神社非宗教論」を検討しておこう。

この『神社行政』は、『宗教行政』との合本で刊行されている。それは二つの内表紙をもっており、背表紙と奥付には、双方のタイトルと著者名が記されている。しかし、全体にわたる目次はなく、通しページ番号も付されてはいない。つまり、一冊の書物のなかに二冊の書物が含まれているのである。この『宗教行政』との合本という形式は、神社行政と宗教行政の微妙な関係性を象徴しているということができるかもしれない。なぜなら、『神社行政』のなかでは、神社行政は宗教行政ではないということが、繰り返し確認されているからである。

「神社行政は内務大臣の管掌に属する。宗教行政が文部省主管たるに対し、神社行政を内務大臣に於て掌るのは神社の特異性を認め特に之を宗教行政と分離せるが故である(6)」。

では、「神社の特異性」とは何か。なぜ神社行政は「宗教行政の圏外」に置かれるのか。児玉は、後者の問いについては、三つの理由を挙げている(7)。

(1) 明治三三年（一九〇〇年）に内務省の社寺局が、神社局と宗教局に分離したため（組織）

(2) 明治当初は社寺・寺院共通だった法規が次第に独立したため（法規）

(3) 神社に奉仕する職員は国家の官吏であるため（人員）

組織・法規・人員のいずれにおいても、「神社」と「宗教」は制度的に区別されている。それゆえに、神社は「宗教の機関として之を取扱はず、国の行政の一部門として、国家の祭祀を執行するもの」であり、「国家事務を遂行する処の一の機関」だというのである。この説明は、官僚組織にとっての最も有効な理論的な根拠が、すでにそのように行われているという既成事実であることを示している。

だが、注意しておこう。ここで主張されているのは、必ずしも「神社は宗教ではない」ということではない[8]。むしろ「神社は宗教であるが、宗教ではない」とでもいうほかない屈折こそが、神社行政と宗教行政とを分かつ「神社の特異性」なのである。

「勿論神社は、国家事務としての公の祭祀を執行すると共に、之に付随して各種の宗教的行為を行ふ場合がある。例へば、神符守札を授与するとか、人民の祈願祈禱を行ふとかは其の最も著しい例である。然しながら之等の行為は古来の民族的習慣に基く神社尊崇の現れであつて一般宗教行為とは区別すべき性質を有する[9]」。

児玉は、神社が「宗教的行為を行ふ場合がある」ことをあっさりと認めてしまう。まず、神社の行為を「公の祭祀（国家事務）」と「宗教的行為」に分けた上で、神社の「宗教的行為」は「民族的習慣」にもとづくがゆえに「一般宗教行為」ではない、という[10]。さらに続く箇所では、「世人をして神社と宗教とを混同せしむる一原因」として「宗派神道」を挙げて、その祭神は神社と同一のものも多く、祭壇も神社と酷似してはいるが、その祭祀は「国家の祭祀」ではなく、その教師は「国家の官吏」ではないとしている。

この主張が想定しているのは、「公の祭祀」を行う神社が宗教だとすれば、明治憲法で制限付きながら保障された「信教の自由」という原則に抵触してしまうという問題である。それゆえに、神社はその周囲に宗教的な外皮をまとう（まとわされる）ことで、「それは宗教ではないか」という疑義から、二重、三重に保護される。そうした疑義が向けられると、まずは「宗派神道」が差し出され、次いで神社の「宗教的行為」が「民族的慣習」として提示されるのだが、それと「公の祭祀」は別のものだというわけである。

だが、「神社非宗教論」として知られる神社行政の正当化（弁証論）は、反対に「神社は宗教ではない」と主張することの困難を露呈している。神社行政が宗教行政との違いを強調しながら「公の祭祀」の非宗教性を主張するためには、かなり入り組んだ境界線を引いて見せなければならないことを示しているのだから。にもかかわらず、神社行政における神社の輪郭の作為性（恣意性）は、神社の「自然さ」によって覆われていくのである。

そこで、次に、神社行政の歴史的な条件をあらためて検討しておこう。

2　神社行政の再浮上

（一）　神祇祭祀と政教分離の葛藤

明治維新直後の明治国家は、神祇行政をめぐって試行錯誤を繰り返している。そのジグザクの軌跡を突き動かしていたのは「神祇祭祀」と「政教分離」の葛藤である。明治政府は、王政復古、神武創業、祭政一致などの諸理念とともに神祇官を再興し、古代以来の「国家の祭祀」としての神祇祭祀の「国教化」を目指していた。しかし他方では、一八七二年（明治五年）頃にはすでに、「信教の自由」や「政教分離」といった「西欧文明」の原則が自覚されはじめていた。そのため、神祇祭祀を推し進めつつ、政教分離の原則を意識せざるをえないという分裂が明治政府の政策に振れ幅を生じさせることになる。

ここでは、明治初期の神祇／神社行政の大きな流れを、それを担った官僚組織に注目しながら簡単に確認しておこう。明治最初期の四年間は、官僚制度の形成期でもあり、様々な官職や組織——神祇官、神祇省、民部省社寺掛、民部省寺院寮、大蔵省戸籍寮社寺課など——が神祇行政に関わっている。

一八七二年（明治五年）以後、神社を所管していたのは、教部省（一八七二—一八七七）である。その教部省が中心となって、神祇祭祀の「国教化」が推進される。だが、神道国教化の方針は、仏教徒の反対を受けただけでなく、人びとからの支持を集めることもできず、失敗に終わることになる。そして、一八七七年（明治一〇年）に教部省が廃止されると、今度は、新たに設置された内務省社寺局（一八七七—一九〇〇）がその事務を引き継ぐことになる。

内務省の政策は、教部省とは異なり、官社と諸社を区別して、諸社を「民祭の神社」とすることで、国家と諸社の分離を推進しようとするものであった。「大久保利通、伊藤博文が内務卿在任中に、国家は神道・神社との関係を急速に薄めるようになり、神道・神社をも含んだ政教分離への方向はもはや確実な路線となったのである」[11]。そして、その路線は、伊藤のあとをうけて内務卿に就任した松方正義にも継承された。神官と教導職の分離（廃止）にはじまり、一八八七年（明治二〇年）の官国幣社保存金制度の導入、官国幣社神官の廃止・待遇官吏化へといたる一連の政策が、「官国幣社を含めた神社の国家からの切断策の第一歩」となるのである[12]。

こうして、神祇祭祀と政教分離の葛藤を調停しようとする過程で、「宗教」というカテゴリーから「神社的なもの」を除外するという方向性が次第に浮かび上がってくる。そうした方向性を明確なものにしたのが、一八八九年（明治二二年）二月一一日に公布された大日本帝国憲法である。この憲法において、制限付きではあれ、「信教の自由」が保障されたことは、神祇祭祀・神社祭祀の国教化が不可能であるだけでなく、事実上行われている神祇祭祀と憲法との整合性という難問《アポリア》を生じさせることになる。

このアポリアへの対応として公式に採用されていくことになるのが、もともとは仏教側の神社批判であった「神社非宗教論」にほかならない。この「神社は宗教ではない」とする議論が、一八九〇年代以降、次第に明確なかたちをとり、社会的な効果を持ちはじめるのである。(13)

(2) 内務省神社局の成立と「非宗教」の制度化

一九〇〇年(明治三三年)、内務省社寺局は、神社局と宗教局という二局に再編される。(14) この神社局(一九〇〇—一九四〇)の成立は、それ以前の消極的な神社行政が、積極的なものへと大きく転換していく契機となるものであった。

新設された神社局は、名目上は、内務省の筆頭局とされた。とはいえ、神社局は、実質的には、組織も小さく仕事も少ない三等局だと見なされていた。四代目神社局長(一九〇四—一九〇八)の水野錬太郎は、その当時の組織が、高等官は局長の自分一人で、あとは判任官一〇人前後に過ぎなかったと述べて、こう回想している。

「当時高山君などの主唱により、神社局は内務省各局の首位に置かなければならぬと云ふ説を採用しまして、神社局の順位は内務省の第一の局になつたのでありますけれども、内容は只今申しますやうなもので極めて貧弱であつたのであります(15)」。

だが、神社局と宗教局が分離したことは、大きな意味をもっていた。というのも、それにより、宗教行政とは区別された神社行政という領域が明確な輪郭をもつようになるからである。さらに、一九一三年(大正二年)には、宗教局が内務省から文部省へと移されている。ある内務官僚が後に述べているように、これらの措置は「神社と宗教をはっきり区別するという意味」を持っていたのである[16]。

神社局／宗教局の分立は、一八八〇年代に神社批判として生成した「神社は宗教ではない」という言説（神社非宗教論）が、今度は神社神道を正当化する論理として、公式に制度化されたことを意味していた。現在からみれば奇妙なことだが、明治政府は、宗教としての教派神道（一三派）と「国家の祭祀」としての神社神道を区別し、神社神道は「宗教ではない」ということにする。要するに、神社非宗教論は、国民統合のための天皇の神話化（帝国憲法第一条・第三条）と「信教の自由」の保障（同第二八条）を両立させるためのアクロバティックな抜け道であった。このほとんど詭弁といってもよい奇妙な論理が、神社局と宗教局という行政制度上の領域区分として出現するのである。

神社を「非宗教」とすることは、政治と祭事を同一のものとみる国体思想にとっては、「信教の自由」という問題を回避し、さらには、神社祭祀と政治（国政・地方政治）を関連付けることを可能にするものであった。もちろん、ただちに神社祭祀と政治が結びつくわけではない。ただ、神社局の成立にともなう「宗教」と「神社」の制度的分離によって、神社神道が「公共的」な機能をもつための必要条件が準備されることになるのである。

ただし、神社局の成立以後も、神社行政にかかわる省庁は、神社局（一九〇〇―一九四〇）と後の神祇院（内務省外局一九四〇―一九四六）だけではない。明治期の神社整理（統廃合）については地方局が、大正期の明治神宮造営については造営局が、昭和前期の国体思想（国家神道の教説）については文部省が、それぞれ関連する行政を担っている。また、靖国神社や招魂社（護国神社）については、陸海軍が所管している。それらの行政組織のあいだの協力・対抗関係にも留意しておく必要がある[17]。

3　内務省神社局の仕事

（一）一九〇〇年代の神社局

それでは、内務省神社局は、どのような業務を行う部局だったのだろうか。また、その政策は、どのようなものだったのか。神社局の初期と後期を代表する内務官僚の説明をみておこう[18]。

まず、初期の神社局長としてその基礎を築いたとされる水野錬太郎は、その設立当初の状況について、次のように述べている。

「神社局の普通の仕事はさう云う風に極めて閑散でありましたが、併し懸案となつて解決せられざる根本問題が数多くあつたのであります。（第一）神祇官復興の問題、（第二）官国幣社の経費供進費の問題、（第三）府県社以下神社の神饌幣帛料供進の問題、（第四）神官・神職の待遇の問題等、其の当時神職界に絶叫された問題でありまして、今日は長老になられ、若くは物故された方が多いのでありますが、当時神職界の長老の人々が是等問題の解決に付いて盛んに運動せられました[19]」。

特別官衙（神祇官）の復興、神社への公費支出、神職の待遇といった問題は、いずれも神職界にとっての「懸案」であった。その背景は、こう説明されている。

「今迄府県社以下神社は、法制上は唯、府県社・郷社・村社と云ふやうな社格は認められて居つたが、国家若くは地方公共団体より神饌幣帛料を出すでもなく、又之が経費を出すでもなし、所謂民社と謂つて、殆ど国家、若しくは公共団体との関係はなかつたやうな訳であります[20]」。

神社局が成立した頃には、民社と国家・地方公共団体の経済的・制度的な関係は「ほとんどなかった」というのである。「神社は国家の祭祀」という太政官布告にもかかわらず、神社にはいまだ「公共的」な意義が与えられていないということが、あらためて意識されはじめる。[21] 要するに、神社局設立当初の課題は、神職たちの不満と要求に応えることだったのである。[22]

神職界への対応と並行しながら、神社局とその外郭団体である神社協会は、神社での儀式や職務についての管理を開始している。まず、全国神職会と協力しながら「神社祭式行事作法」を統一し、その作法書を刊行するとともに、[23] 神職の訓練を始めている。[24] また、『神社の要務』や『神社事務提要』といった、神社行政にかかわる神職・官吏のためのハンドブックを刊行している。[25]

これらの政策はいずれも、神職を「国家の官吏」として囲い込み、訓練し、管理していくものであった。こうして、神社という機関は、次第に官僚機構の中へと組み込まれるとともに、統治のための装置としての性格を帯びていくことになるのである。

(2)　一九三〇年代の神社局

次に、一九三〇年前後に神社局総務課長（一九二八―一九三一）であった飯沼《いいぬま》一省《かずみ》の、戦後のインタヴューを見てみよう。彼は、自分は造神宮主事を兼務していたために、伊勢神宮の第五十八回遷宮祭（一九二九年）における造営工事の監督があり、「一年のうち半分ぐらいは伊勢へ行って」いたことを強調している。その上で、神社局の仕事について次のように説明している。

「次に一般の神社局の仕事のお話しを申し上げますと、まず神宮に関すること、それから官国幣社以下の神社に関すること、神官神職に関すること、敬神思想の普及に関することなどがありました。その中でも、国費をもってする官国幣社の営繕や、神社昇格の問題などがおもな仕事でした。府県社から官国幣社に昇格するものもありますし、また、村社から郷社に、郷社から府県社に昇格するものなど、いろいろそういう仕事がありました[26]」。

また、明治初年以来の神職や民間の神道家による「神祇に関する特別官衙をつくらなければいけないという運動（特別官衙設置運動）」に対応するために、一九二九年（昭和四年）、神社制度調査会が設置され、終戦まで継続している。この神社制度調査会によって特別官衙設置の建議（一九三六年）が出されたことが、後の神祇院の設立につながることになる。

神職の人事についても、一般官吏のそれとは異なる難しさがあったという。まず、勅令（官国幣社神職任用令）や内務省令（府県社以下神社神職任用規則）などの規則があり、神職高等試験・社司社掌試験の合格者、職務経験者（高等官又は五年以上官務に従事した者）、祭式や国典を修めた者といったいくつもの基準があった。そこに、神社の社格、個々の神社の財政状態、皇學館系統と國學院系統の関係など、さまざまな要素を勘案しながら決定しなければならなかったのである。

神社局の仕事と敬神の関係については、内務省の官吏ならば誰でも「できる筈のもの」だが、「やはり、神様を拝むことが好きでないととても勤まりません」と述べている。

「神社にお参りすることはたびたびありますよ。場合によっては、やはり、衣冠を着用してお祭りに出なければなりませんし、祭式も一応覚えなければなりません。それから、祭式や祝詞の研究もしなければなりません。だから、そういうことに興味なり関心なりを持たなければ、それはとても勤まるものではありませんね[27]」。

そして、自分自身については、こう答えている。「私は別に好きだということではなかったのですけれども（笑い)、どういうものか、とうとう、前後を通じて一〇年間神社の仕事をやることになりました」[28]。

神社局は、皇紀二千六百年記念に際して、内務省外局の神祇院（一九四〇―一九四六）へと改編・拡大されている。これは神職界の長年の要望に応えるものであった。飯沼は、一九四〇年（昭和一五年）に神社局長を経て、神祇院副総裁（一九四〇―一九四六）となっている。神祇院総裁は内務大臣が兼任するため、副総裁の飯沼が実質上のトップであった。その設立を祝う席で、飯沼は、神祇院の組織を次のように説明している。

「神祇院は（中略）昨年〔一九四〇年（昭和一五年）〕十一月成立致しまして総務局、教務局の二局がございます。総務局は庶務、考証、造営の三課から成立つて居ります。教務局の方は指導、祭務、調査の三課から出来上つて居ります。書記官、事務官、考証官、祭務官、教務官、調査官、技師各々二名でありまして、奏任が合わせて十四名、判任官には属、其の他が約三十名であります。昔の神社局に比べまして、洵に大きな組織が出来上つた訳でございますが、併しながら仕事は是からでございま〔す〕」[29]。

こうして見てみると、内務省神社局の仕事は、一九〇〇年代と一九三〇年代とでは、異なった性格を持っていたことがわかる。最初期にあたる一九〇〇年代の業務は、神職の待遇問題への対応にはじまり、それと並行して、神社の制度・儀礼・空間の整備が行われていったといえる。それに対して、一九三〇年代には、神宮から官国幣社以下へと広がる神社と神職の体系を管轄し、その維持・拡大を図りながら、次第に「敬神思想の普及」にかんする業務を行うようになっていったのである。

4　神社体系の再編成

(一)　地域の中心としての神社

内務省による神社の管理は、神社という場の性格やそれをとりまく社会空間を大きく変化させていくことになる。その画期となったのは、一九〇〇年代の日露戦争と、一九三〇年代初頭の満州事変である。今度は、内務省の神社行政が、神社という機関をどのように再編成し、意味づけていったのかを見ていくことにしよう。

先に述べたように、明治政府は、神社に社格を与え、神社の体系を整備した。さらに、国家の必要に応じて、新たな神社を創建していった。靖国神社とその末社的な存在として各府県に招魂社が建立される。(30) 伊勢神宮を頂点とする神社のヒエラルキーのイメージは、その過程で形成されていったものである。

内務省神社局の成立とその神社行政の展開は、神社の体系に新たな意味を与えていくことになる。すでに触れたように、一九〇〇年(明治三三年)頃には、神社と統治の関係はいまだ象徴的なものにとどまっていた。しかし、日露戦争の頃から、神社の位置づけは次第に変化していくことになる。

一九〇八年(明治四一年)に第二次桂内閣は「戊申詔書」を渙発し、天皇の名の下に国民道徳の引き締めを図る。そうした状況のなかで、内務省は、神社を「国家の祭祀」にふさわしい舞台とするべく、さまざまな政策を打ち出していく。その中核をなしていたのが、神社局と地方局による神社合祀(神社整理)事業である。

神社合祀事業とは、無格社や規模の小さい社をより大きな神社へと統廃合していく施策のことである。その結果、一九〇六年には約二〇万社であった神社数が、一九一四年には約一二万社にまで減少する。(31) さらに、神社の境内を清浄なものにしていくことに、力がそそがれていくことになる[32]。

このような一見奇妙にも思われる大規模な政策が行われたのはなぜなのか。そこには、内務官僚にとっての「地方自治」の理想的なイメージが介在している。

神社合祀事業は、地方局主導の「地方改良事業」とも密接に連動していたのだが、これらの政策を支えていた官僚の思想は、「神社中心説」と呼ばれるものである。それは、ヨーロッパの都市と教会の関係をモデルにしつつ、「神社を中心とせる地方自治」を推進しようとする思想であり、神社（の境内）を地域の集会や交易の場として用いることなどが構想されるのである[33]。ここにあるのは、地域の経済的・精神的な中心としての神社のイメージにほかならない。

こうした構想の背景をなしていたのは、一八八七年（明治二〇年）の市制町村制による町村合併である。二〇〇戸という現実の村よりもかなり大きい規模を基準とした町村合併は、結果として、村むらのあいだに葛藤を生じさせ、日露戦後の疲弊がそれを激化させていた。神社合祀事業は、そうした村むらの葛藤を「神社を中心とする」ことで解消しつつ、新たな統合を図るための方途だったのである。

だが、地方自治政策の一環としての神社合祀は、人びとの精神生活への「上から」の介入であった。南方熊楠や柳田國男らが神社合祀に反対した理由の一つは、その点にある。橋川文三は、神社合祀を「氏神信仰の形態で残留したもっとも基層的な民衆心意の実存様式」に対する「明治史上最大の行政的規制であった」と評している[34]。あるいは、鈴木栄太郎にならって、市制町村制によってできた「行政村」に対して、それ以前の村を「自然村」と呼ぶとすれば、こう言ってもよい。神社合祀事業とは、神社と自然村の「伝統的」な結びつきを断ち切るとともに、神社を行政村の新たな統合の中心として位置づけなおそうとするものだったのである[35]。

（2）　神社の帝国――統治と神話の結節点

神社を中心とする地方自治という内務官僚の理想がどのように実現されたのかを測定することはかなり難しい。ただ、その後の統治において、神社という空間が次第に大きな役割を果たすようになっていったことは確かである。そのことを端的に示しているのが、神社の営繕と創建である[36]。

一八七七年（明治一〇年）の社寺局設置当時から、内務省は神社の営繕業務を管轄していた。ただし、全国に点在している官国幣社の営繕業務は、内務省の他の業務と同様に、府県庁を通して行われた。とはいえ、その基本方針は、営繕費の拡大をおさえることと、支出の公平性に配慮することであった。

こうした制約の下で行われた明治期の神社営繕事業において、基本的な枠組みとなったのが「制限図」である。制限図とは、それぞれの神社の社格に応じて、境内の面積や社殿の種類・規模の基準を示したもので、平面図と立体図が添付されていた。内務省は、この制限図を府県庁に下げ渡して神社の営繕を行わせた。内務省の意図は、規模の制限にあったのだが、神社側から見れば、社殿営繕を願い出る際の根拠となった。その結果、明治期には制限図によく似た社殿がつくられることになった。なお、制限図は一九一二年（大正元年）に廃止されている。

神社営繕のための財政制度もまた、次第に整えられていった。その一つは、「各社共通金」と呼ばれる補助的な制度である。これは、一八八七年（明治二〇年）に導入された官国幣社保存金制度から一五％を天引きして積み立て、罹災した神社の社殿復興に充てるものであった。この各社共通金という方式は、一九〇七年（明治四〇年）の国庫共進金制度に引き継がれた。

もう一つ、官国幣社の営繕事業の本格的な枠組みとなったのが、「臨時神社費（臨時営繕費）」である。一九〇一年（明治三四年）度に、射水神社の社殿復興費としてはじめて支出された臨時神社費は、それ以後、「臨時」という名目のまま、大規模な営繕のための定常的な枠組みとして用いられていくことになる。この臨時神社費は、各社共通金と異なり、多額であり、特定の神社の営繕事業に特化して組まれるものであった。こうして、神社側から見ればいまだ不十分なものであったとはいえ、官国幣社の営繕の経費をまかなうための財政制度が用意されることになる。

さらに、国家事業としての神社建設が推進されていくなかで、伊藤忠太や大江新太郎といった著名な神社建築家が登場していくのだが、神社局において中心的な役割を果たしたのが、角南隆《すなみたかし》である。東京帝国大学の建築学科を卒業した角南は、明治神宮造営局を経て、一九一九年（大正八年）に内務省神社局に移ると、それ以後、敗戦後の内務省解体にいたるまで、神社局（後、神祇院）が管轄する官国幣社の営繕事業の責任者として、神社ごとの合理性や一体性を重視する立場から、神社建築に関わり続けることになる。

こうした財政的・人材的な基盤の上で、おそらくは明治神宮の造営を境として、一九二〇年前後から神社局による神社の創建が盛んになっている。[37]創建され、あるいは拡張されたのは、国体思想の上で重要な来歴をもつ祭神を祀る神社である。たとえば、神武天皇の兄・彦五瀬命を祭神とする竈山神社は、明治維新後の社格制度では村社だったのだが、神武天皇が顕彰されるようになるにつれて、その地位を上昇させていくことになる。[38]一八八五年（明治一八年）に官幣中社となり、一九一五年（大正四年）には官幣大社となる。そうなると社殿の規模が社格と釣り合わなくなり、満州事変後に五年の歳月をかけて遷座され、一九三八年（昭和一三年）には御祭神二千六百年祭が挙行される。つまり、この事例が示しているのは、国体思想のなかで語られる「神話」に合わせて、現実の神社がかたちづくられていったということなのである。

さらに、日本帝国の拡大とともに、植民地（外地）にも神社がつくられていった。[39] 一方では、獲得された領土に戦勝記念のシンボルとしての官営の神社が建設され、他方では、移住者たちや日本企業によって民間の神社が建設されていった。とりわけ満州事変以後には、植民地神社の数は倍増している。[40]

こうして植民地における神社は、帝国規模の広がりを形成するとともに、植民地の人びとを神話的な位階秩序のなかへと組み込む装置として機能していく。もちろん、近年の諸研究が示しているように、海外神社が統治と教育のための装置として、必ずしも「うまく」機能したわけではない。ただ、多くの人びとにとっては、神社が、学校とともに、大日本帝国の公式の国家観や歴史観を「経験」する場の一つとなったことは確かである。

5　融解する神社空間

（一）　社会のなかの神社、神社としての社会

日本の内地において、神社の社会的な位置が大きく変化することになるのは、一九三一年（昭和六年）の満州事変以後のことである。その変化は、日本社会に広がる神社のネットワークを基盤としながら、神社の意味論が社会全域へと拡張されていく過程として捉えることができる。

満州事変後にまず生じたのは、「国威宣揚・武運長久・戦勝祈願の祈願祭の急増」であり、その祈願祭への「在郷軍人会・消防組・青年団・婦人会・小学校・自治組合・氏子など地域のあらゆる団体の計画的組織的な動員」であった。[41] そして、軍事行動が一段落すると、今度は戦没者の慰霊祭が行われるようになっていった。そうした状況のなかで、国を守る宗教的機関としての神社が、その存在感を急速に増していくことになるのである。

祭典の挙行や神社の建設は、人びとの集団参拝をうながしていった。そして、さまざまなかたちで、集団参拝に参加しないことを困難にしていった。その前線となったのは、まずはやはり学校であった。

たとえば、一九三二年（昭和七年）、靖国神社で「満蒙上海事変戦没者」を合祀する臨時大祭が挙行されるにあたって、東京の各学校の学生生徒が、軍事教官に引率されて参拝している[42]。その際、カトリック系の上智大学に参拝を拒否した学生がいたため、軍は上智大学から配属将校を引き上げている。このことは、個人の参拝拒否が大学組織の存立を困難にする可能性を知らしめることになる。しかも、文部省が内務省神社局と協議の上で示した見解は、「神社は宗教ではない」という神社非宗教論に則ったものであった。つまり、神社参拝は宗教行為ではなく教育上の行為であるため、「信教の自由」の侵害にはあたらないとされたのである。

こうした動員の力学と正当化の論理は、同時に、神社の意味論を、神社という場所を超えて、他の領域へと適用していくことを可能にする。

日露戦争の頃から各地で盛んに建設されはじめていた忠魂碑が急増し、町中や電車内、家庭にいたるまで、いたるところに神棚がつくられていく。また、神社での祭典が、新たなメディアであったラジオで放送される。熱田神宮宮司の長谷外余男は、床屋でラジオ放送される祝詞を批評する人びとの不謹慎を批判し、祝詞をラジオ放送することの是非を問題にしているのだが、祭典の実況放送それ自体については「結構なこと」だと述べて問題にしていない[43]。

神社の意味論が拡散し、強まっていくなかで、神社が体現する国体「神話」とそれにもとづく実践が、生活のすみずみに浸透すべきものとして語られていくことになる。たとえば、神祇院教務局指導課による企画「敬神思想普及資料」の第七巻、東洋大学学長の大倉邦彦による『神祇教育と訓練』（一九四二年）では、次のようにいわれる。

「国中到る所に民族信仰の中心として神社があるやうに、国の縮図ともいふべき家庭にはその中心に神棚の設けがあるのは当然である。こゝに国風と家風との一致があり、我が国の家庭の真意義を発揮し得ることになる。……近年敬神の念が増して来た割には、それが実際生活の中に、又職分の中に顕現してゐないやうである。神参りと生活とが連絡してゐなくて、別々になつてゐるやうに思はれるのは残念なことである。今の程度では、神ながらなる姿が、国民生活の中にはつきり描き出されてはゐない。それといふのも、家庭に於ての神参りの厳粛なる行事は勿論、神参りと密接不可分の関係にある家庭の生活行事を真摯に深めて居ないからである。神事、家事、行事、生活、職域これ等すべてが一貫したものになるまでには、一種の修行であり、錬成であるから、深く考へ、真面目に行じ、愈々心根を打込まなければならぬ(44)」。

もちろん、こうした主張がそのまま現実を反映しているわけではない。むしろ繰り返し主張されなければならなかったことは、現実が必ずしもそうではなかったことを示唆している(45)。ただ、確かなのは、「神参りと生活」とを「一貫したもの」にするべきだといった建前が、強い正当性をもって語られたということである。こうして、学校や軍隊だけではなく、地域や職場や家庭といったありとあらゆる領域が、神社のような場所になっていくのである。

いたるところが敬神と祭祀の場になると、神社の境界線は不明確になるだろう。家庭や地域や職場が「神参りと密接不可分の関係にある」のだとすれば、それらと神社の区別は曖昧にならざるを得ないからである。そうなると、今度は、社会が神社のような場所として考えられるようになる。官僚たちが生み出す国体思想が、次第に「神懸った」ものとなっていったことを、このような文脈において理解することができるはずである。

（2）　神国のイメージ

一九三〇年代後半以降、『国体の本義』（一九三七年）をはじめとする公式の国体思想を生み出していったのは、まずは、文部省とその官僚たちであった。とはいえ、神社局・神祇院もまた、文部省に対抗し、あるいは連携するようにして、国民教化の活動を展開していくことになる。

神祇院は、一九四三年（昭和一八年）一二月に『戦ふ神国』という書物を刊行している。この本は、神祇院副総裁・飯沼一省の序に、本論として「畏き　大御心／つはものは神と共にあり／銃後に祈る」という三部がつづいている。これは、「皇室の御敬神」を示すエピソードと、戦線や道府県から寄せられた「感銘深き実話」を集録したものである。また、巻末には、内閣総理大臣・東条英機「天祐神助は万民の至誠を通じて顕現す」、海軍大臣・嶋田繁太郎「将兵の忠誠神慮に叶ふ」が付されている。

序は、「支那事変から大東亜戦争にかけて、国民敬神の至情は鬱然として神社の社頭にあつまつてゐる」という一文にはじまる。神社の社頭（社殿のあたり）は、国民の敬神が集まる場所である。だから、兵士の心は出征にあたっても、また前線においても「氏神さまの社頭」へと繰り返し戻ってくる。

「今、赤襷かけた出征の勇士は　氏神さまに祈願をこめて、戴いた御神符を肌身につけて、こゝで大君の御楯としての覚悟をしつかりと固めて出かけてゆくのである。／見よ、南北の海に、陸に、空に、求敵必滅の激闘を続ける皇軍将兵の言語に絶する神業を。／皇軍の征くところ、また必ず陣中に神を祭り、神に祈り、かくして世界無比の神武が発揚せられてゐるのである。／戦場の夜ふけ、勇士の夢は幾度かふるさとの氏神さまの社頭に通ふことであらう。そこには母が、子が、姉が、弟が、皇軍の必勝と皇国の御栄えとを、真心こめて祈つてゐるのである。／この前線銃後、一億一心の真摯なる敬神の情景こそは、真に戦ふ神国の姿である」[46]。

こうして、各地に散在する「ふるさとの氏神さまの社頭」に、前線の兵士と銃後の家族の心がともに祈る「敬神の情景」が、「真に戦ふ神国の姿」なのである。

同書のなかの「艦内にゆらぐ燈明」という項目では、軍艦や戦車のなかに設けられた神棚が「訓練以上に働く力」を発揮するエピソードが、ある大尉の体験談として記されている。(47) 魚雷がその大尉の乗っていた戦艦に迫ってきたときのことである。「これは、考へられないことですけれど──魚雷は、奇跡的に、本艦間近で進路を変へたやうに、僅かの間隔の両艦の間を、次々に同じやうに通過したのであります。恰も神が御手を下して、取除けられたかのやうでした(48)」。そして、体験談を締めくくるにあたって、大尉は「無意識のうちに胸のあたりを撫で、姿勢を正しく」した。

「『この訓練以上に働く力。奇跡といふか、天祐といふか──これは、とりもなほさず、わが○○丸を守り給ふ平安神宮の御神護でなくてなんでありませう。艦長始め乗組員一同は、この赫々《かくかく》たる御神威を排してたゞ恐懼いたしてゐるのであります。本日私が特に艦長代理として遥々当宮に参拝させて戴いた訳であります。どうぞよろしく御取なしをお願ひいたします』

と、深い感謝と感激とに、声をふるはせて語り終つたのであつた。

応接の職員も、いひ知れぬ感激に、言葉もなく、じつと海軍士官を見守つた。

神職は、この海軍士官の感激をその儘心に刻んで、心魂を打ち込んだ奉賽祈願祭を行つたのである(49)」。

ここで語られているのは、「勝つこと」というよりは、「負けないこと」である。軍事的・物理的な力を超えた力の源泉は、究極的には、天皇に求められた。そこでは、戦争に負けることや作戦の失敗といった否定的な可能性は、あらかじめ考慮の外におかれることになる。それゆえに、前線における作戦の遅滞や失敗は、銃後の内地においては、いわゆる「大本営発表」によって隠蔽されなければならなかったのである。

おわりに――「国家神道」における神社の両義性

内務省とその官僚たちは、帝国の全域に散在する神社という空間を管理する一方で、神社という場を通じて、臣民の思想と身体を管理しようとしていた。そうした意味において、戦前期日本における神社は、内務省の統治における主要な装置であったということができる。

神社という機関は、内務省の介入と管理によって、学校で教えられる知識としての国体思想が一般の臣民によって生きられる場となっていった[50]。多くの人びとによって経験され、後に「国家神道」と呼ばれることになる諸々の出来事は、国家（行政）の管理下にある神社という装置を抜きにしては出現しえなかったのである。

こうした観点に立つならば、内務省と神社の関係をたんに対立的なものとして捉えることはできない。両者の対立（対抗）関係に注目するならば、内務省こそが「国家神道」という出来事の主体（加害者）であり、神社と臣民は、その統治の客体（被害者）であるように見えるかもしれない。しかし、神社が統治の対象であるだけでなく、次第に統治のための装置として機能するようになっていったことは、本章の記述から明らかであろう。

現在も継続している「国家神道」と神社をめぐる議論には、神社神道の加害者性と被害者性のどちらを強調するかという争点がある。だが、その対立に対しては、「どちらでもある」と言うほかはない。神社は統治の対象であり、同時に、統治のための装置であった。戦前期日本において神社が担うことになったこの両義的なあり方こそが、考えられなければならない課題なのである。

（1）「国家神道」の定義をめぐっては、現在も議論が続いている（山口輝臣『明治国家と宗教』東京大学出版会、一九九九年、磯前順一『近代日本の宗教言説とその系譜――宗教・国家・神道』岩波書店、二〇〇三年）。国家神道を、学校や軍隊などで行われる天皇崇敬を社会的な基盤としつつ、神社神道・皇室祭祀・国体思想からなる複合体として捉えようとする研究として、村上重良『国家神道』岩波新書、岩波書店、一九七〇年、同『慰霊と招魂』岩波新書、岩波書店、一九七四年、島薗進「国家神道と近代日本の宗教構造」日本宗教学会『宗教研究』三二九号、二〇〇一年、三一九―三四四ページ、同「神道と国家神道・試論――成立への問いと歴史的展望」『明治聖徳記念学会紀要』復刊四三号、二〇〇六年、一一〇―一三〇ページ、同「国家神道・国体思想・天皇崇敬――皇道・皇学と近代日本の宗教状況」『現代思想』三五（一〇）、青土社、二〇〇七年、二一一―二二九ページ、を参照。国家神道を法制度上の神社神道に限定し、行政機関の管理下におかれた神社制度の問題として捉える研究としては、井上順孝・阪本是丸『日本型政教関係の誕生』第一書房、一九八七年、阪本是丸『国家神道形成過程の研究』岩波書店、一九九四年、新田均『近代政教関係の基礎的研究』大明堂、一九九七年、を参照。

（2）児玉九一・有光次郎『神社行政　宗教行政』（自治行政叢書第一巻）常磐書房、一九三四年。

（3）同右、二ページ。

（4）同右、一ページ。

（5）同右、一ページ。

（6）同右、九九ページ。

（7）同右、九―一〇ページ。

（8）児玉九一は、「神社が宗教であるや否や」という「永年に亙る難問題」は、未だ定説を持つにいたってはいないとする。そればかりか、宗教学や哲学の立場から見れば、「神社は宗教なり」とすることは「否み得ない根拠を有する」と述べている（同右、八―九ページ）。

(9) 同右、一〇―一一ページ。
(10) 社会学者・建部遯吾もまた、「全然宗教問題の外に在る」「神社行政の原理」を論じるにあたって、「神社における奉斎」と「宗教的崇拝」の相違を論証しようとしている。宗教的信仰の対象は「主観的絶対」「超絶的対象」であるのに対して、奉斎行為の対象は「客観的存在」「現実生存の人格」である。もし仮に奉斎行為の対象が「絶対」に見えるとすれば、それは「祭神人格が社会に投影し没入」し、しかも「社会人衆」が社会を「絶対的主体に擬する」ときであるが、それは「宗教的絶対」と「混同せらるべきものにあらず」と建部は論じている（建部遯吾ほか著・日本社会学院調査部編『宗教問題　附　神社行政』同文館、一九二七年、三三〇、三四〇―三四一ページ）。
(11) 阪本、前掲書、二八九ページ。阪本是丸は、こうした方針転換に、内務大書記官（一八七八―一八八〇）だった井上毅が関与した可能性を指摘している。
(12) 同右、二九九ページ。
(13) 山口、前掲書。
(14) 宗教局は、一九一三年（大正二年）に文部省に移管される。文部省宗教局（一九一三―一九四二）は、後に教化局宗教課（一九四二―一九四三）、教学局宗教課（一九四三―一九四五）となる。
(15) 神祇院教務局調査課編『神社局時代を語る』大日本法令出版→一九四二年『近代神社行政史研究叢書Ｖ』神社本庁教学研究所、二〇〇四年、五ページ。
(16) 児玉・有光、前掲書、九九ページ、内政史研究会編『内政史研究資料第七九、八〇集　飯沼一省氏談話速記録』内政史研究会、一九六九年、六五ページ。
(17) 内政史研究会編、前掲書、六五―六六ページ。
(18) 神社局長の任期は、基本的には他の部局と同様、一年か二年であった。なお、神社局・神祇院の長を、三年以上務めているのは、水野錬太郎、井上友一、石田馨、飯沼一省の四人である。
(19) 神祇院教務局調査課編、前掲書、五―六ページ。

(20) 同右、一九ページ。
(21) 森岡清美『近代の集落神社と国家統制』吉川弘文館、一九八七年、一六―一八ページ。
(22) 戦後の政教分離訴訟によって問題化されていく神社と地方公共団体の宗教・経済的な結びつきは、こうした神職たちにとっての「懸案」を、内務省のような行政機関が「解決」していく過程で形成されていったものなのである（赤江達也「政教分離訴訟の生成と変容――戦後日本における市民運動と『戦争体験』」浜日出夫編『戦後日本における市民意識の形成』慶應義塾大学出版会、二〇〇八年）。
(23) 神社協会編『神社祭式行事作法』神社協会、一九〇七年。
(24) 内務省神社局による「神社祭式行事作法」の制定とその社会的効果については、稿をあらためて論じることにしたい。
(25) 神社協会事務所編『神社の要務』神社協会事務所、一九一四年、同『神社事務提要』神社協会事務所、一九一五年。
(26) 内政史研究会編、前掲書、五四ページ。
(27) 同右、六三ページ。
(28) 同右、六二ページ。
(29) 神祇院教務局調査課編、前掲書、二ページ。
(30) ずっと後の一九三九年（昭和一四年）には、各府県一社を内務省指定の護国神社と定めている。
(31) 内務省神社局編『神社ニ関スル統計書』内務省神社局、一九三三年。
(32) こうした神社の境内の清浄化は、坪内祐三（『靖国』新潮社、一九九九年→新潮文庫、二〇〇一年）が描いたような祝祭的な猥雑さを排除していくことであると同時に、そこに集まるハンセン病患者のような存在を排除（ないしは管理）しようとしている。この境内の清浄化において、衛生局と社寺局・神社局は連動していたと考えられる。たとえば、中川望は、衛生局書記官と神社局書記官を兼任していた（神祇院教務局調査課編、前掲書、四ページ）。また、内務省神社局が資料として撮影していた神社写真は、整備されるべき境内への内務官僚のまなざしを示している（神道文化会編『近代の神社景観――神社局時代に撮影された神社』中央公論美術出版、一九九八年)。
(33)　森岡、前掲書。
(34)　橋川文三『近代日本政治思想の諸相』〔新装版〕未來社、一九六八年→一九九五年、四五ページ。
(35)　村社と氏子の関係をめぐって自然村と行政村のズレが意識されていたことを示す事例として、一八九六年(明治二九年)の地方自治体から社寺局への問い合わせを参照。「氏子は一戸一神社に限る件」(神社協会事務所編、前掲書、一九一五年、七〇ページ)。
(36)　以下の神社営繕行政に関する記述は、藤岡洋保「内務省神社局・神祇院時代の神社建築」神道文化会編、前掲書、同「近代の神社建築」『明治聖徳記念学会紀要』復刊四三号、二〇〇六年、一四八―一六一ページ、に依拠している。
(37)　藤岡、前掲論文、一九九八年、四六五ページ。
(38)　神道文化会編、前掲書。
(39)　内務省神社局・神祇院の神社建築については、藤岡、前掲論文、一九九八年、同、前掲論文、二〇〇六年、を参照。神社建築史については、五十嵐太郎『新宗教と巨大建築』〔新編〕ちくま学芸文庫、二〇〇七年、を、海外神社史については、青井哲人『植民地神社と帝国日本』吉川弘文館、二〇〇五年、菅浩二『日本統治下の海外神社――朝鮮神宮・台湾神社と祭神』(久伊豆神社小教院叢書)弘文堂、二〇〇四年、蔡錦堂『日本帝国主義下台湾の宗教政策』同成社、一九九四年、新田光子『大連神社史――ある海外神社の社会史』おうふう、一九九七年、韓晳曦『日本の朝鮮支配と宗教政策』未來社、一九八八年、などを参照。
(40)　新田、前掲書、一九九七年。
(41)　赤澤史朗『近代日本の思想動員と宗教統制』校倉書房、一九八五年、二〇一ページ。
(42)　村上、前掲書、一九七〇年、二〇〇―二〇一ページ。
(43)　長谷外余男〔講述〕・河田晴夫編『改正神社祭式行事作法講話』活文社、一九四二年、一八六ページ。
(44)　大倉邦彦『神祇教育と訓練』(敬神思想普及資料第七巻)神祇院教務局指導課、一九四二年、七六―七七ページ。

(45) 井上寿一『日中戦争下の日本』講談社、二〇〇七年。
(46) 神祇院編『戦ふ神国』日本青年教育会出版部、一九四三年、二―三ページ。
(47) 同右、二八―四一ページ。
(48) 同右、三三ページ。
(49) 同右、三四ページ。
(50) 神社という装置の固有性は、おそらく儀式にある。初等中等の学校教育では知識としての国体思想が教えられていたわけだが、それでは、神社での「帝国の神祇」・「公の祭祀」を通じて、何が行われていたのだろうか。神社祭祀の特異性とは何だったのか。「国家神道」における神社の位置と機能を明らかにするためには、これらの点も考察する必要がある。今後の課題としたい。

あとがき

『内務省の歴史社会学』をようやく世に送ることができる。

さきに私が総論風の『内務省の社会史』（東京大学出版会、二〇〇七年）をかいたあと、より深化した内容の各論風の本書をつくろうとして、同僚たちと私は力のかぎりをつくしてきた。本書をめぐっては、たがいに相反する二とおりの感想がある。ひとつには、ついにここまで研究の前線を突出させたかという想いである。戦後日本の社会学が半世紀以上手をつけてこなかった内務省研究でわれわれは、かなりの苦闘の末、通史と各論をはじめてそろえた。いまひとつには、ついにここまで前線を収縮させたかという想いである。われわれはもっと広大な領域に各論を展開することを希望していたのだが、それをまとめるために、後退につぐ後退をかさねてきたのであった。

突出の感想は、戦後日本の内政史の研究を遠望することに通じる。内務省の研究をいちおう完成すると、つぎにまつ研究課題は、敗戦後GHQが内務省を解体してからの内政体制の再構築と展開である。その再構築は、基本的には旧内務官僚の手によって、分立・解体された内務省の部分組織を活用、組み合わせておこなわれた。そのさいの作業の基本原理は民主主義と平和主義であった。厚生省、自治省、警察庁、建設省などが有機的に関連しあって、ひとつの内政体制が完成されるのは、一九六〇年前後のことである。なお、防衛庁をこの体制に入れてかんがえるかどうかは、ひとつの検討課題である。

収縮の感想は、内務省の研究におけるトピックスのうち、やり残したものを数えあげることになる。本書は最初三冊本として構想され、のち二冊本に規模を縮少し、最終的には一冊本に落ちついた。最初はとりあげるつもりでいながら、その後退過程で見送られることになったトピックスはつぎのとおり。労働組合法案の試行、戸籍法の制定、保険国営論の収斂、宗教弾圧、吉野川の治水工事、衛生局論、警保局論、厚生省の分立。このほかに刑事警察、消防、公娼制度にかんする諸政策が一時は射程距離に入っていた。概していえば、本書は、警保局関連の論考がてうすで、それは現代日本の社会学が警察研究で不振をきわめていることとの反映ともみえる。

われわれの内務省史研究の時間的経過にふれる。それにかんするいくらかくわしい記述は私の『内務省の社会史』の「あとがき」にあるので、ここでは簡単にかいておきたい。一九九七年から九九年にかけて、私は研究代表者となり、同学の仲間たちを研究分担者として、科学研究費補助金をあたえられ、「日本の近代化と内務行政の役割」という課題の共同研究をおこなった。この研究による報告書をまとめたあと、前出のメンバーの大多数は二〇〇四年まで共同研究をつづけた。本書はこの共同研究とそのあとに断続的につづいた共同研究の産物である。以上でとりあげた共同研究に参加されたすべての仲間たちに感謝する。また、そのうちでも、本書に論文をよせられたつぎの六氏にとくにあつく感謝する。遠藤惠子、株本千鶴、牧園清子、樽川典子、鍾家新、赤江達也の各氏。

さて、現今の出版事情のもとでは、本書のような大部の学術書の刊行は、たいそう困難なことである。その状況のなかで、私がこの三月まで勤務し、現在もその人文・社会科学研究所に客員研究所員として在籍する金城学院大学は、本書のために多額の出版補助費をあたえられ、その刊行を援助してくださった。この件につき、特別の御高配をたまわった柏木哲夫学長、足立文彦現代文化学部長、吉村清明事務部長にあつくお礼を申し上げる。

東京の副田研究室の秘書、陶山節子氏は、前出の共同研究の連絡業務、資料収集、それに、本書に収録された私の三篇の論文のパソコン入力などによって、本書の成立に多大の貢献をされた。陶山さん、どうもありがとうございました。

最後になったが、東京大学出版会編集部、宗司光治氏は、本書の刊行、全体の構成、収録される論文各篇の改善のために、有益な多数の提言をおこなわれた。宗司さん、どうもありがとうございました。

二〇一〇年五月一五日

副田義也

執筆者紹介（執筆順）

副田　義也　（そえだ・よしや）
編者．左頁参照．

遠藤　惠子　（えんどう・けいこ）
城西国際大学ジェンダー・女性学研究所助教
［主要著作］「内務官僚と婦人公民権法案」（『母子研究』第 20 号，2000 年），「地方制度調査会と自治省」（『参加と批評』第 2 号，2007 年）

株本　千鶴　（かぶもと・ちづる）
椙山女学園大学人間関係学部准教授
［主要著作］「社会運動としての韓国ホスピス運動」（『参加と批評』創刊号，2006 年），「持続可能なセーフティネット構築に向けての課題」（奥田聡編『経済危機後の韓国』アジア経済研究所，2007 年）

牧園　清子　（まきぞの・きよこ）
松山大学人文学部教授
［主要著作］『家族政策としての生活保護』（法律文化社，1999 年），「福祉政策における『自立』概念の研究」（『松山大学論集』第 21 巻第 1 号，2009 年）

樽川　典子　（たるかわ・のりこ）
筑波大学大学院人文社会科学研究科准教授
［主要著作］『喪失と生存の社会学』（編，有信堂高文社，2007 年）

鍾　家　新　（しょう・かしん）
明治大学政治経済学部教授
［主要著作］『日本型福祉国家の形成と「十五年戦争」』（ミネルヴァ書房，1998 年），『中国民衆の欲望のゆくえ』（新曜社，1999 年）

赤江　達也　（あかえ・たつや）
台湾國立高雄第一科技大學助理教授
［主要著作］「抵抗としてのファシズム」（『社会学評論』第 211 号，2002 年），「政教分離訴訟の生成と変容」（浜日出夫編『戦後日本における市民意識の形成』慶應義塾大学出版会，2008 年）

人名索引

事項索引

サ

編者略歴

1934年　東京都に生まれる
1957年　東京大学文学部卒業
1959年　東京大学大学院社会科学研究科修士課程修了
1977年　筑波大学社会科学系教授
1995年　筑波大学副学長
1998年　金城学院大学現代文化学部教授
現　在　筑波大学名誉教授

主要著書

『日本文化試論——ベネディクト「菊と刀」を読む』(1993年，新曜社)
『生活保護制度の社会史』(1995年，東京大学出版会)
『教育勅語の社会史——ナショナリズムの創出と挫折』(1997年，有信堂高文社)
『あしなが運動と玉井義臣——歴史社会学的考察』(2003年，岩波書店)
『死者に語る——弔辞の社会学』(2003年，筑摩書房)
『内務省の社会史』(2007年，東京大学出版会)
『福祉社会学宣言』(2008年，岩波書店)

内務省の歴史社会学

2010年8月20日　初　版

[検印廃止]

編　者　副田義也《そえだよしや》

発行所　財団法人　東京大学出版会

代表者　長谷川寿一

113-8654 東京都文京区本郷7-3-1 東大構内
電話 03-3811-8814　Fax 03-3812-6958
振替 00160-6-59964

印刷所　株式会社暁印刷
製本所　牧製本印刷株式会社

ISBN 978-4-13-056107-5 Printed in Japan